"十四五"高等职业教育规划教材
中国特色高水平高职学校和专业建设计划（双高计划）建设成果

# 基础会计

## （第 2 版）

主　编　周　彦　孔璐玲
副主编　赵丽丽　马淑娥　王　燕

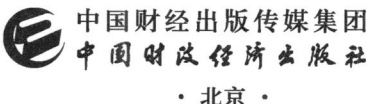

中国财经出版传媒集团
中国财政经济出版社
·北京·

图书在版编目（CIP）数据

基础会计 / 周彦，孔璐玲主编. -- 2版. -- 北京：中国财政经济出版社，2025. 8. -- ISBN 978-7-5223-4094-4

Ⅰ. F230

中国国家版本馆CIP数据核字第20257919V9号

责任编辑：李　媛　　　　责任校对：张　凡
封面设计：陈宇琰

## 基础会计（第 2 版）
### JICHU KUAIJI（DI 2 BAN）

中国财政经济出版社 出版

URL：http://www.cfeph.cn
E-mail：cfeph@cfeph.cn

（版权所有　翻印必究）

社址：北京市海淀区阜成路甲 28 号　邮政编码：100142
营销中心电话：010-88191522
天猫网店：中国财政经济出版社旗舰店
网址：https://zgczjjcbs.tmall.com
北京密兴印刷有限公司印刷　各地新华书店经销
成品尺寸：185mm×260mm　16 开　21.5 印张　330 000 字
2025 年 8 月第 2 版　2025 年 8 月北京第 1 次印刷
定价：52.00 元
ISBN 978-7-5223-4094-4
（图书出现印装问题，本社负责调换，电话：010-88190548）
本社质量投诉电话：010-88190744
打击盗版举报热线：010-88191661　　QQ：2242791300

# 会计人员职业道德规范

　　一、坚持诚信，守法奉公。牢固树立诚信理念，以诚立身、以信立业，严于律己、心存敬畏。学法知法守法，公私分明、克己奉公，树立良好职业形象，维护会计行业声誉。

　　二、坚持准则，守责敬业。严格执行准则制度，保证会计信息真实完整。勤勉尽责、爱岗敬业，忠于职守、敢于斗争，自觉抵制会计造假行为，维护国家财经纪律和经济秩序。

　　三、坚持学习，守正创新。始终秉持专业精神，勤于学习、锐意进取，持续提升会计专业能力。不断适应新形势新要求，与时俱进、开拓创新，努力推动会计事业高质量发展。

# 前 言

会计是经济管理的重要组成部分,可以为企业的经济管理提供各种资料,同时它也是经济管理过程中的主要信息来源。基础会计课程是会计、审计、金融等财经类专业的专业基础课程,是会计入门的必修课。我们充分考虑本教材在会计专业人才培养过程中的地位和作用,深入企业调研,与行业企业专家深度座谈,基于会计工作过程构建课程体系,从填制和审核原始凭证,到填制记账凭证、登记账簿、对账、结账、编制会计报表,引导学生完成从一般的经济数据到会计信息输出的过程,掌握会计业务处理流程、基本方法、基本技能,了解会计法规、会计职责,培养会计职业能力和职业素养。本书既可作为高职高专财经类专业教材,也可作为在职会计人员培训及求学者自学用书。

在教材的使用过程中,我们收到了来自全国各地师生和读者的宝贵意见和建议,这些建设性的反馈为我们不断完善教材内容提供了重要依据,在此谨向所有关心和支持本教材的师生和读者表示衷心的感谢。

本次修订在保持原有教材体系和特色的基础上,着重进行了以下改进:

1. 教学实用性提升

为强化学生的职业能力培养,我们在每个教学项目后新增了"职业判断能力训练"模块,既便于学生及时检测学习效果,又能帮助教师更有针对性地开展教学活动。

2. 政策法规更新

根据近三年国家最新出台的相关法律法规,特别是《中华人民共和国增值税法》的最新规定,我们对教材涉及的税收政策、会计处理等内容进行了全面修订,确保教材内容与现行法规保持同步。

3. 教学资源优化

结合当前会计教育的发展趋势和实际教学需求,我们对配套教学资源进行了系统升级,力求为师生提供更加完善的教学支持。

本书具有以下特点:

1. 内容选取科学,安排合理,符合学生认知规律

围绕核心职业素养,结合高职学生的认知特征,通过与行业企业合作,以工作任务为导向遴选和编排教材内容,结合会计职业资格标准编写任务案例,按照实际工作中业务处理流程安排教学任务,循序渐进地完成一个会计循环。遵循学生成长规律,教学内容深入浅出,

合理安排实训任务，帮助学生掌握知识的同时，促进技能的形成。

2. 强化职业道德建设，立德树人，润物无声

密切围绕立德树人的教育目标，结合会计专业和教材内容设计了素养小讲堂栏目，通过"扁鹊三兄弟"等小故事、"老赖"案例等视频资料将"诚信为本，操守为重，坚持准则，不做假账"等意识植入学生的思想之中，在任务处理过程中将职业道德融入技能知识，通过"润物细无声"的方式使学生在获得新知识、新技能的同时，帮助学生树立正确的人生观、价值观和职业观。

3. 配备活页式空白单据，实施"教、学、做"一体化

会计需要大量的练习和实训来强化技能，教材中每个项目都配备了单项选择题、多项选择题和判断题来强化知识的理解、掌握，配备了多种形式的实训题强化对技能的训练。为方便学生练习，提供与教材实训相配套的凭证、账簿、报表等活页式空白单据，实现"做中学、做中教"，提升学生职业能力。

4. 打造立体化教材，提供丰富、多元的数字化资源

教材中通过提供二维码的形式展示数字化资源，包括课程标准、授课计划、课程教学设计、教学课件等服务教学的资源；思维导图、微课、任务测试、项目测试等服务学习的资源；另外，还提供了拓展阅读等开拓视野的资源。为师生提供智能化教学服务，实现教材、课堂、教学资源三者的深度有机融合，有效提高自主学习能力。

学生需刮开封底二维码图标，手机扫描激活增值服务，即可扫描查看二维码资源。也可登录 https://read.book.zcmedia.cn 下载资源。

本书由校企合作共同完成，山东商业职业技术学院周彦、孔璐玲任主编，山东商业职业技术学院赵丽丽、马淑娥和王燕任副主编，山东商业职业技术学院董秀、牟平、李硕、王繁一、张永彬、朱金英参与编写，玖相云智（山东）科技服务有限公司总经理史浩光审定。特别感谢玖相云智（山东）科技服务有限公司提供实训平台及丰富的课程教学资源。

本教材在编写过程中参阅、借鉴了一些相关教材、著作和网络资源，在此对相关作者表示诚挚的谢意。由于编写时间仓促，作者水平和实践经验有限，书中不妥之处，敬请读者批评指正。

编　者<br/>2025 年 5 月

课程标准

授课计划

# 目 录

**项目一　初步认识会计** ········· 1
　　任务一　认识会计的本质与职能 ········· 1
　　任务二　认识会计要素与会计等式 ········· 9
　　任务三　认识会计科目与账户 ········· 16
　　任务四　认识复式记账与借贷记账法 ········· 22
　　任务五　会计核算方法与账务处理程序 ········· 32

**项目二　企业日常经济业务处理** ········· 52
　　任务一　资金筹集业务 ········· 52
　　任务二　材料采购业务 ········· 55
　　任务三　产品生产业务 ········· 60
　　任务四　产品销售业务 ········· 68
　　任务五　利润形成与分配业务 ········· 72

**项目三　会计凭证的填制与审核** ········· 86
　　任务一　原始凭证的填制与审核 ········· 86
　　任务二　记账凭证的填制与审核 ········· 97

**项目四　会计账簿的登记** ········· 112
　　任务一　日记账的登记 ········· 112
　　任务二　明细账的登记 ········· 119
　　任务三　总账的登记 ········· 122

任务四　错账更正 …………………………………………… 128
　　任务五　对账与结账 …………………………………………… 133

## 项目五　期末处理 …………………………………………………… 144
　　任务一　确定期末存货成本 …………………………………… 144
　　任务二　期末账项调整 ………………………………………… 148
　　任务三　财产清查 ……………………………………………… 152

## 项目六　会计报表的编报 …………………………………………… 169
　　任务一　资产负债表 …………………………………………… 169
　　任务二　利润表 ………………………………………………… 176

## 项目七　会计资料的整理与归档 …………………………………… 188
　　任务一　会计档案的整理与装订 ……………………………… 188
　　任务二　会计档案的归档与移交 ……………………………… 191
　　任务三　会计档案的保管与销毁 ……………………………… 192

## 综合测试题 …………………………………………………………… 198

## 参考文献 ……………………………………………………………… 202

# 项目一　初步认识会计

思维导图

## 学习目标

1. 能正确理解会计的本质和职能
2. 能熟练区分各项会计要素，并掌握各项要素之间的内在联系
3. 能掌握会计等式，并理解经济业务的发生不会破坏会计等式
4. 能理解并熟练应用会计科目与账户
5. 能理解复式记账，并熟练掌握借贷记账法
6. 能初步认识各种会计核算方法，理解各种方法之间的关系
7. 能初步认识账务处理程序

## 任务一　认识会计的本质与职能

PPT

### 引导案例

王冰是一名在校大学生。2025 年 3 月，学校组织表现突出的王冰等 10 名学生到天元集团所属的新华公司财务部会计科参观学习，为期 3 天。首先，财务部长对新华公司的会计岗位设置、财务运行情况、内部控制等进行了讲解，然后他们开始实地了解每一个会计岗位的职责，查看公司 2024 年 12 月的会计凭证、会计账簿和会计报表，并就各自的问题请教相关会计人员。回校后，这 10 名同学结合所学的会计理论以及校内的模拟实训，根据所了解的新华公司的有关会计信息，撰写报告并谈一谈自己对会计本质和职能的认识。以下是王冰在报告中提出的对会计的本质和职能的基本看法：

1. 会计的本质是一种管理活动，它既为管理提供信息，又直接履行管理的职能。
2. 会计的基本职能是核算与监督。但是通过三天的参观学习，王冰发现该企业会计监督的职能被弱化，在实施时有诸多障碍。
3. 会计核算的基本方法是记账、算账和报账。

思考：王冰对会计的本质和职能的初步看法是否正确？你对该问题有什么看法？

##  知识准备

### 一、会计的产生与发展

会计是社会经济发展到一定历史阶段的产物，是适应人们提高经济效益的要求而产生的，并随着社会生产的发展而不断发展。物质资料的生产是人类社会存在和发展的基础。人类要生存就需要消费物质资料，而要取得这些物质资料就必须要进行生产活动。在生产过程中，人们总是期望以最少的耗费，生产出尽可能多的物质资料。因此，在进行生产的同时，必须对生产所发生的耗费和取得的成果活动进行观察、计量、记录、计算和比较，于是会计就应运而生了。

#### （一）我国会计的产生与发展

在人类社会的初期，生产活动比较简单，人们最初对生产活动的计算和记录是通过大脑的计算和记忆来完成的。这与生产力极其低下，生产活动极其简单，劳动产品极其贫乏的社会是完全适应的。当生产力发展到一定水平，生产活动比较频繁，劳动产品有所增多，这时还单凭人类的大脑来进行计算和记忆是远远不够的，这就需要借助于一些物品进行计算和记录，于是就产生了"结绳记事""刻竹作书"等进行计算和记录的方法。这时候的计算和记录只是生产活动的附带工作。

随着社会生产的不断发展，社会再生产过程日益复杂，原来对生产活动进行计算和记录的方法也随之得到了变化和发展。当社会生产出现剩余产品，并开始了社会分工协作时，人类需要进一步对生产过程进行反映和监督，以计算、记录产品的数量，以及为进行生产所需要的劳动消耗，需要权衡得失，保管剩余产品。于是就产生了原始的核算，即原始的会计，并进而出现了专门从事记录、计算工作的记账员。这就使原来是生产的一种附带工作，逐步形成为一种生产管理所必需的专门的会计工作。会计也就由简单到复杂，由低级到高级，由不完善到逐渐完善起来。

会计在我国有悠久的历史。"会计"一词远在西周时期就已经出现了。据史籍记载，我国西周王朝已设立了"司会"这一专职官吏来掌管国家和地方的"百物财用"。"司会掌邦之六典八法、八则……而听其会计"，并"以参互考日成，以月要考月成，以岁会考岁成"。参互、月要、岁会可以理解为日报、月报和年报。"会计"一词的含义，清代学者焦循在《孟子正义》一书中解释："零星算之为计，总合算之为会。"根据月计岁会，通过日积、月累到岁终的核算，达到正确考核王朝财政经济收支的目的。

我国唐代，"账"字已经开始应用到会计当中，与"簿"联用，形成了"账簿"一词，账簿开始普遍使用纸张。唐代还设有户部掌管会计工作，设此部作为审计机关，加强了会计监督和会计检查。唐代还向国外传播中国会计的理论和方法。我国的收付记账法以及记账所用的数码字、计量单位等都在此时传入日本，被广泛应用。

我国宋代，会计有了突飞猛进的发展。宋代健全了会计组织机构，设有会计司和审计

司。宋代已设有草账（又称底簿或底账，即备忘录）、流水账（序时明细账）和总账，并且分别以会计科目记账。其中"四柱清册"可称得上是宋代会计的重大发明。四柱清册，就是封建官府办理钱粮报销或移交手续时所登记的账册，它分为旧管（上期结存）、新收（本期收入）、开除（本期支出）和实在（本期结存）四部分，称之为四柱，所以这种账册叫四柱清册。四柱之间的平衡关系是：旧管＋新收－开除＝实在。四柱清册为我国收付记账法奠定了理论基础。

明清两代，行政机构继承宋制。明代统一了账簿的格式，账页分上收、下付两部分，会计记录已经以货币为统一量度，代替了实物量度。明末清初，出现了我国最早的复式记账法——龙门账，这对我国会计由单式记账法向复式记账法转变起着重要的推动作用。清代会计记账也由单式记账法向复式记账法过渡，出现了三脚账和四脚账等按复式记账原理登记的账簿。这些对我国会计的发展起到了很大的促进作用。

在20世纪初期，借贷记账法传入我国，随后又引进了英美的会计法规，对改革中式会计，促进我国会计的发展起到了一定的作用。

中华人民共和国成立以后，我国会计工作者一方面继承了中式会计的优点，另一方面又吸收了西式会计的精华，比照苏联会计的模式，逐步建立起我国会计的理论和方法。在这以后的几十年里，我国会计工作虽多次遭受严重挫折，历经几起几落，但仍然取得了较大成就。1985年，《中华人民共和国会计法》的颁布，使我国会计工作进入法治轨道。1992年11月30日，我国在经过多年的调查研究，广泛地听取和吸收各方的意见，并在充分借鉴国际会计惯例的基础上，由财政部颁布了《企业会计准则》，并从1993年7月1日起施行。这一准则的发布实施，对于完善我国的会计核算工作，促进我国市场经济的不断发展，具有重要的意义。2000年12月29日，由我国财政部颁布2001年1月1日起施行的《企业会计制度》，是我国会计核算制度的又一次重大改革。2006年2月，财政部发布了重新修订的《企业会计准则》，包括基本准则和38项具体准则，于2007年1月1日执行；2006年10月，又发布了《企业会计准则——应用指南》。2017年财政部发布了多项新准则或修订准则，大多自2018年1月1日起施行。这套完整、全新的会计准则体系的颁布，是我国为适应新形势下国内外经济环境发展变化的需要而做出的重大会计改革决策，必将大大改善我国企业会计信息的质量，进一步提高我国企业经营和财务信息的透明度，增强我国企业会计信息在国际范围内进行交流、使用的可信度，从而更好地满足投资者、债权人和其他利益关系人等有关方面对会计信息的需求，进一步规范企业会计行为和会计秩序，有力地维护社会各方及广大公众的利益。同时，对于完善我国市场经济体制、推进经济增长方式转变也具有十分重要的意义。

法律法规：《中华人民共和国会计法》

法律法规：《企业会计准则——基本准则》

法律法规：《企业会计制度》

### （二）西方会计的产生与发展

在外国，会计的历史也很悠久。在印度太古的共同体里农业上已经有了记账员。在公元前三四千年，古埃及法老已设有专职的"录事"，管理宫廷的赋税收入和各种军饷、官吏俸禄等各项支出。大约距今 4 000 年以前，巴比伦就开始在金属或瓦片上做商业交易的记录。在西方，会计在封建经济逐渐瓦解、资本主义经济逐渐形成过程中产生了。

中世纪时期，地中海沿岸资本主义经济逐渐繁荣起来，与之相适应的会计也得到了发展。13 世纪意大利的佛罗伦萨，从事金融业的经纪人所使用的账簿，开始以借主和贷主的名字开立人名账户。每一人名账户都分借贷两方：左方为借，右方为贷。每笔借贷款项分别记入一个账户的借方，另一个账户的贷方。这种方法被称为佛罗伦萨式簿记法。这是借贷记账法的萌芽。

随着资本主义经济的进一步发展，1340 年，意大利的热那亚开始出现了不仅根据人名设置账户，还根据物品设置账户的会计账簿。每一账户分左右两方，左方为借，右方为贷。一切经济业务都分别记入一个账户的借方，另一个相应账户的贷方；借贷两方金额相等。这种方法被称为热那亚式簿记法。这使记账方法前进了一大步。

到了 15 世纪末期，意大利的威尼斯商人在热那亚簿记法的基础上，增设了损益账户、资本账户和试算平衡表，致使所有账户都能够进行试算平衡。这种方法被称为威尼斯式簿记法。这使西方会计的记账法得到进一步的完善。

1494 年，意大利人卢卡·帕乔利（Luca Pacioli）撰著的《算术·几何·比与比例概要》一书对威尼斯式簿记法进行了详细介绍，这是会计发展史上的重要里程碑，标志着近代会计的形成。随后，借贷复式记账法传至世界各国，并在实践中不断发展和完善，至今仍为世界绝大多数国家所采用。

18 世纪末 19 世纪初，西方股份公司的出现和发展，资本所有权同经营权的分离，产生了独立职业会计师，从而形成了以企业会计向股东集团、债权人及外部利害关系人提供各种财务报表为中心任务的"财务会计"概念。20 世纪 30 年代以后，为了使会计核算工作规范化，增强会计报表的真实性和可比性，西方各国先后制定了会计准则，将会计理论和方法推上了一个新水平。第二次世界大战后，出现了大规模的企业经营，适应国内外市场激烈竞争需要，迫切需要企业内部经济活动和经营管理的合理化，迫使企业经营管理与企业会计结合起来，从而形成了同传统"财务会计"相并列的"管理会计"，进一步丰富了会计学的内容。

随着现代科学技术的进步，会计理论和会计技术更有了突飞猛进的发展。现代会计的特征是日益科学化、规范化和国际化，尤其是电子计算机在会计上的应用，不仅代替了会计人员从审核凭证到会计报表编报的全部核算过程的工作，更重要的是这能快速而准确地提供经营管理所需要的各种会计数据资料，这给会计工作及会计理论带来了极大的变革，成为现代会计的重要标志。

综上所述，会计是适应人类社会对生产过程中生产耗费和生产成果的记录、计量、比较，以分析考核其经济效益的客观需要而产生，并随着社会生产的发展而不断发展和完善，由生产职能的附带部分逐渐分离出来，成为经济管理的重要组成部分。实践证明，经济越发展，会计越重要，经济工作离不开会计。

素养小讲堂：坚定文化自信

## 二、会计的概念与特点

会计是经济管理的重要组成部分，是为进行经营决策，提高经济效益服务的，是以提供财务信息为主的经济信息管理系统。它是以货币为主要计量单位，运用一系列专门方法，连续、系统、全面地核算和监督企业、事业等单位的经济活动过程及其成果的一种经济管理活动。它能为会计信息使用者提供有用的经济信息，促使企业提高经济效益。

会计的特点是指会计本身所具有的特殊性，其反映了会计的本质特征。会计的特点是以货币为主要计量单位、运用一整套专门的方法，对经济活动进行连续、系统、全面地记录和核算。

微课：认识会计

### （一）会计以货币为主要计量单位进行综合反映

为了记录和计算经济业务数量的增减变化，必须采用一定计量单位。计量单位通常有实物单位（如千克、米）、劳动单位（如工时）和货币单位（如元）。在会计核算中虽然也使用实物和劳动单位进行计量，但主要是以货币单位对经济活动进行综合记录和核算。货币单位可以把不同种类的财产物资、不同性质的收入和支出、发生的成本和费用等综合在一起加以反映，以取得经营管理上所必需的各种综合的核算资料，它能全面地说明各单位的各种错综复杂的经济活动和财务收支情况，所以在商品货币经济存在的条件下，会计必须以货币作为主要计量单位对经济活动进行综合地核算和监督，以求得各种总括的核算指标。

### （二）会计以凭证为主要依据，运用一整套专门的方法

为了正确核算和监督经济活动，会计运用一整套专门的方法，包括设置账户、复式记账、填制和审核凭证、登记账簿、成本计算、财产清查和编制会计报表等。这些专门方法的互相配合与综合运用，构成了记录、计算、反映和监督经济活动的一套完整的方法体系。

### （三）会计核算具有连续性、系统性和全面性的特点

会计的另外一个特点是对经济活动的记录和计算必须是连续的、系统的、全面的。所谓连续，是指按照经济业务发生的时间顺序进行记录，不能间断。所谓系统，是指对发生的经济业务要科学分类，以分门别类反映经济活动和财务收支情况，同时各项指标又要有科学联系，构成一套完整的指标体系。所谓全面，是指对属于会计所要核算和监督的经济业务都要全面记录和计算，做到正确无误，既不能遗漏，也不能任意取舍。

### 三、会计的本质

会计的本质是管理，是一项重要的经济管理活动。

#### （一）会计是管理生产经营过程的一种实践活动

会计作为生产经营的管理活动，是随着社会生产的发展和由此产生的经济管理的需要而产生和发展起来的。随着生产的发展，经济活动范围的日益扩大，人们为了达到预期的目的，取得较好的经济效益，必须随时掌握经济活动中的数量变化情况，对生产过程进行必要的组织管理，对生产过程中的劳动消耗及取得的劳动产品等经济现象进行观察、计量和登记，以便获得有关管理生产过程所必需的数据；同时，根据所取得的数据资料，在生产活动之前、之中、之后进行适当调节和干预，使之不断节约劳动消耗，取得更多的劳动产品，从而提高经济效益。这就是会计管理的雏形。会计从生产的附带职能发展到独立的职能，主要是因为产生了商品货币。社会再生产过程中的一切物质资料的生产、分配和交换都要通过货币来计量。为了以价值形式综合反映出生产经营情况，计算、考核经济效益，会计逐渐形成一套用价值形式管理经济的技术方法。因此，在实践中就出现以价值为主要形式来管理生产活动、讲求经济效益的工作，即会计管理工作。

#### （二）会计既为管理提供信息，又直接履行管理的职能

物质资料的生产是人类社会生存和发展的基础。有生产就必须有管理，有管理就必须有核算，因此，会计与管理是密不可分的。会计不仅为管理提供数据资料，形成经济管理中的主要信息来源，而且会计系统占有大量日常经济活动的第一手资料，最能揭示经济活动的动态。特别是在市场经济条件下，管理重心从以实物管理为主，转向以价值管理为主。会计是一种重要的价值管理工作，它对经济活动中所有以价值表现的数量方面都要干预、指导、调节和控制，因此会计本身就是一种管理活动。从会计记账、算账的数据处理工作来看，实质上也是一种管理工作，因为数据处理的工作内容是伴随着对数据反映的经济业务进行不同程度的管理而实现的。例如，记账就和审核工作结合在一起，算账则和分析、评价相继展开。

#### （三）会计方法的变革和发展实际上是出于管理的要求

会计是社会现象，产生于管理的需要，一开始它就以经济管理的形式出现。管理的最初形式是计量和计算。这种管理形式的出现，是与人们比较生产和交换活动中的得失、讲求经济活动的效益分不开的。随着生产力的发展和经济关系的复杂化，管理的内容和方式方法也在变化：由简单的计量、计算发展成为对劳动过程的指挥与调节。私有制出现之后，管理产生了新的职能，即对经济活动进行严格的监督与控制。随着商品货币经济的产生和发展，以核算和监督私人资本运动为主要内容的民间会计得到迅速发展，会计的技术方法由简单到复杂，从不完善到逐步完善。会计技术方法的改进和发展也是与人们的管理实践分不开的。

从会计产生和发展的过程看，会计随着社会生产力的发展而发展。一方面，会计同社会生产力水平的这种紧密联系是不以人的意志为转移的，表现为会计具有一整套专门的技术方法，这是会计的自然属性，即技术性。另一方面，会计是经济管理的一个组成部分，必然有

其经济管理的目的性，为一定的经济、政治、法律、文化等社会环境所支配，使会计具有一定的社会属性，即社会性。

### 四、会计的职能

会计的职能是指会计在经营管理过程中所具有的功能，是会计本质的体现。马克思曾把会计的基本职能概括为对"过程的控制和观念的总结"，这是对会计职能的一种传统的概括方式。

会计作为经济管理的一种活动，其职能随着会计的发展而发展。《中华人民共和国会计法》明确规定："会计机构、会计人员依照本法规定进行会计核算，实行会计监督。"可见在我国将会计核算与会计监督作为法律赋予会计的基本职能。但随着生产的发展、社会的进步、管理水平的提高，会计的职能也在不断地发展，会计职能的具体内容也在不断地丰富和扩展。会计除了传统的核算、监督职能外，还有预测、决策、控制、分析等职能。

法律法规：《会计基础工作规范——会计机构和会计人员》

#### （一）会计的基本职能

**1. 会计核算职能**

会计核算职能又称会计反映职能，是指运用货币形式，对企业、事业等单位的经济活动过程及其成果进行确认、计量和记录，最后以财务会计报告的形式报送有关方面，为经营管理提供经济信息。确认是指以专业的标准确定会计事项是否发生、何时发生，并以此确定经济信息能否进入会计核算系统；计量是指以货币为计量单位，确定应计入会计核算系统的金额；记录是将会计事项以特有的专门方法在会计特有的载体上登记的过程；报告是指将会计确认、计量、记录的真实资料进行汇总，编制出能反映企业财务状况和经营成果的报告文件，提供给各有关会计信息使用者。

各企业、事业等单位对于下列经济业务，应当办理会计手续，进行会计核算：①款项的收付；②财产物资的增减和使用；③债权、债务的发生和结算；④资本的增减；⑤收入、费用、成本的计算；⑥财务成果的计算和处理等。

法律法规：《会计工作规范——会计核算》

**2. 会计监督职能**

会计监督职能是指利用会计核算所提供的会计信息，按照国家的财经法规、政策的规定，对企业、事业等单位的经济活动过程进行分析、控制和指导，使企业沿着正确的经营方向发展。

随着生产的发展和管理要求的不断提高，会计监督的内容也在发展变化。从当前情况看，会计主要是对过去和当前的经济活动过程和结果进行监督，包括：①审查各项收入和支出是否符合有关财经法规、制度的规定，手续是否完备，数字是否真实；②确保所有者的权益。建立健全财务管理制度，保证资本的完整、利益分配的准确；③保证企业、事业等单位财产物资的安全与完整，保证财产物资的增减变化符合规定的手续，避免损失和浪费，做到账实相符；④监督资金的组织、分配和使用，考核资金的使用效果；⑤监督生产过程和消耗，促进节约，以提高经济效益。

会计核算和监督是相辅相成、辩证统一的。会计核算是会计监督的基础和前提，没有会计核算所提供的会计信息，会计监督就失去了依据；而会计监督又是会计核算的深入和质量保证，没有严格的会计监督，就难以保证会计核算所提供信息的真实与可靠，会计核算也就失去了意义。

法律法规：《会计基础工作规范——会计监督》

素养小讲堂：防患于未然

### （二） 会计的其他职能

1. 预测职能

预测职能是指运用专门的计算方法，利用会计资料和其他信息资料，找出经济活动中客观存在的规律性，并以此为依据，对经济活动未来的发展趋势或状况进行估计或测算。预测可以为决策提供数据资料。

2. 决策职能

决策职能是指在预测的基础上，利用会计资料和其他信息资料，对未来经济活动可能采取的各种备选方案，进行定量分析，权衡利弊得失，从中选出最优方案。

3. 控制职能

控制职能是指按照管理的目的和要求，通过组织、指挥、协调企业的经济活动，对经济行为进行必要的干预，使之按照预定的轨道有序地进行。如事先编制计划，确定企业财务目标；事中组织计划的执行，并随时利用会计信息同财务目标相比较，进行评价；对存在的问题及时反馈，并采取措施调整脱离计划的偏差，以实现预定的财务目标。

4. 分析职能

分析职能是指以会计核算提供的信息资料为依据，结合计划、统计等其他资料，对会计主体的经济活动结果、财务状况，以及预算执行情况等，进行比较、分析、评价，总结经验，巩固成绩，找出存在的问题，挖掘潜力，改进工作。

## 五、 会计的目标

会计目标是指在一定的客观环境和经济条件下，会计工作人员通过会计实践活动，期望达到的结果。它决定着整个会计活动过程的发展方向和方式，是会计运行的出发点和归结点。它也决定了会计应提供什么信息，以及所提供信息的具体数量和质量。

会计目标受客观条件的影响和制约，在不同的时空范围内，会计目标也往往不一样。对于现代企业来说，会计是一项重要的管理工作，它必然要为实现企业的经营目标服务。因此，实现企业的经营目标即提高经济效益是会计的根本目标或总目标。

由于会计核算是会计的基础工作，因此为了达到提高经济效益的总目标，就要首先确定会计核算的具体目标。企业会计准则明确指出会计核算的具体目标是：会计信息应当符合国家宏观经济管理的要求，满足有关各方了解企业财务状况和经营成果的需要，满足企业加强内部经营管理的需要。

首先，会计核算提供的信息要符合国家宏观经济管理的要求。由于会计工作是经济管理工作的重要基础，国家作为社会管理者，需要各企业遵守国家的政策和法规，提供真实可靠的会计信息，以便利用各种经济杠杆和法律、行政手段进行国民经济宏观控制、调节和引导。其次，会计核算提供的信息要满足有关各方了解企业财务状况和经营成果的需要。投资者和潜在的投资者需要了解企业的财务状况和盈利能力以及发展趋势等会计信息，以便预测投资报酬、投资风险，做出投资、继续投资或转让投资的决策；债权人需要了解企业的财务状况、盈利能力和资产变现程度，以便做出增加或减少贷款的决策；税务部门需要了解企业的纳税情况，以便加强对企业的税收征管。最后，会计核算提供的信息要满足企业加强内部经营管理的需要。企业管理者需要了解企业财务状况、经营成果和成本水平等方面的信息，以利于总结经验教训、挖掘潜力，不断改善经营管理。

任务一小测验

## 任务二　认识会计要素与会计等式

PPT

### 任务案例

2025年2月初，新华公司总资产为720万元，其中260万元是负债形成的，其余460万元是投资者的投资和企业的积累，三者之间存在着相等关系（720万元 = 260万元 + 460万元）。2月，新华公司发生了多项经济业务，上述三方面数字都发生了变化。

另外，经过一个月的生产经营，假设新华公司在2月实现营业收入600万元，发生相关成本费用500万元。

思考：新华公司在2月实现多少利润？收入、费用和利润之间存在怎样的关系？作为一名会计人员，应该用哪种核算方法来反映新华公司2月发生的所有经济业务？

## 知识准备

### 一、会计对象

会计对象是指会计所要反映和监督的内容,是会计的客体。在社会主义市场经济条件下,会计的对象是社会再生产过程中的资金及其运动。

企业的一切经济活动都离不开资金。为了开展经济活动,各单位都必须筹集与其规模相当的资金。资金是指单位各种财产物资的货币表现,包括货币本身。

无论是生产企业,还是商品流通与服务企业,它们都要进行生产经营活动,都是营利性组织。其资金运动是一种循环周转式运动。以工业企业为例,其生产经营过程分为供应、生产和销售三个阶段。在供应阶段,为了给生产和销售做好各种准备,企业必须用货币购买机器设备、原材料等,从而使货币资金转化为固定资金和储备资金。在生产阶段,劳动力利用机器设备对原材料进行加工、生产产品,从而使储备资金和一部分货币资金以及机器设备的损耗转化为生产资金。当产品完工达到可销售状态,生产资金就转化为成品资金。在销售阶段,企业将产成品对外出售,取得销售收入,从而使成品资金又转化为货币资金。资金随着企业供应、生产和销售的不断进行,由货币资金依次不断改变其形态,这一过程称为资金循环;资金随着企业再生产过程周而复始地演变,称为资金周转。企业就是在这种资金的不断循环和周转的过程中,实现资金的增值,从而达到企业财富最大化的目的。

### 二、会计要素

通过对上述资金运动过程的分析可知,会计对象涉及面广,而且十分复杂,因此,必须对会计对象按照一定的经济特征进行分类。会计要素就是对会计对象进行的基本分类,是会计对象的具体化。企业会计要素包括资产、负债、所有者权益、收入、费用和利润。这六大会计要素可以划分为两大类:一类是反映企业财务状况的会计要素,包括资产、负债和所有者权益;另一类是反映企业经营成果的会计要素,包括收入、费用和利润。

#### (一) 资产

资产是指企业过去的交易或者事项形成的、由企业拥有或者控制的、预期会给企业带来经济利益的资源。企业过去的交易或者事项包括购买、生产、建造行为或其他交易或者事项。预期在未来发生的交易或者事项不形成资产。由企业拥有或者控制,是指企业享有某项资源的所有权,或者虽然不享有某项资源的所有权,但该资源能被企业所控制。预期会给企业带来经济利益,是指直接或者间接导致现金和现金等价物流入企业的潜力。

1. 资产的特征

(1) 资产是由过去的交易和事项形成的。也就是说,资产是过去已经发生的交易或者事项所产生的结果。资产必须是现实的资产,而不能是预期的资产。未来的交易和事项可能产生的结果不能作为资产确认。

(2) 资产是为企业拥有或者控制的。拥有即所有权归企业所有,而控制是由企业支配使用，但并不等于企业取得所有权。一项经济资源是否属于企业的资产，通常要看其所有权是否属于该企业，但企业是否拥有经济资源的所有权，不是确认资产的绝对标准。那些所有权不属于特定企业，但为该企业所实际控制的经济资源，也就是企业能够自主地运用该项经济资源，从事经营活动，谋求经济利益，并承担着相应的风险的资源，也是资产。例如，企业以融资方式租入的固定资产，尽管所有权不属于承租企业，但由于受承租企业实际控制，因此在会计实务中将其列作承租企业的固定资产。

（3）资产预期会给企业带来经济利益。企业现在拥有或控制的经济资源，通过对它有效的使用，能为企业带来未来的经济效益，才属于企业的资产，这是资产的一个重要属性。例如，资产可以当作一种购买力使用，如库存现金、银行存款；可以出售而转变为货币资产或某种债权，如存货；可以为企业提供未来的经济效益，如厂房、机器等。如果一项经济资源不能提供未来的经济效益，它就不能再列作资产，而应作为费用或损失处理，如无法收回的应收账款等。

2. 资产的分类

资产按其流动性不同，可以分为流动资产和非流动资产。

（1）流动资产。流动资产是指预计在一年或超过一年的一个营业周期内变现或耗用的资产。流动资产主要包括库存现金、银行存款、交易性金融资产、应收票据、应收账款、预付款项、应收利息、其他应收款、存货等。

（2）非流动资产。非流动资产是指流动资产之外的资产，即在一年以上或超过一年的一个营业周期变现或耗用的资产。非流动资产主要包括长期股权投资、固定资产、在建工程、无形资产等。

### （二）负债

负债是指企业过去的交易或者事项形成的、预期会导致经济利益流出企业的现时义务。现时义务是指企业在现行条件下已承担的义务。未来发生的交易或者事项形成的义务不属于现时义务，不应当确认为负债。

1. 负债的特征

（1）负债是过去的交易或事项形成的。也就是说，导致负债的交易或者事项必须已经发生，例如接受银行贷款就会产生偿还贷款的义务。只有源于已经发生的交易或者事项，会计上才有可能确认为负债。对于企业正在筹划中的未来交易或者事项，不构成企业的负债。

（2）负债的清偿预期会导致经济利益流出企业。大多数情况下，负债要用现金清偿，有的时候也可以用商品、其他资产或者通过提供劳务来清偿，甚至还可以通过举借新债来清偿。无论采取何种方式，均会导致经济利益流出企业。

2. 负债的分类

负债按流动性不同，可以分为流动负债和非流动负债。

（1）流动负债。流动负债是指预计在一个正常的营业周期中清偿，或者自资产负债表日起一年内（含一年）到期应予以清偿，或者企业无权自主地将清偿推迟到资产负债表日后一年以上的负债。流动负债主要包括短期借款、应付票据、应付账款、预收款项、应付职工薪酬、应交税费、应付利息、应付股利、其他应付款等。

（2）非流动负债。非流动负债是指流动负债之外的负债，主要包括长期借款、应付债券等。

### （三）所有者权益

所有者权益是指企业资产扣除负债后由所有者享有的剩余权益。公司制企业的所有者权益又称为股东权益。

对于任何企业而言，其资金来源不外乎两个：一个是债权人，另一个是所有者。债权人对企业资产的要求权形成企业负债；所有者对企业资产的要求权形成企业的所有者权益。

1. 所有者权益的特征

（1）除非发生减资、清算或者分配现金股利，企业不需要偿还所有者权益。

（2）企业清算时，只有在清偿全部负债后，所有者权益才返还给所有者。

（3）所有者凭借所有者权益可以参与利润的分配。

2. 所有者权益的分类

所有者权益主要包括实收资本（或者股本）、资本公积、其他综合收益、盈余公积和未分配利润。盈余公积和未分配利润又统称为留存收益。

### （四）收入

收入是指企业在日常活动中形成的，会导致所有者权益增加的，与所有者投入资本无关的经济利益的总流入。

1. 收入的特征

（1）收入是从企业的日常活动中产生的，如销售商品、提供劳务及让渡资产使用权等。如果收入来自偶然的交易或事项，如固定资产出售、取得罚款等，虽然能为企业带来经济利益，但由于不属于企业的日常活动，故不被视为收入。

（2）收入会导致所有者权益增加。

（3）收入的获取必定会导致经济利益的流入，表现为资产增加、负债减少或者两者兼而有之。

2. 收入的分类

收入可以有不同的分类。根据收入的性质，可以分为销售商品收入、提供劳务收入和让渡资产使用权收入。根据企业经营业务的主次分类，可以分为主营业务收入和其他业务收入。主营业务收入是指企业的主要经营业务所取得的收入，而其他业务收入是指企业的其他经营业务所取得的收入。

### （五）费用

费用是指企业在日常活动中发生的，会导致所有者权益减少，与向所有者分配利润无关的经济利益的总流出。

1. 费用的特征

（1）费用是在企业日常活动中发生的。如果在偶然的事项中发生的支出，如罚款支出、捐赠支出等，虽然会使企业经济利益流出，但由于不属于企业的日常活动，故不属于费用的范畴。

（2）费用会导致所有者权益减少。

2. 费用的分类

费用可以有多种分类方法，按经济用途分，可以分为产品生产费用和期间费用。

产品生产费用是指构成产品生产成本的各项费用，如直接材料、直接人工、制造费用等成本项目。

期间费用是指本期发生的，不能归属于某种产品成本，而应直接计入当期损益的各项费用，如企业行政管理部门为组织和管理生产经营活动而发生的管理费用；企业为销售商品和提供劳务而发生的销售费用；企业为筹集资金等发生的财务费用。

### （六）利润

利润是指企业在一定会计期间的经营成果。利润包括收入减去费用后的净额、直接计入当期损益的利得和损失等。直接计入当期利润的利得和损失，是指应当计入当期损益、会导致所有者权益发生增减变动的、与所有者投入资本或者向所有者分配利润无关的利得或者损失。

利润有营业利润、利润总额和净利润之分。营业利润是指在一定的会计期间企业的日常经营活动取得的经营成果。利润总额是指营业利润加上营业外收入，减去营业外支出后的余额。净利润是指利润总额减去所得税费用后的金额。

## 任务处理

### 一、会计等式

如前所述，会计的六大要素包括资产、负债、所有者权益和收入、费用、利润两组。六大要素之间的数量关系，我们称为会计等式，它是各种会计核算方法的理论基础。

微课：会计等式

#### （一）资产、负债、所有者权益的关系

任何一个经济组织从事正常的生产经营活动，都要筹集一定数量的资金，拥有一定的经济资源。筹集资金的渠道：一是吸引投资者投资；二是举借债务。企业筹集的资金必然要投入营运，从而形成企业所持有的各种资产。投资者对投入企业的资金视投资额的多少和所担的风险的大小，等比例地获取投资所得，这就是投资人对企业资产的要求权（所有者权益）；债权人有要求企业偿还债务的权利，这就是债权人对企业资产的要求权（债权人权益，即企业的负债），企业拥有的每一项资产，都是投资者或债权人所提供。所以，上述两项权益之和等于企业资产总额。用公式表示为：

$$资产 = 权益$$

或者：

$$资产 = 负债 + 所有者权益$$

这个等式的一边是资产，表明资金占用的形态，另一边是负债和所有者权益，表明企业的资产来自何处，即资金的来源。资产不能离开权益而存在，没有无资产的权益，也没有无权益的资产。而且从数额上看，有一定数额的资产，就必然有等额的权益；反之，有一定数额的权益，也必然有等额的资产。这就是说，一个企业的资产总额与权益总额必定相等。从任何一个时点来看，两者之间都必然保持数量上的平衡关系。

### （二）收入、费用、利润的关系

企业的业务经营活动也就是提供商品和劳务的过程。随着企业商品的销售或者劳务的提供，一方面取得各类收入，另一方面为取得收入会发生相关的各种耗费（即费用）。在一定的会计期间内，企业获得的总收入扣除相关的总费用就形成了企业的利润。用公式表示为：

$$收入 - 费用 = 利润$$

当收入大于费用时，形成企业的利润，反之就是亏损。

### （三）会计六要素之间的关系

会计等式"资产 = 负债 + 所有者权益"反映的是企业某个会计期间开始时（即某一时日）企业财务状况。"收入 - 费用 = 利润"反映的是企业在某一会计期间的经营成果。随着企业经济活动的进行，在会计期间内，企业一方面取得了收入，并因此而增加了资产或减少了负债；另一方面要发生各种各样的费用，并因此而减少了资产或增加了负债。所以，企业在会计期间内的任一时刻，即未结账之前，原来的会计等式就转化为下面的形式：

$$资产 = 负债 + 所有者权益 + （收入 - 费用）$$

到了会计期末，企业将收入与费用相抵减，计算出利润（或亏损），并按规定的程序进行分配，剩余的又全部归入所有者权益项目。这样在会计期末结账之后，会计等式又恢复会计期初的形式，即：

$$资产 = 负债 + 所有者权益$$

由此可见，会计等式揭示了会计要素之间的联系，它是进行复式记账、试算平衡和编制会计报表的理论依据。

【例1-1】根据【任务案例】，新华公司2月实现营业收入600万元，发生相关成本费用500万元，所以，新华公司在2月实现利润100万元。收入、费用和利润之间存在的关系是：收入600万元 - 费用500万元 = 利润100（万元）。

素养小讲堂：践行工匠精神

## 二、经济业务发生对会计等式的影响

企业日常发生的经济业务是多种多样的,但无论企业在生产经营过程中发生什么样的经济业务,引起资产、负债和所有者权益这三个会计基本要素在数额上发生怎样的增减变化,都不会破坏会计基本等式的平衡关系。因为任何一个企业的经济业务发生后所引起的资金运动都不外乎以下四种类型:

1. 经济业务的发生,只引起资产方面的项目发生增减变动,而不涉及权益方面的项目

在这种情况下,资产方面的项目此增彼减,而资产总额不变。

【例1-2】2月1日,新华公司以银行存款购入材料5万元,验收入库。

根据【任务案例】,新华公司2025年2月初,资产、负债、所有者权益之间的关系为:

720万元 = 260万元 + 460万元

上述采购业务的发生引起了企业资产形态的变化:一方面使银行存款减少了5万元,另一方面又使原材料增加了5万元。"银行存款"和"原材料"都是资产项目,这项经济业务的发生使资产内部的两个项目以相等的金额,此增彼减。也就是说,使资产以相等的金额从一种形态变为另一种形态,反映了资产内部的增减变化,资产总额不变。

经济业务发生后资产、负债、所有者权益之间的关系为:

(720 + 5 − 5)万元 = 260万元 + 460万元

2. 经济业务的发生,只引起权益方面的项目发生增减变动,而不涉及资产方面的项目

在这种情况下,权益方面的项目,此增彼减,而其总额不变。

【例1-3】2月8日,新华公司向银行借款6万元,直接偿还应付供货单位的账款。

这项经济业务的发生,引起了权益方面的转化。它使企业的短期借款项目增加了6万元,同时使应付账款项目减少了6万元。"短期借款"和"应付账款"都是权益项目,所以这项经济业务的发生只是权益内部的两个项目,以相等的金额,此增彼减,反映了权益内部的增减变化,负债及所有者权益总额不变。

经济业务发生后资产、负债、所有者权益之间的关系为:

720万元 = (260 + 6 − 6)万元 + 460万元

3. 经济业务的发生,使有关的资产项目与权益项目的数额同时增加

在这种情况下,资产与权益两方面的项目,同时增加,双方增加的数额相等。

【例1-4】2月16日,新华公司接受某外商投入的设备一套,价值20万元。

这项经济业务的发生使企业的固定资产价值增加了20万元,也就是说它使企业资产中的"固定资产"项目增加了20万元;同时,因为设备是外商投入的,属于外商投资,所以使权益方的"实收资本"项目相应地增加了20万元。这项经济业务使资产与权益两方同时发生了相同数额的增加。双方的总额也就发生了相同数额的增加。

经济业务发生后资产、负债、所有者权益之间的关系为:

(720 + 20)万元 = 260万元 + (460 + 20)万元

4. 经济业务的发生,使有关的资产项目与权益项目的数额同时减少

在这种情况下,资产与权益两方面的项目,同时减少,双方减少的数额相等。

【例1-5】2月28日,新华公司以银行存款偿还到期的短期借款50万元。

这项经济业务的发生使企业的银行存款减少了50万元,同时,银行的借款也减少了50

万元。就是说，资产方的"银行存款"项目和权益方的"短期借款"项目，两者同时减少，减少的数额相等。双方的总额也就发生了相同数额的减少。

经济业务发生后资产、负债、所有者权益之间的关系为：

（740－50）万元＝（260－50）万元＋480万元

从以上四种情况可以看出，经济业务的发生对资产与权益双方总额的影响是：

（1）资产方内部有关项目有增有减，资产总额不变，双方总额仍相等；

（2）权益方内部有关项目有增有减，权益总额不变，双方总额仍相等；

（3）资产和权益项目同时增加相等的金额，双方总额仍相等；

（4）资产和权益项目同时减少相等的金额，双方总额仍相等。

可见，企业任何一项经济业务引起的资金变化，都不会破坏会计等式。

任务二小测验

## 任务三　认识会计科目与账户

PPT

### 引导案例

王冰同学在预习课程内容时，看到书上有时写"银行存款科目"，有时又写"银行存款账户"，有些迷惑。

思考：会计科目和账户有什么联系与区别？

### 知识准备

#### 一、会计科目

（一）会计科目的内容

会计科目是对会计要素的具体内容进行分类的标志，也就是对各项会计要素在科学分类的基础上所赋予的名称。

会计科目体系是科学的、系统的。参照我国《企业会计准则——应用指南》，企业应设置的会计科目见表 1－1。企业财会人员应该熟练掌握会计科目表，并根据企业的经济业务正确设置账户和进行账务处理，为经济管理提供系统化和标准化的核算资料。

表 1-1　　　　　　　　　　会计科目表（简表）

| 序号 | 编号 | 会计科目名称 | 序号 | 编号 | 会计科目名称 |
|---|---|---|---|---|---|
| | | 一、资产类 | 41 | 2202 | 应付账款 |
| 1 | 1001 | 库存现金 | 42 | 2203 | 预收账款 |
| 2 | 1002 | 银行存款 | 43 | 2211 | 应付职工薪酬 |
| 3 | 1101 | 交易性金融资产 | 44 | 2221 | 应交税费 |
| 4 | 1121 | 应收票据 | 45 | 2231 | 应付利息 |
| 5 | 1122 | 应收账款 | 46 | 2232 | 应付股利 |
| 6 | 1123 | 预付账款 | 47 | 2241 | 其他应付款 |
| 7 | 1131 | 应收股利 | 48 | 2501 | 长期借款 |
| 8 | 1132 | 应收利息 | 49 | 2502 | 应付债券 |
| 9 | 1221 | 其他应收款 | 50 | 2701 | 长期应付款 |
| 10 | 1231 | 坏账准备 | 51 | 2801 | 预计负债 |
| 11 | 1401 | 材料采购 | 52 | 2901 | 递延所得税负债 |
| 12 | 1402 | 在途物资 | | | 三、共同类 |
| 13 | 1403 | 原材料 | 53 | 3101 | 衍生工具 |
| 14 | 1404 | 材料成本差异 | 54 | 3201 | 套期工具 |
| 15 | 1405 | 库存商品 | | | 四、所有者权益类 |
| 16 | 1406 | 发出商品 | 55 | 4001 | 实收资本 |
| 17 | 1407 | 商品进销差价 | 56 | 4002 | 资本公积 |
| 18 | 1408 | 委托加工物资 | 57 | 4101 | 盈余公积 |
| 19 | 1411 | 周转材料 | 58 | 4103 | 本年利润 |
| 20 | 1471 | 存货跌价准备 | 59 | 4104 | 利润分配 |
| 21 | 1501 | 债权投资 | | | 五、成本类 |
| 22 | 1502 | 债权投资减值准备 | 60 | 5001 | 生产成本 |
| 23 | 1511 | 长期股权投资 | 61 | 5101 | 制造费用 |
| 24 | 1512 | 长期股权投资减值准备 | 62 | 5201 | 劳务成本 |
| 25 | 1531 | 长期应收款 | 63 | 5301 | 研发支出 |
| 26 | 1601 | 固定资产 | | | 六、损益类 |
| 27 | 1602 | 累计折旧 | 64 | 6001 | 主营业务收入 |
| 28 | 1603 | 固定资产减值准备 | 65 | 6051 | 其他业务收入 |
| 29 | 1604 | 在建工程 | 66 | 6101 | 公允价值变动损益 |
| 30 | 1605 | 工程物资 | 67 | 6111 | 投资收益 |
| 31 | 1606 | 固定资产清理 | 68 | 6301 | 营业外收入 |
| 32 | 1701 | 无形资产 | 69 | 6401 | 主营业务成本 |
| 33 | 1702 | 累计摊销 | 70 | 6402 | 其他业务成本 |
| 34 | 1703 | 无形资产减值准备 | 71 | 6403 | 税金及附加 |
| 35 | 1711 | 商誉 | 72 | 6601 | 销售费用 |
| 36 | 1801 | 长期待摊费用 | 73 | 6602 | 管理费用 |
| 37 | 1811 | 递延所得税资产 | 74 | 6603 | 财务费用 |
| 38 | 1901 | 待处理财产损溢 | 75 | 6701 | 资产减值损失 |
| | | 二、负债类 | 76 | 6711 | 营业外支出 |
| 39 | 2001 | 短期借款 | 77 | 6801 | 所得税费用 |
| 40 | 2201 | 应付票据 | 78 | 6901 | 以前年度损益调整 |

会计科目表中列举的各个会计科目相互联系、相互补充地组成一个完整的会计科目体系，可用来全面、系统地核算和监督会计对象的具体内容，提供企业内部经营管理和外部有关方面所需要的一系列核算指标。为了正确掌握和运用会计科目，可以按照下列标准对会计科目进行适当的分类。

微课：会计科目和账户

### （二）会计科目的分类

1. 按照经济内容分类

会计科目按其所反映的经济内容，可以划分为资产类科目、负债类科目、所有者权益类科目、成本类科目和损益类科目五大类，详见会计科目表（见表1-1）。

2. 按照提供指标的详细程度分类

会计科目按其提供核算指标的详细程度，可以分为总分类科目和明细分类科目。

（1）总分类科目，也称总账科目或一级科目，是对会计对象具体内容进行总括分类的科目。前述会计科目表中所列会计科目均为总分类科目。

（2）明细分类科目，也称明细科目或子、细目，是对总分类科目进一步分类的科目。明细分类科目的设置，除去有关法规统一规定外，企业可以根据经济管理的实际需要自行规定。在会计实务中，除少数总分类科目外，大多都要设置明细分类科目。例如，在"库存商品"总分类科目下，应按库存商品的类别、品种和规格设置明细分类科目。

如果某一总分类科目所统驭的明细分类科目较多，可以增设二级科目。二级科目是介于总分类科目和明细分类科目之间的科目。例如，在"原材料"总分类科目下，按材料的类别设置二级科目（即子目），再按材料的品名设置三级科目（即细目）："原材料——原料及主要材料——面粉"。

通过会计科目按提供核算指标详细程度的分类，可以更好地满足企业经营管理的需要。

### （三）会计科目的意义

会计科目的设置，对于正确核算和监督企业单位的经济活动，具有重要的作用。

1. 会计科目是对会计对象的具体内容进行科学归类，是连续核算和监督的重要工具

为了连续、系统、全面地核算企业单位的经济活动和财务收支，要求我们在会计处理时，必须采用专门的方法对各项经济业务进行科学的归类、整理和记录，最后提供系统化的数据和资料。设置会计科目，就是根据会计对象的具体内容和经济管理的要求进行分类核算的方法。例如，银行存款和原材料同属资产类会计要素，但它们的作用和性质不同，一个是货币资金，另一个是储备资金，因此，要分别设置"银行存款"和"原材料"两个会计科目进行归类核算。又如，现金和银行存款虽然同属货币资金性质，但因它们的存放地点、管理办法和作用不同，需要通过设置"库存现金"和"银行存款"两个会计科目分别进行核算和监督。

## 2. 会计科目是设置账户的依据

各企业单位在会计核算中必须根据规定的会计科目，在账簿中开设账户，对各项经济业务要连续、系统、分类地记录。会计科目是账户的名称，账户的设置依据是会计科目。没有会计科目，就无法设置账户。一旦会计科目重新制订，账户也要重新设置。可见，会计科目是设置账户的依据，账户则是会计科目在记账工作中的具体运用，它们共同构成复式记账应用的基础和条件。

## 3. 会计科目是规范会计核算和加强会计监督的重要手段

会计科目的核算内容和会计科目之间的相互关系都是统一规定的。一般来说，会计科目名称的规范、会计科目的分类、会计科目的解释口径等，决定着企业单位会计核算的详略程度，决定着企业单位编制会计报表的要求和内容。各个企业单位原则上都必须按照有关会计科目的规定处理会计业务，防止会计核算内容上的混乱，防止不合理、不合法的经济业务随意记入会计系统，以利于加强对会计工作的宏观调控和有效监督。

### （四）会计科目的设置原则

会计科目的设置应符合会计核算的一般原则对会计核算工作的基本要求，以保证会计信息的质量。为此，各单位对会计科目的设置应遵循以下原则：

1. 设置会计科目，既要全面反映会计核算的内容，又要结合会计对象的具体特点，具有系统性

会计的基本职能包括从数量上连续、系统、全面地记录各单位的经济活动情况和对各单位经济活动全过程进行有效监督。设置会计科目是对会计对象进行分类管理，应对各项会计要素作全面反映，形成一个科学完整的体系，包括分别设置核算和监督资产、负债、所有者权益、收入、费用、利润等若干类会计科目，不能有任何遗漏。同时，会计科目的设置又要以会计对象的特点为依据，根据不同会计主体经济业务的主要性质特征，有针对性地设置，既要设置反映会计主体共同业务的通用科目，又要设置反映会计主体本身特点的专用科目。

2. 设置会计科目，必须符合经济管理和业务发展的需要，具有适应性

设置会计科目作为为经济管理提供有用信息的重要方法，必须从实际出发，要符合国家宏观管理的需要。如为了加强宏观调控，反映税利的取得、分配和上交情况，需要设置"本年利润""利润分配""应交税费""应付股利"等科目。同时，企业内部经营管理与企业外部有关方面对会计信息的要求不尽相同，这就要求在设置会计科目时，既设置能够提供总括核算指标的会计科目，以满足企业外部有关方面的需要，又要设置明细科目，主要满足企业内部经营管理的需要。会计科目的设置，应保持相对稳定性，但也不是一成不变的，当会计环境发生变化时，会计科目也要随之做相应的调整变更，以及时反映新的经济业务的全部内容。

3. 设置会计科目，要符合政府有关机构的规定，具有统一性

企业设置统一的会计科目，可以对外提供统一的会计指标。由于会计科目设置的科学性直接影响会计报表的内容和向外提供的会计信息，因此，对会计科目的设置应注意以下几点：一是强调会计科目的统一、科学和规范。不管哪一个行业，凡经济业务相同，会计处理方法相同，要求设置的会计科目名称、核算说明、文字表述等，应尽量统一。二是要求涉及财务会计政策的内容，以及一些基本概念、定义要和《企业会计准则》相一致。三是为了

满足电算化的需要,会计科目应进行统一编号。比如,对大类和共用科目编号基本统一;对行业特点明显,统一编码有困难的,允许行业在编号区内调整。在统一性的前提下,各单位也可以根据实际需要,对会计科目作必要的增补或合并,具有相应的灵活性。

4. 设置会计科目要含义明确,通俗易懂,保持相对稳定性

会计科目设置,要尽可能文字简短并含义明确。如"银行存款"科目,表示存放在银行的货币资金;"库存商品"科目,表明存放在仓库中的待售商品等。科目名称简明,文字要使用经济生活中常用的,避免使用晦涩难懂的术语,便于会计信息使用者理解和分析。此外,会计科目设置后应保持相对的稳定性,不能经常变动会计科目的名称、核算内容,以使核算指标保持可比性。

## 二、账户

账户是在具有一定格式的账簿中根据会计科目(或子、细目)开设户名的账页。

账户应具有一定的结构。由于企业经济业务的发生必然会引起会计要素发生变动,而这种变动从数量上看,不外乎是增加和减少两种情况。因此,为了清晰反映和便于计算经济业务引起的各项会计要素的增减变动,通常相应地将账户的结构划分为左右两方,分别登记增加数和减少数。无论何种记账方法,何种性质的账户,左右两方的增减意义都是相反的,也就是说,如果左方记增加,则右方记减少;反之,如果左方记减少,则右方记增加。作为账户的基本结构,一般应包含下列内容:

(1) 账户的名称(即会计科目);
(2) 日期和摘要(登记经济业务的日期和经济业务内容的概述);
(3) 凭证号数(说明账户记录的依据);
(4) 增加和减少的金额及余额。

知识拓展:账户按用途结构分类

账户的一般结构,见表1-2。

表1-2　　　　　　　账户名称(会计科目)　　　　　　　第　　页

| 年 | | 凭证字号 | 摘要 | 增加 | 减少 | 余额 |
|---|---|---|---|---|---|---|
| 月 | 日 | | | | | |
| | | | | | | |
| | | | | | | |

作为一个账户,所记录的金额提供四项核算指标,即期初余额、本期增加额、本期减少额和期末余额。

余额与发生额的关系,可用下列公式表示:

期末余额 = 期初余额 + 本期增加发生额 - 本期减少发生额

例如,某企业"银行存款"账户的记录见图1-1。

| 左方 | 银行存款 | | 右方 |
|---|---|---|---|
| 期初余额 | 200 000 | | |
| 本期增加额 | 580 000 | 本期减少额 | 560 000 |
| 发生额合计 | 580 000 | 发生额合计 | 560 000 |
| 期末余额 | 220 000 | | |

图 1-1　银行存款"T"形账户图示

根据图 1-1 中账户的记录，可知该企业期初存放在银行的款项为 200 000 元；本期增加了 580 000 元，本期减少了 560 000 元，到期末企业银行存款为 220 000 元。

为了教学和研究的方便，在教学实践和教材中常用上述简化账户的格式代替实际账户。该格式只突出账户基本结构：左方与右方，其他部分略去。该简化格式形似英文字母"T"，所以称为"T"形账户。

每个账户的本期增加发生额和本期减少发生额都应分别记入各账户左右两方的金额栏内，以便分别计算增减发生额。至于账户的哪一方登记增加金额，哪一方登记减少金额，则取决于该账户所属的类别。

综上所述，设置账户是会计核算方法体系的重要组成部分，它可以为会计核算与监督提供定期与日常相结合、总括与明细相结合、静态与动态相结合的数据资料。

### 三、账户与会计科目的关系

在会计核算中，账户是分类核算和监督会计对象的重要工具。设置和运用账户，是会计核算方法体系中的重要环节，也是应用复式记账的前提条件。由此可见，各单位在会计核算工作中必须依据会计科目开设账户。一方面，应当根据会计科目按经济内容分类开设账户，如一般企业应开设资产类账户、负债类账户、所有者权益类账户、成本类账户和损益类账户；另一方面，应当根据会计科目按提供核算指标的详细程度分别开设总分类账户、明细分类账户，以全面地反映会计对象的具体内容，为经济管理提供各种各样的核算资料。

账户与会计科目是既有联系又有区别的两个概念，它们都是用来分门别类地反映会计对象的具体内容。会计科目是账户的名称，仅表明某项经济内容，本身没有结构，而账户却必须有便于记录会计对象具体内容的结构。会计科目是在经济活动发生之前，由政府有关部门对如何反映会计对象的具体内容作出的分类规范，具有统一性；而账户则是企业单位在经营管理过程中根据需要在账簿中开设的，具有相对的灵活性。会计科目可以按照经济内容分类，而账户既可以按照经济内容分类，又可以按照用途结构分类。

任务三小测验

## 任务四　认识复式记账与借贷记账法

PPT

### 引导案例

新华公司 2025 年 3 月发生下列经济业务：
1. 3 月 5 日，以银行存款购进甲材料 20 000 元入库。
2. 3 月 10 日，向银行借入短期借款 100 000 元，偿还欠 A 单位货款。
3. 3 月 15 日，从 B 单位购进一批乙材料，金额为 50 000 元，验收入库，货款暂欠。
4. 3 月 20 日，以银行存款偿还银行短期借款 80 000 元。

思考：会计人员应该运用什么记账方法将上述经济业务进行账务处理？

### 知识准备

#### 一、复式记账

各单位为了核算和监督会计对象的具体内容，首先应根据规定的会计科目设置账户。但要取得经济管理所必需的核算指标，还必须采用一定的记账方法。所谓记账方法，就是在账簿中登记各项经济业务的方法。

在会计理论和方法的发展中，会计的记账方法也经历了由简单到复杂、由不科学到科学这样一个过程，产生了单式记账法和复式记账法两种记账方法。

单式记账法是对发生的每一项经济业务只在一个账户中登记的方法，通常只登记现金和银行存款的收付以及应收、应付款的结算。例如，用现金 600 元支付某项费用，记账时只登记库存现金账户减少 600 元，以此控制货币的收支和结存情况，至于费用的发生情况就忽略不计了。再如，当购买材料而货款尚未支付时，只记债务的增加，而不记材料的增加。单式记账法手续简便，但没有考虑事物之间的客观联系，虽然也能提供一些数据资料，但不能全面地反映企业经济活动的来龙去脉，也不便于对记账结果进行核对和检查。单式记账法的这个特点，决定了它是一种不完整、不科学的记账方法。随着社会经济的发展，市场经济活动越来越复杂，需要运用会计反映和提供数据资料的要求越来越高，单式记账法自然就被逐渐淘汰了。现在，我国企业、行政和事业单位所采用的记账方法，都是复式记账方法。

所谓复式记账，就是对每一项经济业务，都以相等的金额同时在两个或两个以上相互联系的账户中进行登记的方法。

采用复式记账法，能够对每一项经济业务所引起的资金增减变化同时在两个或两个以上的账户中相互联系地进行登记。例如，用银行存款 8 000 元购买原材料，根据复式记账方法，这项经济业务要以相等的金额同时在"银行存款"和"原材料"这两个相互联系的账户中进行登记。即一方面在"银行存款"账户中登记减少数8 000元，另一方面在"原材料"账户登记增加数8 000元。

复式记账法与单式记账法相比有两个明显的特点：一是对发生的各项经济业务活动，都要按规定的会计科目，至少在两个账户中相互联系地进行分类记录；二是对记录的结果可以进行试算平衡，以检查账户记录是否正确。

复式记账的经济内容是会计要素，各会计要素之间具有一定的数量关系，即形成会计等式。复式记账法建立的理论基础就是会计等式。按照会计等式，任何一项经济业务都会引起资产与权益之间至少两个项目发生增减变动，而且增减金额相等。因此对每笔经济业务的发生，都可以以相等的金额在两个或两个以上相关的账户中做等额的双重记录。由于会计要素之间既相互联系、相互依存，又各自具有独立的含义，以不同具体形式存在着，企业发生的经济业务，会引起每一具体形式的数量变化，因而应设置相应账户进行登记，这样复式记账就组成一个完整的、系统的记账组织体系。有了这样一个记账组织体系，不仅反映了资产、负债和所有者权益的增减变化和结存情况，而且还能反映收入、费用和利润的数额及其形成原因。这样复式记账就能够全面地核算和监督企业的各项经济活动。

与单式记账法相比，复式记账是一种科学的记账方法，主要表现在以下三个方面。

（1）设置了完整的账户体系，可以全面记录和反映所有的经济业务。由于复式记账法不仅要求每一笔经济业务通过相互联系的两个或两个以上的账户进行全面反映，而且对各单位发生的全部经济业务都要进行记录。因此，就必然要设置一整套账户，用来全面、系统、相互联系地反映所发生的经济业务。

（2）由于对每项经济业务都要在两个或两个以上相互联系的账户中进行登记，反映每一项经济业务的来龙去脉，并且复式记账具有完整的账户体系，所以它不仅对每项经济业务都能反映其来龙去脉，而且通过全部经济业务相互联系地记入有关账户中，从而使账户体系能够全面清晰地反映所有经济业务的来龙去脉，还系统地反映和监督一个单位全部经济活动的过程及结果，提供经济管理所需要的会计资料。

（3）由于对每项经济业务在相互联系的不同账户中的登记都是等额的，因此，可以对会计记录的结果进行试算平衡。每一笔经济业务发生后，复式记账都是以相等的金额在有关账户之间做双重平衡记录，而所有经济业务又都在各个账户中进行全面反映，所以对反映一定时期全部经济业务的记录，必然能进行全面的综合试算平衡，从而可以通过账户的对应关系了解经济业务内容，检查经济业务是否合法、合规；又可以通过对账户记录结果进行试算平衡，来检查账户记录是否正确。因此，复式记账法作为一种科学的记账方法一直得到广泛的应用。目前，我国的企业、行政、事业单位会计核算所采用的记账方法，都是复式记账法。

复式记账法是经过长期的会计实践逐步形成的。目前，世界各国广泛采用的复式记账法是借贷记账法。我国在相当长的一段时间里，出现过三种复式记账法并存的局面，即借贷记账法、增减记账法和收付记账法。随着会计核算的规范化，我国企业会计准则规定，企业应当采用借贷记账法记账。

拓展阅读：复式簿记的演变

知识拓展：复式记账法的类型

## 二、借贷记账法

借贷记账法是以"借"和"贷"作为记账符号，对任何一笔经济业务，都以借、贷相等的金额在两个或两个以上账户中相互联系地进行登记的一种复式记账法。

下面从记账符号、账户结构、记账规则、账户的对应关系和会计分录、试算平衡等方面介绍借贷记账法。

微课：借贷记账法

素养小讲堂：不做假账

### （一）记账符号

在数百年前借贷记账法产生的时候，借和贷的含义最初是从借贷资本家的角度来解释的，它仅仅表示债权（应收款）和债务（应付款）的增减变动，即在账户中分两方面来登记与债权人和债务人的关系，账户的一方登记收进的存款，表示债务；另一方登记付出的贷款，表示债权。这是借贷记账法的借、贷的由来。后来随着商品经济的发展，经济活动的范围日益扩大，经济活动的内容日益复杂，记账对象也随之扩大，在账簿中不仅要登记债权、债务的借贷关系，而且要登记财产物资和财务收支的增减变化。因而"借"和"贷"就失去了原来的意义，转化为单纯的记账符号，变成会计上的专门术语，也可以理解为账户中两个对立的记账部位和方向，表明对每一经济业务应该记录在账户的"借方"或"贷方"。

### （二）账户结构

掌握借贷记账法，应当了解账户的结构以及账户所反映的经济内容，才能正确地运用记账规则，登记好账簿。

在借贷记账法下，任何账户都分借方和贷方两个基本部分，通常左方为借方，右方为贷方，见图1-2。

| 借方 | 账户名称（会计科目） | 贷方 |
|---|---|---|
|  |  |  |

图1-2 账户结构图示

在借贷记账法下，账户的借方和贷方分别用来反映金额的相反变化，即一方登记增加金额，另一方登记减少金额。至于哪一方登记增加金额，哪一方登记减少金额，则取决于账户的性质是资产与费用,还是负债、所有者权益与收入。

1. 资产类账户的结构

在资产类账户中,借方登记增加,贷方登记减少,若有期末(期初)余额,则期末(期初)余额一般在借方,表示期末(期初)资产的实有数。资产类账户的结构见图1-3。

| 借方 | 资产类账户名称(会计科目) | | 贷方 |
|---|---|---|---|
| 期初余额 | ××× | | |
| 本期增加额 | ××× | 本期减少额 | ××× |
| 借方发生额合计 | ××× | 贷方发生额合计 | ××× |
| 期末余额 | ××× | | |

图1-3 资产类账户结构图示

资产类账户余额与发生额的关系为:

**借方期初余额 + 借方本期发生额 - 贷方本期发生额 = 借方期末余额**

2. 负债和所有者权益账户的结构

在负债和所有者权益类账户中,贷方登记增加,借方登记减少,若有期末(期初)总额,其期末(期初)余额一般在贷方,表示负债和所有者权益的期末实有数。负债和所有者权益类账户的结构见图1-4。

| 借方 | 负债和所有者权益类账户名称(会计科目) | | 贷方 |
|---|---|---|---|
| | | 期初余额 | ××× |
| 本期减少额 | ××× | 本期增加额 | ××× |
| 借方发生额合计 | ××× | 贷方发生额合计 | ××× |
| | | 期末余额 | ××× |

图1-4 负债和所有者权益类账户结构图示

负债和所有者权益类账户余额与发生额的关系为:

**贷方期初余额 + 贷方本期发生额 - 借方本期发生额 = 贷方期末余额**

3. 收入类账户和成本费用支出类账户的结构

收入类账户结构与权益类账户一致,贷方登记收入的增加额,借方登记减少额或转销额。企业的各种收入是形成利润总额的主要因素,因此期末各收入的总额减去收入的减少额,差额转入"本年利润"账户的贷方,结转后各收入类账户没有余额。收入类账户的结构见图1-5。

| 借方 | 收入类账户名称(会计科目) | | 贷方 |
|---|---|---|---|
| 本期减少额或转销额 | ××× | 本期增加额 | ××× |
| 借方发生额合计 | ××× | 贷方发生额合计 | ××× |

图1-5 收入类账户结构图示

由于成本费用支出类账户的结构与资产类账户的结构一致，因而，成本费用支出类账户的借方登记增加额，贷方登记减少额或转销额。企业发生的各种费用和支出形成利润减少的因素，因此期末时应将费用和支出的发生额，转入"本年利润"账户的借方，同时登记在有关费用和支出账户的贷方。所以，除反映成本的账户外，费用支出类账户期末结转后一般没有余额。成本类账户若有余额，表示期末资产的余额。费用支出类账户的结构见图1-6。

| 借方 | 费用支出类账户名称（会计科目） | | 贷方 |
|---|---|---|---|
| 本期增加额 | ××× | 本期减少额或转销额 | ××× |
| 借方发生额合计 | ××× | 贷方发生额合计 | ××× |

图1-6 费用支出类账户结构图示

根据以上对各类账户结构的说明，可以将账户借方和贷方所记录的经济内容加以归纳，见图1-7。

| 借方 | 账户名称（会计科目） | 贷方 |
|---|---|---|
| 资产的增加额<br>负债的减少额<br>所有者权益的减少额<br>费用的增加额<br>收入的减少额 | | 资产的减少额<br>负债的增加额<br>所有者权益的增加额<br>费用的减少额<br>收入的增加额 |

图1-7 账户记载经济内容图示

### （三）记账规则

由于复式记账法是以会计等式作为其理论基础，因此运用借贷记账法记录各项经济业务时，可以总结出一定的规则。

根据引导案例，运用借贷记账法进行下面的举例分析，说明借贷记账法的记账规则。

**【例1-6】** 依据【引导案例】，2025年3月5日，新华公司以银行存款购进甲材料20 000元入库。

这项经济业务的发生，一方面使该企业的原材料这一资产项目增加20 000元，另一方面使银行存款这一资产项目减少20 000元。因此，这项经济业务涉及"原材料"和"银行存款"这两个账户，资产的增加，应记在"原材料"账户的借方，资产的减少，应记在"银行存款"账户的贷方。这项经济业务登账的结果见图1-8。

| 借方 | 银行存款 | 贷方 | | 借方 | 原材料 | 贷方 |
|---|---|---|---|---|---|---|
| 期初余额 | 350 000 | | | 期初余额 | 250 000 | |
| | | (6) 20 000 | --------- | (6) | 20 000 | |

图1-8 经济业务登账示意图

**【例1-7】** 2025年3月10日，新华公司向银行借入短期借款100 000元偿还A单位货款。

这项经济业务的发生，一方面使该企业的短期借款这一负债项目增加了 100 000 元，另一方面使应付账款这一负债项目减少了 100 000 元。因此，这项经济业务涉及"短期借款"和"应付账款"这两个账户，负债的增加，应记在"短期借款"账户的贷方，负债的减少，应记在"应付账款"账户的借方。这项经济业务登账的结果见图 1-9。

| 借方 | 短期借款 | 贷方 | | 借方 | 应付账款 | 贷方 |
|---|---|---|---|---|---|---|
| | 期初余额 | 100 000 | | | 期初余额 | 150 000 |
| | (7) | 100 000 | | (7) | 100 000 | |

图 1-9　经济业务登账示意图

【例 1-8】2025 年 3 月 15 日，新华公司从 B 单位购进一批乙材料，金额为 50 000 元，验收入库，货款暂欠。

这项经济业务的发生，一方面使该企业的原材料这一资产项目增加了 50 000 元，另一方面使应付账款这一负债项目也相应增加了 50 000 元。因此，这项经济业务涉及"原材料"和"应付账款"这两个账户，资产的增加，应记在"原材料"账户的借方，负债的增加，应记在"应付账款"账户的贷方。这项经济业务登账的结果见图 1-10。

| 借方 | 应付账款 | 贷方 | | 借方 | 原材料 | 贷方 |
|---|---|---|---|---|---|---|
| | 期初余额 | 150 000 | | 期初余额 | 250 000 | |
| (7) | 100 000 | | | (6) | 20 000 | |
| | (8) | 50 000 | | (8) | 50 000 | |

图 1-10　经济业务登账示意图

【例 1-9】2025 年 3 月 20 日，新华公司以银行存款偿还银行短期借款 80 000 元。

这项经济业务的发生，一方面使该企业的银行存款这一资产项目减少了 80 000 元，另一方面使短期借款这一负债项目减少了 80 000 元。因此，这项经济业务涉及"银行存款"和"短期借款"这两个账户，资产的减少，应记在"银行存款"账户的贷方，负债的减少，应记在"短期借款"账户的借方。这项经济业务登账的结果见图 1-11。

| 借方 | 银行存款 | 贷方 | | | 借方 | 短期借款 | 贷方 | |
|---|---|---|---|---|---|---|---|---|
| 期初余额 | 350 000 | (6) | 20 000 | | | | 期初余额 | 100 000 |
| | | (9) | 80 000 | | (9) | 80 000 | (7) | 100 000 |

图 1-11　经济业务登账示意图

综合以上四大类型的经济业务，所有经济业务的发生，都是有借方必有贷方，而且记入借方的金额与记入贷方的金额必须相等，因此，借贷记账法的记账规则可以概括为"有借必有贷，借贷必相等"。

在实际运用借贷记账法的记账规则记录一项经济业务时，要从以下三个方面分析。

（1）分析所发生的经济业务，根据经济业务的内容，确定它所涉及的账户及账户的性质（资产类、负债类、所有者权益类、收入类和成本费用支出类账户）。

（2）分析经济业务对所涉及账户的影响，即引起的是有关账户金额的增加或减少。

（3）根据账户的结构特点，确定哪个账户记借方，哪个账户记贷方。

### （四）账户的对应关系和会计分录

**1. 账户的对应关系**

运用借贷记账法记录经济业务时，根据"有借必有贷，借贷必相等"的记账规则，对每项经济业务都要在两个或两个以上账户的借方和贷方相互联系地进行反映。这就使有关账户之间形成一定的关系，这种账户之间的相互对应、相互依存的关系称为账户对应关系，存在对应关系的账户叫作对应账户。账户之间的对应关系取决于经济业务性质。反过来，通过账户的对应关系，又可以了解经济业务的内容。

例如，某项经济业务发生，记入"银行存款"账户借方 60 000 元和"主营业务收入"账户贷方 60 000 元。通过这两个账户的对应关系，可以了解银行存款（资产项目）的增加，是由于增加了营业收入，即销售产品（或商品）或提供劳务引起的。

需要指出的是，账户对应关系是相对某项具体经济业务而言，并非某个账户与某个账户是固定的对应账户。例如，出纳员将现金 2 000 元存入银行。这项经济业务，应记入"银行存款"账户借方 2 000 元和"库存现金"账户贷方 2 000 元。由于这项经济业务而使"银行存款"和"库存现金"这两个账户发生了应借、应贷的相互关系，这两个账户就叫作对应账户。又如，以银行存款 50 000 元偿还前欠外单位贷款。这项经济业务，应记入"应付账款"账户借方 50 000 元和"银行存款"账户贷方 50 000 元。由于这项经济业务而使"应付账款"账户和"银行存款"账户发生了应借、应贷的相互关系，这两个账户成为对应账户。

**2. 会计分录**

在会计实际工作中，为了保证账户记录的正确性，在把经济业务记入账户之前，应先根据经济业务发生时所取得的原始凭证，在记账凭证中编制会计分录。

所谓会计分录（简称分录），是指表明某项经济业务应借、应贷的账户名称以及应记入账户的金额的记录。会计分录的内容包括：一组对应的记账符号，即借方和贷方；所涉及的两个或两个以上账户的名称；借贷双方的相等金额。

会计分录的一般书写要求如下：

（1）先借后贷；

（2）借贷要分行写，并且文字和金额都要错开两个字；

（3）在有多借或多贷的情况下，要求借方或贷方账户的文字和金额数字上下对齐。

依据【引导案例】，以及上述【例 1-6】至【例 1-9】对经济业务的分析，分别编制会计分录如下：

【例 1-10】2025 年 3 月 5 日，新华公司以银行存款购进甲材料 20 000 元入库。

该项经济业务的发生，使新华公司的原材料增加 20 000 元，应记入"原材料"账户的借方；同时银行存款减少相等的金额，应记入"银行存款"账户的贷方。编制会计分录如下：

借：原材料——甲材料　　　　　　　　　　　　　　　　20 000
　　贷：银行存款　　　　　　　　　　　　　　　　　　　　　20 000

【例1-11】2025年3月10日，新华公司向银行借入短期借款100 000元偿还A单位货款。

该项经济业务的发生，使新华公司欠A单位款项减少100 000元，应记入"应付账款"账户的借方；但增加了欠银行的款项，应记入"短期借款"账户的贷方。编制会计分录如下：

借：应付账款——A单位　　　　　　　　　　　　　　　100 000
　　贷：短期借款　　　　　　　　　　　　　　　　　　　　100 000

【例1-12】2025年3月15日，新华公司从B单位购进一批乙材料，金额为50 000元，验收入库，货款暂欠。

该项经济业务的发生，使新华公司原材料增加50 000元，应记入"原材料"账户借方；同时，欠B单位货款增加50 000元，应记入"应付账款"账户贷方50 000元。编制会计分录如下：

借：原材料——乙材料　　　　　　　　　　　　　　　　50 000
　　贷：应付账款——B单位　　　　　　　　　　　　　　　50 000

【例1-13】2025年3月20日，新华公司以银行存款偿还银行短期借款80 000元。

该项经济业务的发生，使新华公司的短期借款和银行存款各减少了80 000元，应分别记入"短期借款"账户的借方和"银行存款"账户的贷方。编制会计分录如下：

借：短期借款　　　　　　　　　　　　　　　　　　　　80 000
　　贷：银行存款　　　　　　　　　　　　　　　　　　　　80 000

以上所列举的会计分录都是由一个账户的借方与另一个账户的贷方相对应组成的，这种只涉及两个账户的会计分录，称为"简单分录"。涉及两个以上账户的会计分录，称为"复合分录"。

【例1-14】2025年3月26日，新华公司从C企业购进乙材料200 000元，以银行存款支付120 000元，其余80 000元暂欠。

该项经济业务的发生，使新华公司的原材料增加了200 000元，应记入"原材料"账户的借方；银行存款减少了120 000元，应记入"银行存款"账户的贷方，同时还欠了C企业80 000元，负债增加了，应记入"应付账款"账户的贷方。编制会计分录如下：

借：原材料——乙材料　　　　　　　　　　　　　　　　200 000
　　贷：银行存款　　　　　　　　　　　　　　　　　　　120 000
　　　　应付账款——C企业　　　　　　　　　　　　　　　80 000

上述分录就是一笔复合分录。它是由一个借方账户与两个贷方账户相对应组成的。复合会计分录实际上是由若干个简单分录复合而成的。如上例复合会计分录是由以下两个简单会计分录合并组成的。

借：原材料——乙材料　　　　　　　　　　　　　　　　120 000
　　贷：银行存款　　　　　　　　　　　　　　　　　　　120 000
借：原材料——乙材料　　　　　　　　　　　　　　　　80 000
　　贷：应付账款——C企业　　　　　　　　　　　　　　　80 000

通过比较可以看出，编制复合会计分录既可以集中反映某项经济业务的全面情况，又可以简化记账工作。

在借贷记账法下，可以编制"一借多贷"或"多借一贷"的会计分录，尽量避免编制多借多贷的会计记录,因为多借多贷会计分录不能清晰地体现账户之间的对应关系。经济业务确实需要时除外。但如果企业采用汇总记账凭证核算形式,就不能编制"多贷"的会计分录,否则无法编制汇总记账凭证。

### (五) 试算平衡

所谓试算平衡,就是根据资产、权益之间的平衡关系和记账规则来检查账户记录是否正确、完整的一种验证方法。

在借贷记账法下,按照"有借必有贷,借贷必相等"的规则记账,就使得根据每一项经济业务所编制的会计分录,借贷两方的发生额必然相等;在一定时期内,全部账户的借贷方本期发生额合计是每一项经济业务会计分录借贷发生额的累积,因此,将一定时期内(如1个月)反映全部经济业务的所有会计分录,都记入有关账户后,所有账户的借方本期发生额合计数与贷方本期发生额合计数也必然是相等的;所有账户的期末余额,又是以一定的积累发生额为基础进行计算的结果,与此相适应,所有账户的借方期末余额合计数与贷方期末余额合计数也是必然相等的。

无论是"发生额平衡",还是"余额平衡",都是依据资产等于权益的平衡原理及借贷记账法的记账规则推导出来的。然而,如果在记账过程中发生差错,就可能使借贷金额出现不平衡,进而影响编制会计报表。因此,为了检查和验证账户记录是否正确,以便及时找出差错及其原因并予以更正,就必须定期进行试算平衡。

借贷记账法的试算平衡有发生额平衡法和余额平衡法两种。

#### 1. 发生额平衡法

发生额平衡法是用来检查账户的借贷方发生额是否相等的方法。其计算公式如下:

$$借方发生额 = 贷方发生额$$

发生额平衡法既可以用来检查每笔经济业务编制的会计分录是否正确,又可以检查一定时期内全部账户的记录是否正确。

#### 2. 余额平衡法

余额平衡法是用来检查全部账户的借方余额和贷方余额合计是否相等的方法。其计算公式如下:

$$全部账户借方余额合计 = 全部账户贷方余额合计$$

余额平衡法既可以用来检查期初全部账户的余额是否正确,又可以检查期末全部账户的余额是否正确。

月末,在结出各个账户的本月发生额和月末余额后,依据上述两式可以分别编制本期发生额试算平衡表和期末余额试算平衡表,也可以合并编制初期、期末余额和本期发生额试算平衡表,来进行试算平衡。

必须指出,试算平衡只是通过借贷金额是否平衡来检查账户的记录是否正确。如果借贷不平衡,就可以肯定账户记录或计算有错误,应查找原因并予以更正。如果借贷平衡,却不能肯定记账没有错误,因为有些记账错误并不影响借贷方的平衡。例如,某项经济业务在有关账户中全部漏记或重记;又如,某项经济业务记错账户,把应借应贷的账户互相颠倒;再如,对某项经济业务,记入有关账户的借贷金额出现同时多记或少记的错误。以上情况,并不能通过试算平衡来发现,还应通过其他方法发现这些记账错误。这表明只根据试算平衡的结果,并不足以说明账户的记录没有错误。因此,需要对一切会计记录进行日常或定期的复核,以保证账户记录的正确性。

【例1-15】假定某企业2025年3月有关账户的期初余额见图1-12,本期发生额参见【例1-10】至【例1-14】所列举的五笔经济业务,期末据以编制试算平衡表(见表1-3)。

表1-3　　　　　　　　　　　账户期初余额表　　　　　　　　　　　单位:元

| 账户名称 | 借方余额 | 账户名称 | 贷方余额 |
| --- | --- | --- | --- |
| 银行存款 | 350 000 | 短期借款 | 100 000 |
| 原材料 | 250 000 | 应付账款 | 150 000 |
| 固定资产 | 650 000 | 实收资本 | 1 000 000 |
| 合　计 | 1 250 000 | 合　计 | 1 250 000 |

各项经济业务编制会计分录以后,即应记入有关账户,这个记账步骤通常称为"过账"。过账以后,一般要在月末进行结账,即结算出每个账户的本期发生额和期末余额。现将以上【例1-10】至【例1-14】的会计分录记入下列各账户,并计算出各账户的本期发生额和期末余额。各账户记录见图1-12。

| 借方 | 银行存款 | | 贷方 |
| --- | --- | --- | --- |
| 期初余额 | 350 000 | | |
| | | (10) | 20 000 |
| | | (13) | 80 000 |
| | | (14) | 120 000 |
| 发生额合计 | 0 | 发生额合计 | 220 000 |
| 期末余额 | 130 000 | | |

| 借方 | 短期借款 | | 贷方 |
| --- | --- | --- | --- |
| | | 期初余额 | 100 000 |
| (13) | 80 000 | (11) | 100 000 |
| 发生额合计 | 80 000 | 发生额合计 | 80 000 |
| | | 期末余额 | 120 000 |

| 借方 | 原材料 | | 贷方 |
| --- | --- | --- | --- |
| 期初余额 | 250 000 | | |
| (10) | 20 000 | | |
| (12) | 50 000 | | |
| (14) | 200 000 | | |
| 发生额合计 | 270 000 | 发生额合计 | 0 |
| 期末余额 | 520 000 | | |

| 借方 | 应付账款 | | 贷方 |
| --- | --- | --- | --- |
| | | 期初余额 | 150 000 |
| (11) | 100 000 | (12) | 50 000 |
| | | (14) | 80 000 |
| 发生额合计 | 100 000 | 发生额合计 | 130 000 |
| | | 期末余额 | 180 000 |

| 借方 | 固定资产 | | 贷方 |
| --- | --- | --- | --- |
| 期初余额 | 650 000 | | |
| 发生额合计 | 0 | 发生额合计 | 0 |
| 期末余额 | 650 000 | | |

| 借方 | 实收资本 | | 贷方 |
| --- | --- | --- | --- |
| | | 期初余额 | 1 000 000 |
| 发生额合计 | 0 | 发生额合计 | 0 |
| | | 期末余额 | 1 000 000 |

图1-12　过账示意图

根据以上记录，即可编制总分类账户试算平衡表，见表1-4。

表1-4　　　　　　　　　　　　　试算平衡表

2025年3月31日　　　　　　　　　　　　　　　　　　　单位：元

| 账户名称 | 期初余额 | | 本期发生额 | | 期末余额 | |
|---|---|---|---|---|---|---|
| | 借方 | 贷方 | 借方 | 贷方 | 借方 | 贷方 |
| 银行存款 | 350 000 | | 0 | 220 000 | 130 000 | |
| 原材料 | 250 000 | | 270 000 | 0 | 520 000 | |
| 固定资产 | 650 000 | | 0 | 0 | 650 000 | |
| 短期借款 | | 100 000 | 80 000 | 100 000 | | 120 000 |
| 应付账款 | | 150 000 | 100 000 | 130 000 | | 180 000 |
| 实收资本 | | 1 000 000 | 0 | 0 | | 1 000 000 |
| 合计 | 1 250 000 | 1 250 000 | 450 000 | 450 000 | 1 300 000 | 1 300 000 |

任务四小测验

## 任务五　会计核算方法与账务处理程序

PPT

### 一、会计核算方法

会计核算方法是指用来核算和监督会计对象，执行会计职能，实现会计目标的手段。会计方法是人们在长期的会计工作实践中总结创立的，并随着生产的发展和会计管理活动的复杂化而逐渐完善。

会计核算方法包括会计核算方法、会计分析方法、会计检查方法、会计预测方法和会计决策方法等。会计核算方法是最基本、最主要的方法，是会计方法体系的基础。会计核算方法包括设置会计科目和账户、复式记账、填制和审核会计凭证、登记账簿、成本计算、财产清查、编制会计报表七个方面。

微课：会计核算方法

#### （一）设置会计科目和账户

设置会计科目和账户是对会计对象的具体内容分类进行核算的方法。所谓会计科目，就是对会计对象的具体内容进行分类核算的项目。各企业、事业、机关等单位发生的经济活动和财务收支是经常的、大量的、复杂多样的，为了便于管理，必须对这些经济活动和财务收支分门别类地进行核算，以取得各种不同性质的核算指标。根据会计科目设置账户，对于取得的各项资金及其运用情况，收入成果的增减变化，发生的各种成本和费用等，都要分别设置和运用一定的账户，进行日常核算和监督，以便取得经营管理中所需要的各种不同的核算指标。

### （二）复式记账

复式记账是对每一笔经济业务，都以相等的金额在两个或两个以上相互联系的账户中进行登记的方法。任何一项经济活动和财务收支的发生都必然引起资金的运动，而资金的运动又有其来龙去脉。例如，把现金存入银行，一方面引起库存现金减少，另一方面又使银行存款增加，这两种现象是有内在联系的，即库存现金的减少是因为将其存入银行，而银行存款的增加则是因为存入了现金。经济活动和财务收支所涉及的两个方面需要分别设置账户进行核算。因此，应用复式记账法记账时，就要将每一项经济活动和财务收支用两个或两个以上相互联系的账户进行登记，以全面反映资金运动的来龙去脉，便于对各项经济活动和财务收支进行监督。

### （三）填制和审核凭证

会计凭证是记录经济业务、明确经济责任的书面证明，是登记账簿的依据。填制和审核会计凭证是为了保证会计记录完整、可靠，审查经济业务是否合理合法而采用的一种专门方法。任何一项经济业务发生以后，都应当按规定的程序取得或填制会计凭证，并且要经过会计部门和其他有关部门或人员的严格审核，然后才据以记账。只有经过审核的，能够证明经济业务的执行和完成情况的凭证才是合法凭证，也只有合法的凭证才是登记账簿的依据。通过凭证的填制和审核，可以明确各有关部门和人员的经济责任，又可以为账簿记录提供真实可靠的依据，还可以对发生的经济业务按照有关的政策、法令、制度、计划和预算的要求实行经常的会计监督。因此，填制和审核会计凭证是会计核算的又一种专门方法。

### （四）登记账簿

账簿是由具有一定格式的账页组成的，用以记载各项经济业务的簿籍。登记账簿是以会计凭证为依据，按照规定的账户，运用一定的记账方法，对经济活动和财务收支进行全面、连续、系统的记录和反映的一种专门方法。在账簿中，既要将所有的经济业务按照账户加以归类反映，又要将全部或部分经济业务按其发生时间的先后顺序，进行序时的记录。在账簿中，既要进行总括的核算，以提供总括的核算资料，又要进行明细的核算，以提供某些详细的核算资料。通过账簿的记录，既可以为掌握各项财产物资的增减变动提供数据资料，以保护企业财产的安全完整与合理使用，又可以为分析和检查经济活动和财务收支提供系统的可靠的根据。同时，也为编制会计报表，总结财务状况，编制下期计划提供必要的资料。因此，登记账簿是完整地核算和监督经济活动和财务收支的重要方法。

登记账簿和设置账户是密切联系的。账簿是账户的载体。设置账户是为了对经济活动和财务收支进行分类核算，以提供经营管理所需要的各种不同性质的核算指标，而账户就需要在具有一定格式的账簿中设置，以便进行登记并取得各种不同性质的核算指标，这就是登记账簿。但两者之间又是有区别的，设置账户是按会计科目划分为若干部分，以便分门别类地进行记录。而登记账簿则是把各项经济业务运用一定记账方法按照规定的账户进行记录，把各种核算指标科学地组织起来，为日常监督和编制会计报表提供完整的、系统的资料。

### （五）成本计算

成本就是归集到一定对象上的费用。成本计算就是计算经营过程中各个阶段所发生的全部费用，并把这些费用按一定的对象加以归集借以确定各该对象的总成本和单位成本。企业在经营过程中必然要发生各种各样的耗费，这些耗费的货币表现称为费用。进行成本计算，可以了解有关的成本费用水平及构成。把成本与所取得的成果进行对比，可以了解经营成果，考核成本计划的完成情况，挖掘节约的潜力，促进成本的进一步降低。

### （六）财产清查

财产清查就是定期或不定期地盘查实物和现金，核对银行存款和往来账项。通过对财产清查可以查明财产和资金的实有数额。将其与账面数额核对，可以查明账实是否相符，有利于正确编制会计报表和加强财产物资的管理。在清查中如发现账实不符，应查明原因，确定责任，及时处理。通过财产清查，在确定了一定时期期末物资的实有数额后，也可以倒求出本期财产物资的发出额，以便进行会计核算。通过财产清查，还可以查明物资储备是否保证业务需要，有无超储、积压等情况，各项往来款项是否能及时结算，有无长期拖欠不清的情况，物资的保管是否妥善等。

### （七）编制会计报表

会计报表是指企业对外提供的反映其某一特定日期的财务状况和某一期间经营成果、现金流量的书面文件。企业的会计报表是企业会计核算的最终成果。

企业发生的任何一项经济业务，都可以通过编制凭证、登记账簿加以记录和反映，但会计凭证只能反映单一经济业务，账簿也只能反映一定时期某一类经济业务，而不能综合地反映一定时间内企业资金运动的最终结果。这就需要通过编制会计报表来简单明了、通俗易懂地表达出来。编制会计报表是会计核算的一项专门方法，是会计核算过程的最后一个环节。

上述会计核算的各种专门方法，构成了一套完整的方法体系。为了科学地组织会计核算，必须全面地、相互联系地运用这些方法。一般来说，对日常所发生的每一项经济业务，要以合法的凭证为依据，按照规定的账户，对经济业务进行分类，并应用复式记账法在有关账簿中进行登记；对于经营过程中发生的各项费用，应当进行成本计算；还应当定期或不定期地进行财产清查，在保证账实相符的基础上，根据账簿记录编制各种会计报表。

拓展阅读：会计法律制度体系

## 二、账务处理程序

账务处理程序也称会计核算组织形式，是指会计凭证、会计账簿、会计报表和账务处程序有机结合的方式,即从填制、整理、传递会计凭证,登记会计账簿,到编制会计报表整个过程的账务处理程序和组织方式。企业常用的账务处理程序有记账凭证账务处理程序、科目汇总表账务处理程序、汇总记账凭证账务处理程序等。

素养小讲堂:培养流程思维

### (一) 记账凭证账务处理程序

1. 记账凭证账务处理程序的特点

记账凭证账务处理程序是直接根据记账凭证逐笔登记总分类账的一种会计核算形式,其特点是直接根据记账凭证逐笔登记总账。

在记账凭证账务处理程序下,可使用通用记账凭证,也可分别填制收款凭证、付款凭证和转账凭证三种记账凭证,分别反映企业单位日常发生的各项经济业务。应设置库存现金日记账和银行存款日记账,分别用来对库存现金、银行存款收付业务进行序时记录。按照总账科目设置总分类账,根据经济管理的要求设置明细分类账。总账和日记账的格式均采用三栏式账簿。

2. 记账凭证的账务处理程序

(1) 根据原始凭证或原始凭证汇总表填制通用记账凭证或收款、付款、转账凭证。

(2) 根据收款凭证和付款凭证或通用记账凭证逐笔登记库存现金日记账和银行存款日记账。

(3) 根据记账凭证及其所附的原始凭证登记各种明细账。

(4) 根据记账凭证逐笔登记总账。

(5) 定期进行总分类账与日记账、明细账之间的核对。

(6) 根据总账和明细账编制会计报表。

记账凭证的账务处理程序见图 1-13。

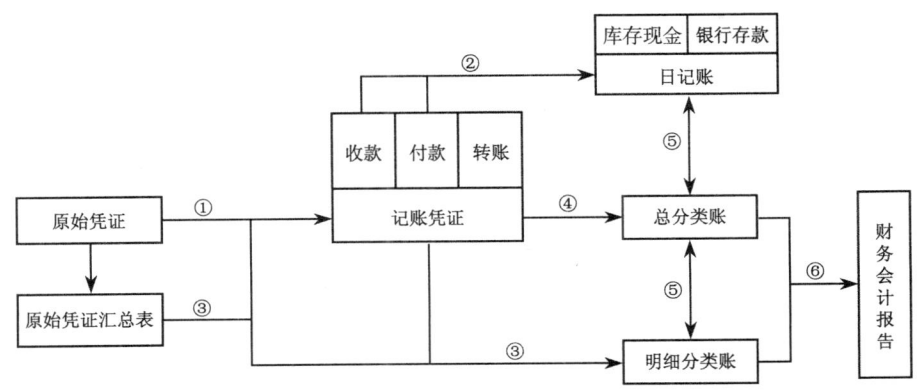

图 1-13 记账凭证的账务处理程序图

**3. 记账凭证账务处理程序的优缺点及适用范围**

记账凭证账务处理程序的优点是：可以直接根据记账凭证登记总账，详细地反映各项经济业务的发生情况，可以利用账户的对应关系进行分析，便于查账。其缺点是：登记总账的工作量比较大，对于经营规模较大、经济业务较多的企业，总分类账的登记工作过于繁重。因此，记账凭证账务处理程序一般适用于规模不大，经济业务较少且比较简单的企业单位。

记账凭证账务处理程序是一种最基本的账务处理程序，其他账务处理程序都是在此基础上发展起来的。

### （二）科目汇总表的账务处理程序

**1. 科目汇总表账务处理程序的特点**

科目汇总表账务处理程序的主要特点是：根据记账凭证定期编制科目汇总表，然后再根据科目汇总表登记总分类账。科目汇总表是根据记账凭证汇总编制而成的。因此，科目汇总表又称记账凭证汇总表。科目汇总表账务处理程序又称记账凭证汇总表账务处理程序。

企业在采用科目汇总表账务处理程序时，应根据通用记账凭证或收款凭证、付款凭证、转账凭证定期编制科目汇总表。经济业务较多的企业需要每日汇总，或三五天汇总一次，经济业务较少的企业也可十天或按月汇总。汇总时，应将该期间内的全部记账凭证，按照相同科目归类，汇总每一会计科目的借方本期发生额和贷方本期发生额，填写在科目汇总表的相关栏内，用以反映全部会计科目的本期发生额。

**2. 科目汇总表的账务处理程序**

（1）根据原始凭证或原始凭证汇总表填制通用记账凭证或收款、付款、转账凭证。
（2）根据收款凭证和付款凭证或通用记账凭证逐笔登记库存现金日记账和银行存款日记账。
（3）根据记账凭证及其所附的原始凭证登记各种明细账。
（4）根据记账凭证定期汇总编制科目汇总表。
（5）根据科目汇总表登记总账。
（6）定期进行总分类账与日记账、明细账之间的核对。
（7）根据总账和明细账编制会计报表。

科目汇总表的账务处理程序见图 1—14。

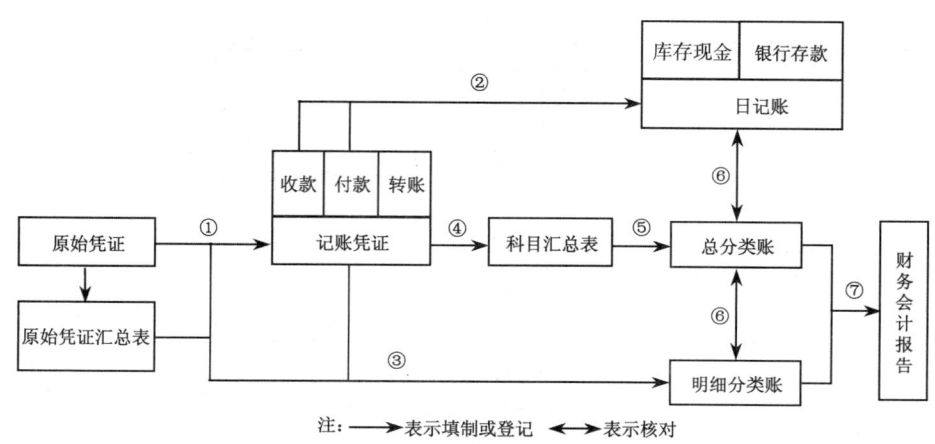

图 1—14 科目汇总表的账务处理程序图

3. 科目汇总表账务处理程序的优缺点及适用范围

科目汇总表账务处理程序的优点是可以简化总分类账的登记工作。根据科目汇总表登记总账可以大大减轻登记总账的工作量，而且科目汇总表还可以起到试算平衡的作用。其缺点是：由于科目汇总表只能作为登记总分类账和试算平衡的根据，不便于分析检查经济业务的来龙去脉，不便于查对账目，不能明确反映账户的对应关系。这种账务处理程序一般适用于业务量较多的大中型企业。

### （三）汇总记账凭证的账务处理程序

1. 汇总记账凭证账务处理程序的特点

汇总记账凭证账务处理程序与科目汇总表的账务处理程序相似。这种账务处理程序的特点是：根据记账凭证定期编制汇总记账凭证，再根据汇总记账凭证登记总分类账。

在汇总记账凭证的账务处理程序下，一般应根据经济业务的不同性质，分别设置收款凭证、付款凭证和转账凭证三种记账凭证；设置库存现金日记账、银行存款日记账和总分类账，其格式一般均为三栏式；根据需要设置相应种类和格式的明细分类账。

在设置收款凭证、付款凭证和转账凭证三种记账凭证情况下，应根据三种记账凭证分别编制汇总收款凭证、汇总付款凭证和汇总转账凭证。汇总收款凭证应当按照库存现金和银行存款科目的借方分别设置，按贷方科目归类汇总。汇总付款凭证应当按照库存现金和银行存款科目的贷方分别设置，按借方科目归类汇总，定期汇总填列一次，每月填制一张。月终时，应当计算出合计数，以便登记总分类账。汇总转账凭证应当按照每一科目贷方分别设置，按借方科目归类汇总，定期汇总填列一次，每月填制一张。为了便于编制汇总转账凭证，所有转账凭证中必须是一个贷方科目同一个或几个借方科目相对应，不能出现"一借多贷"的情况。

2. 汇总记账凭证的账务处理程序

（1）根据原始凭证或原始凭证汇总表分别填制收款凭证、付款凭证和转账凭证。

（2）根据收款凭证、付款凭证逐日逐笔登记库存现金、银行存款日记账。

（3）根据记账凭证及其所附的原始凭证逐笔登记各种明细分类账。

（4）根据收款凭证、付款凭证和转账凭证，定期编制汇总收款凭证、汇总付款凭证和汇总转账凭证。

（5）月终，根据汇总收款凭证、汇总付款凭证和汇总转账凭证登记总分类账。

（6）定期进行总分类账与日记账、明细账之间的核对。

（7）根据总账和明细账编制会计报表。

汇总记账凭证的账务处理程序见图1-15。

3. 汇总记账凭证账务处理程序的优缺点及适用范围

在汇总记账凭证账务处理程序下，收款凭证以借方账户为主，按对应的贷方账户加以汇总，付款凭证和转账凭证以贷方账户为主，按对应的借方账户进行汇总，这就简化了凭证的整理归类工作。并且，汇总记账凭证按照科目对应关系进行归类、汇总，并根据汇总记账凭证的汇总数字一次过入总分类账，这不仅可以清晰地反映科目之间的相互关系，了解经济业务的来龙去脉，便于查对和分析账目，而且简化了登记总分类账工作，提高了核算效率。

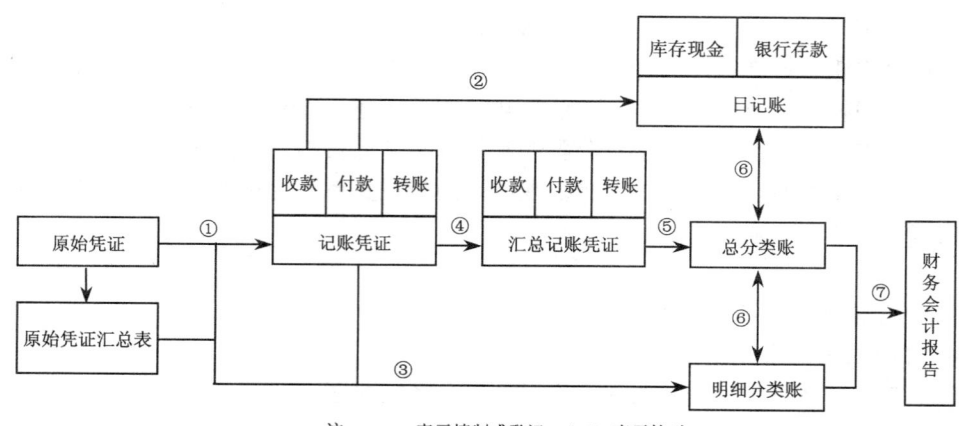

图 1-15 汇总记账凭证的账务处理程序图

但是，汇总转账凭证，是按每一贷方科目，而不是按经济业务的性质归类汇总，因而不利于日常核算工作的合理分工，而且定期汇总记账凭证的工作量也比较大。汇总记账凭证账务处理程序一般适用于生产经营规模较大、经济业务较多的企业。

任务五小测验

##  职业判断能力训练

### 一、单选题

1. 下列各项中，能同时减少资产和负债总额的是（　　）。
   A. 偿还欠款　　　　　　　　　B. 收回应收账款
   C. 接受固定资产投资　　　　　D. 借入短期借款

2. 下列各项中，不应记入账户贷方的是（　　）。
   A. 资产增加　　　　　　　　　B. 所有者权益增加
   C. 资产减少　　　　　　　　　D. 负债增加

3. 下列各项中，能够引起资产和所有者权益同时变动的是（　　）。
   A. 购进材料，货款未付
   B. 以银行存款偿还短期借款
   C. 接受投资者投入固定资产
   D. 向银行借款直接偿还前欠甲单位货款

4. 下列各项中，能够引起企业资产总额减少的是（　　）。
   A. 向银行借入长期借款　　　　B. 以银行存款偿还短期借款
   C. 接受投资者投入货币资金　　D. 购进设备，货款尚未支付

5. 下列各项中，属于流动负债的是（　　）。
   A. 长期借款　　　　　　　　　　B. 预付账款
   C. 应付账款　　　　　　　　　　D. 长期股权投资
6. 下列各项中，属于流动资产的是（　　）。
   A. 固定资产　　　　　　　　　　B. 预付账款
   C. 实收资本　　　　　　　　　　D. 无形资产
7. 下列经济业务中，引起负债减少，同时所有者权益增加的是（　　）。
   A. 以赊购方式购入材料　　　　　B. 以银行存款偿还前欠货款
   C. 将应付账款转为股本　　　　　D. 宣告分派现金股利
8. 总分类科目和明细分类科目是按照提供核算指标的（　　）进行的分类。
   A. 用途　　　　　　　　　　　　B. 内容
   C. 详细程度　　　　　　　　　　D. 结构
9. 下列会计科目中，属于损益类的是（　　）。
   A. 应付股利　　　　　　　　　　B. 应收股利
   C. 预收账款　　　　　　　　　　D. 投资收益
10. 账户和会计科目之间的主要区别在于（　　）。
    A. 反映的经济内容不同　　　　　B. 反映经济内容的详细程度不同
    C. 账户是会计科目的名称　　　　D. 账户有结构，而会计科目无结构
11. 账户期末余额的计算公式是（　　）。
    A. 期末余额＝上期期初余额＋本期减少发生额－本期增加发生额
    B. 期末余额＝本期期初余额＋本期减少发生额－本期增加发生额
    C. 期末余额＝上期期初余额＋本期增加发生额－本期减少发生额
    D. 期末余额＝本期期初余额＋本期增加发生额－本期减少发生额
12. 复式记账是对发生的每一项经济业务，都要在两个或两个以上相互联系的账户中（　　）。
    A. 补充登记　　　　　　　　　　B. 连续登记
    C. 平行登记　　　　　　　　　　D. 以相等的金额进行登记
13. 盈余公积账户期初余额为 40 000 元，本期借方发生额为 10 000 元，贷方发生额为 50 000 元，则该账户期末余额为（　　）元。
    A. 0　　　　　　　　　　　　　　B. 100 000
    C. 80 000　　　　　　　　　　　 D. 90 000
14. 借贷记账法的记账规则可以概括为（　　）。
    A. 有借必有贷　　　　　　　　　B. 借贷必相等
    C. 有借必有贷，借贷必相等　　　D. 有借必有贷，试算必平衡
15. 区分不同会计核算形式的根本标志是（　　）。
    A. 编制记账凭证的依据不同　　　B. 登记明细账的依据不同
    C. 编制会计报表的依据不同　　　D. 登记总账的依据不同

## 二、多选题

1. 会计基本职能包括（　　）。
   A. 会计核算　　　　　　　　　　B. 会计监督
   C. 预测与决策　　　　　　　　　D. 持续经营

2. 会计的特点有（　　）。
   A. 以货币为主要计量单位　　　　B. 有一整套专门方法
   C. 以凭证为主要依据　　　　　　D. 只核算实物数量

3. 下列各账户中，贷方登记增加额的有（　　）。
   A. 累计折旧　　　　　　　　　　B. 主营业务收入
   C. 预付账款　　　　　　　　　　D. 应交税费

4. 下列各项中，会导致资产总额增加的有（　　）。
   A. 将现金送存银行　　　　　　　B. 接受投资者投入设备
   C. 收回某公司前欠货款　　　　　D. 向银行借入短期借款存入银行存款户

5. 将一项资源确认为资产时，应当符合以下条件（　　）。
   A. 是由过去的经济事项引起的　　B. 是付出货币资金购买来的
   C. 预计会给企业带来经济利益的　D. 是企业拥有或控制的

6. 下列各项中，不属于所有者权益的有（　　）。
   A. 投资者投入的资本　　　　　　B. 向银行借入的款项
   C. 留存收益　　　　　　　　　　D. 因赊购货物欠其他企业的款项

7. 下列各项不属于流动资产的有（　　）。
   A. 固定资产　　　　　　　　　　B. 库存现金
   C. 在建工程　　　　　　　　　　D. 原材料

8. 会计要素包括（　　）。
   A. 所有者权益　　　　　　　　　B. 复式记账
   C. 利润　　　　　　　　　　　　D. 费用

9. 会计等式可以描述为（　　）。
   A. 资产 – 所有者权益 = 负债
   B. 资产 – 负债 = 所有者权益
   C. 资产 + 费用 = 负债 + 所有者权益 + 收入
   D. 资产 = 负债 + 所有者权益 + 利润

10. 下列各项中，属于收入的有（　　）。
    A. 销售产品收入　　　　　　　　B. 提供劳务收入
    C. 接受投入的资本金　　　　　　D. 收到销货款

11. 账户的内容一般应包括（　　）。
    A. 账户名称　　　　　　　　　　B. 日期、摘要
    C. 增加、减少金额及余额　　　　D. 凭证字号

12. 下列属于会计核算方法的是（　　）。
    A. 设置会计科目和账户　　　　　B. 填制和审核会计凭证

C. 会计预测与决策　　　　　　　　　D. 登记账簿
13. 企业常用的会计核算形式有（　　　）。
A. 记账凭证核算形式　　　　　　　　B. 科目汇总表核算形式
C. 汇总原始凭证核算形式　　　　　　D. 汇总记账凭证核算形式
14. 关于总分类账户，下列说法正确的有（　　　）。
A. 余额在借方　　　　　　　　　　　B. 对所属各明细账户起统驭作用
C. 只用货币单位进行计量　　　　　　D. 按一级会计科目开设账户
15. 下列各项中影响营业利润的有（　　　）。
A. 主营业务收入　　　　　　　　　　B. 主要业务成本
C. 管理费用　　　　　　　　　　　　D. 营业外收入

## 三、判断题

1. 收入会导致经济利益的流入，从而导致企业资产增加。（　　）
2. 营业利润是企业在日常活动中取得的经营成果，因此它不包括企业在偶发事件中产生的利得和损失。（　　）
3. 如果某项资产不能再为企业带来经济利益，即使是由企业拥有或控制的，也不能再作为企业的资产在资产负债表中列示。（　　）
4. 会计对象是指会计所要核算和监督的内容，是社会再生产过程中的资金运动。（　　）
5. 资产是指企业过去的交易或事项形成的，由企业拥有或控制的，预期会给企业带来经济利益的资源，如银行存款、预收账款、原材料等。（　　）
6. 流动负债是指预计在一年内（含一年）或一个营业周期内清偿的债务，包括短期借款、应付账款、应付职工薪酬等。（　　）
7. 所有者权益是指企业资产扣除负债后由所有者享有的剩余权益，包括实收资本（或股本）、资本公积、盈余公积和未分配利润。其中，资本公积和未分配利润又合称为留存收益。（　　）
8. 账户余额的方向一般与记录减少额的方向一致。（　　）
9. 收入是指企业在日常活动中形成的，会导致所有者权益增加的，与所有者投入资本无关的经济利益的总流入，如主营业务收入、其他业务收入、营业外收入等。（　　）
10. 会计的本质是一种经济管理活动。（　　）

## 职业实践能力训练

### 实训一　会计要素

（一）目的
掌握会计要素的内容（资产、负债、所有者权益）。
（二）要求
判断哪些项目属于资产、负债、所有者权益，并将金额填入有关栏内。

（三）资料

长城公司 2025 年 2 月末有关资料见表 1-5。

表 1-5　　业务内容与会计要素表

| 项目内容 | 资产 | 负债 | 所有者权益 |
|---|---|---|---|
| 1. 商标权 36 000 元 | | | |
| 2. 应交未交的税金 16 800 元 | | | |
| 3. 仓库中存放的原材料 260 000 元 | | | |
| 4. 应付未付的职工工资 36 000 元 | | | |
| 5. 运输用车辆 300 000 元 | | | |
| 6. 厂房 1 200 000 元 | | | |
| 7. 投资者投入的资本 5 000 000 元 | | | |
| 8. 所欠供货单位的货款 20 000 元 | | | |
| 9. 正在建设中的办公楼 2 000 000 元 | | | |
| 10. 正在运入途中的材料 30 000 元 | | | |
| 11. 出纳员保险柜中的现金 1 000 元 | | | |
| 12. 应向客户收取的货款 35 100 元 | | | |
| 13. 暂付采购员的差旅费 2 000 元 | | | |
| 14. 欠银行的短期借款 90 000 元 | | | |
| 15. 已完工入库的产品 608 678 元 | | | |
| 16. 盈余公积金 160 000 元 | | | |
| 17. 预收租金 120 000 元 | | | |
| 18. 存放在银行的款项 826 022 元 | | | |
| 19. 预付购材料的定金 10 000 元 | | | |
| 20. 机器设备 1 000 000 元 | | | |
| 21. 欠银行的长期借款 800 000 元 | | | |
| 22. 到本月末累计实现的利润 66 000 元 | | | |
| 合　　计 | | | |

## 实训二　会计要素

（一）目的

掌握会计要素的内容（收入、费用、利润）。

（二）要求

1. 根据经济业务内容，区分哪些属于收入，哪些属于费用，并将其金额填入表 1-6 相应栏内。

2. 根据表中的收入、费用合计金额，计算利润总额；设本期所得税 34 000 元，计算本期净利润。

(三) 资料

长城公司 2025 年 3 月收支情况见表 1-6。

表 1-6　　　　　　　　　　业务内容与会计要素表

| 业务内容 | 收 入 | 费 用 |
|---|---|---|
| 1. 本月产品销售收入 550 000 元 | | |
| 2. 已销产品成本 360 000 元 | | |
| 3. 出售多余材料，取得收入 52 000 元，其成本 35 000 元 | | |
| 4. 支付广告费 30 000 元 | | |
| 5. 支付管理部门水电费 5 000 元 | | |
| 6. 支付本月借款利息 1 200 元 | | |
| 7. 本月应负担的城市维护建设税和教育费附加 300 元 | | |
| 8. 本月管理人员报销差旅费 2 500 元 | | |
| 9. 本月销售人员工资 20 000 元 | | |
| 10. 本月管理人员工资 30 000 元 | | |
| 合　　计 | | |

## 实训三　会计等式

(一) 目的

掌握会计等式以及经济业务的发生对会计等式的影响。

(二) 要求

1. 根据资料 1 判断各项目所属的类别，并将相关内容填入表 1-7 的第①、②、⑥、⑦栏。

2. 根据资料 2 计算每个项目本月增加发生额、本月减少发生额，并填入表 1-7 中的第③、④、⑧、⑨栏。

3. 根据表 1-7 资料，计算每个项目的期末余额，并填入表中的第⑤、⑩栏。

(三) 资料

1. 东岳公司 2025 年 4 月 1 日有关项目余额如下：

| 银行存款 | 320 000 | 应交税费 | 10 000 |
| 短期借款 | 80 000 | 实收资本 | 1 000 000 |
| 库存现金 | 2 000 | 固定资产 | 658 000 |
| 应收账款 | 60 000 | 库存商品 | 170 000 |
| 长期借款 | 250 000 | 应付账款 | 20 000 |
| 原材料 | 150 000 | | |

2. 4 月发生有关经济业务如下：

(1) 以银行存款归还到期的长期借款 100 000 元。

(2) 以银行存款购入原材料 58 000 元，材料入库。

(3) 收回应收账款 30 000 元，存入银行。
(4) 以银行存款偿还前欠外单位货款 20 000 元。
(5) 从甲企业购进原材料，已入库，货款 30 000 元尚未支付。
(6) 向银行借入短期借款 100 000 元，存入银行存款户。
(7) 某企业投资设备一套，价值为 160 000 元。
(8) 以银行存款缴纳上月增值税税费 10 000 元。
(9) 从银行提取现金 1 000 元备用。
(10) 签发并承兑商业汇票一张，面额为 30 000 元，抵付应付账款。

表 1-7　　　　　　　　　　　会计等式试算表

| 资产项目① | 月初余额② | 本月增加③ | 本月减少④ | 月末余额⑤ | 权益项目⑥ | 月初余额⑦ | 本月增加⑧ | 本月减少⑨ | 月末余额⑩ |
|---|---|---|---|---|---|---|---|---|---|
|  |  |  |  |  |  |  |  |  |  |
|  |  |  |  |  |  |  |  |  |  |
|  |  |  |  |  |  |  |  |  |  |
|  |  |  |  |  |  |  |  |  |  |
|  |  |  |  |  |  |  |  |  |  |
|  |  |  |  |  |  |  |  |  |  |
| 合计 |  |  |  |  | 合计 |  |  |  |  |

## 实训四　会计等式

（一）目的

进一步掌握经济业务的发生对会计等式的影响。

（二）要求

1. 根据表 1-8 资料，说明六项经济业务的内容。
2. 分析每一项经济业务的类型，以及对会计等式的影响。

（三）资料

东华公司 2025 年 5 月发生的有关经济业务列示在表 1-8 中。

表 1-8　　　　　　　　　　　会计等式试算表　　　　　　　　　　　　　　　　单位：元

| 项目 | 资产 | | | | 负债 | 所有者权益 |
|---|---|---|---|---|---|---|
|  | 银行存款 | 应收账款 | 原材料 | 固定资产 | 应付账款 | 实收资本 |
| 期初余额 | 300 000 | 50 000 | 100 000 | 1 500 000 | 80 000 | 1 870 000 |
| 业务（1） | +20 000 | -20 000 |  |  |  |  |
| 业务（2） | -50 000 |  | +50 000 |  |  |  |

续表

| 项 目 | 资产 | | | | 负债 | 所有者权益 |
|---|---|---|---|---|---|---|
| | 银行存款 | 应收账款 | 原材料 | 固定资产 | 应付账款 | 实收资本 |
| 业务（3） | | | | | -50 000 | +50 000 |
| 业务（4） | | | +60 000 | | +60 000 | |
| 业务（5） | -30 000 | | | | -30 000 | |
| 业务（6） | +100 000 | | +200 000 | | | +300 000 |
| 期末余额 | 340 000 | 30 000 | 410 000 | 1 500 000 | 60 000 | 2 220 000 |

## 实训五　会计科目

（一）目的

掌握会计科目的核算内容及其分类。

（二）要求

将经济业务内容所应使用的会计科目填入相应栏内。

（三）资料

见表1-9。

表1-9　　　　　　　　　　业务内容与会计科目分类表

| 业务内容 | 资产 | 负债 | 所有者权益 |
|---|---|---|---|
| 1. 出纳员保管的现金 | | | |
| 2. 年度内分配的利润 | | | |
| 3. 应向外单位收取的货款 | | | |
| 4. 库存原材料 | | | |
| 5. 厂房、设备 | | | |
| 6. 完工入库待销售的产品 | | | |
| 7. 土地使用权 | | | |
| 8. 投资者投入的资本 | | | |
| 9. 本年度实现的利润 | | | |
| 10. 应交未交的税金 | | | |
| 11. 专利权 | | | |
| 12. 准备长期持有的股票 | | | |
| 13. 准备随时出售的股票 | | | |
| 14. 应付供货单位的货款 | | | |
| 15. 运输车辆 | | | |
| 16. 应付未付的职工工资 | | | |

## 实训六　会计科目

（一）目的

进一步掌握会计科目的核算内容及其分类。

（二）要求

将经济业务内容所应使用的会计科目填入相应栏内。

（三）资料

见表 1-10。

表 1-10　　　　　　　　　业务内容与会计科目分类表

| 业务内容 | 资　产 | 负　债 | 所有者权益 | 成　本 | 损　益 |
|---|---|---|---|---|---|
| 1. 库存产成品 | | | | | |
| 2. 广告费 | | | | | |
| 3. 销售产品收入 | | | | | |
| 4. 机器设备修理费 | | | | | |
| 5. 应向外单位支付的货款 | | | | | |
| 6. 利息支出 | | | | | |
| 7. 生产甲产品领用的材料 | | | | | |
| 8. 销售材料收入 | | | | | |
| 9. 银行结算手续费 | | | | | |
| 10. 接受外单位捐赠 | | | | | |
| 11. 应交未交的税金 | | | | | |
| 12. 应收某单位货款 | | | | | |
| 13. 两年期借款 | | | | | |
| 14. 非专利技术 | | | | | |
| 15. 准备随时出售的债券 | | | | | |
| 16. 本月实现的利润 | | | | | |

## 实训七　会计科目

（一）目的

掌握会计科目按提供指标的详细程度分类。

（二）要求

指出下列科目中哪些属于一级科目，哪些属于二级科目，哪些属于三级科目，填入表 1-11 相应栏内。

（三）资料

某公司所使用的会计科目（包括子、细目）如下：

固定资产　　　　　　　　　金融机构手续费
应付E单位账款　　　　　　行政管理人员工资
生产用固定资产　　　　　　利息支出
应付账款　　　　　　　　　主营业务成本
主要材料　　　　　　　　　甲商品
送货运费　　　　　　　　　生产用机器设备
财务费用　　　　　　　　　甲商品销售成本
A材料　　　　　　　　　　原材料
库存商品　　　　　　　　　厂部办公费
生产用房屋　　　　　　　　B材料
应付F公司账款　　　　　　乙商品
管理费用　　　　　　　　　乙商品销售成本
销售费用　　　　　　　　　广告费

表1-11　　　　　　　　　　　　会计科目分类表

| 一级科目 | 二级科目 | 三级科目 |
| --- | --- | --- |
|  |  |  |
|  |  |  |
|  |  |  |
|  |  |  |
|  |  |  |
|  |  |  |
|  |  |  |

## 实训八　余额与发生额的关系

（一）目的

掌握账户余额与发生额的关系。

（二）要求

将下表中账户的有关内容补充完整。

（三）资料

见表1-12。

表1-12　　　　　　　　　　　账户余额与发生额　　　　　　　　　　　　　单位：元

| 账户名称 | 期初余额 | 本期增加发生额 | 本期减少发生额 | 期末余额 |
| --- | --- | --- | --- | --- |
| 原材料 | 360 000 | 640 000 | 690 000 |  |
| 实收资本 | 10 000 000 | 2 000 000 |  | 12 000 000 |

续表

| 账户名称 | 期初余额 | 本期增加发生额 | 本期减少发生额 | 期末余额 |
|---|---|---|---|---|
| 应收账款 | 12 000 | | 40 000 | 20 000 |
| 库存现金 | | 8 800 | 9 200 | 400 |
| 应付账款 | 50 000 | | 30 000 | 80 000 |
| 盈余公积 | 400 000 | 200 000 | | 300 000 |
| 库存商品 | 860 000 | | 2 320 000 | 540 000 |
| 银行存款 | 2 400 000 | 9 605 000 | | 2 300 000 |
| 应交税费 | 80 000 | 230 000 | | 65 000 |

### 实训九　余额与发生额的关系

（一）目的

掌握借贷记账法下账户余额与发生额的关系。

（二）要求

将表1-13中账户的有关内容补充完整。

（三）资料

见表1-13。

表1-13　　　　　　　　　账户余额与发生额　　　　　　　　　单位：元

| 账户名称 | 期初余额 | 本期借方发生额 | 本期贷方发生额 | 借或贷 | 期末余额 |
|---|---|---|---|---|---|
| 交易性金融资产 | 50 000 | 100 000 | 90 000 | | |
| 实收资本 | 8 000 000 | 300 000 | 500 000 | | |
| 长期待摊费用 | | 50 000 | 20 000 | | 80 000 |
| 应收账款 | 10 000 | 18 000 | 28 000 | | |
| 应付账款 | 50 000 | | 30 000 | | 80 000 |
| 盈余公积 | 400 000 | 200 000 | | | 300 000 |
| 库存商品 | 860 000 | | 2 320 000 | | 540 000 |
| 银行存款 | 400 000 | 3 600 000 | | | 600 000 |
| 应交税费 | | 50 000 | 80 000 | | 80 000 |

### 实训十　账户结构

（一）目的

掌握借贷记账法下账户的基本结构。

（二）要求

1. 根据资料1开设"银行存款"T形账户，将经济业务登记入账，并结出期末余额。
2. 根据资料2开设"应付账款"T形账户，将经济业务登记入账，并结出期末余额。

（三）资料

1. 明湖公司2025年3月1日"银行存款"账户的期初余额为250 000元，3月发生的存款收支业务如下：

（1）从银行提取现金20 000元。

（2）用银行存款支付采购材料款50 000元。

（3）收回甲单位前欠货款80 000元，存入银行。

（4）将销货款现金5 000元存入银行。

（5）销售产品收到支票一张，面额为35 000元，存入银行。

（6）用银行存款支付水电费8 000元。

2. 泉城公司2025年4月1日"应付账款"账户的期初余额为30 000元，4月发生有关业务如下：

（1）从乙单位购入原材料50 000元，货款未付。

（2）以银行存款归还前欠丙单位货款30 000元。

（3）从丁企业购进设备一台，价款200 000元，用银行存款支付150 000元，余款暂欠。

（4）用银行存款归还前欠乙单位部分货款36 000元。

## 实训十一　会计分录

（一）目的

掌握借贷记账法下会计分录的编制。

（二）要求

根据下列经济业务编制会计分录。

（三）资料

明湖公司2025年4月发生下列经济业务：

1. 向银行借入两个月期限的借款50 000元，存入银行存款户。

2. 以现金暂付职工张强预借差旅费3 000元。

3. 从银行提取现金5 000元备用。

4. 以现金支付行政管理部门办公费300元。

5. 收回M单位前欠货款60 000元，存入银行存款户。

6. 以银行存款偿还前欠N单位货款80 000元。

7. 以银行存款偿还到期的短期借款100 000元。

8. 以银行存款购买股票500 000元，准备长期持有。

9. 以银行存款支付广告费100 000元。

10. 将现金3 000元存入银行。

11. 从银行借入为期3年的借款1 000 000元，存入银行存款户。

12. 签发并承兑商业汇票50 000元，抵付前欠N单位货款。

## 实训十二　会计分录

（一）目的

掌握借贷记账法下复合会计分录的编制。

（二）要求

根据下列经济业务编制会计分录。

（三）资料

明湖公司 2025 年 5 月发生下列经济业务：

1. 收到 P 公司投资 2 000 000 元，其中货币资金 1 200 000 元，存入银行；专利权一项，作价 300 000 元；新设备一台，价值 500 000 元。

2. 购入甲材料 30 000 元（不考虑增值税，下同），以银行存款支付 29 800 元，以现金支付 200 元，材料入库。

3. 管理人员王永报销差旅费 1 500 元，交回现金 500 元（原借款 2 000 元），出纳员收妥。

4. 车间主任赵方报销差旅费 2 200 元，其原借款 2 000 元，差额由出纳员付给现金。

5. 从 Q 公司购入乙材料 50 000 元入库，以银行存款支付 30 000 元，其余 20 000 元暂欠。

6. 销售给 E 单位产品一批，收入 80 000 元（不考虑增值税，下同），收到 50 000 元存入银行，其余 30 000 元尚未收回。

7. 以银行存款归还前欠 Q 公司货款 20 000 元，偿还银行短期借款 80 000 元。

8. 以银行存款支付广告费 50 000 元，支付行政管理部门办公费 500 元。

## 实训十三　借贷记账法

（一）目的

综合练习借贷记账法的应用。

（二）要求

1. 根据资料 1 开设"T"形账户，并过入期初余额。
2. 根据资料 2 编制会计分录。
3. 根据会计分录逐笔登记"T"形账户，并结出期末余额。
4. 按照表 1－14 的格式编制发生额及余额试算平衡表。

（三）资料

1. 鲁中公司 2025 年 5 月有关账户期初余额见表 1－14。

表 1－14　　　　　　　　　有关账户期初余额表　　　　　　　　　单位：元

| 资　产　类 | 借方余额 | 权　益　类 | 贷方余额 |
| --- | --- | --- | --- |
| 库存现金 | 5 000 | 短期借款 | 30 000 |
| 银行存款 | 4 543 000 | 应付账款 | 78 000 |
| 应收账款 | 70 000 | 应交税费 | 20 000 |
| 原材料 | 1 300 000 | 长期借款 | 2 200 000 |
| 库存商品 | 2 280 000 | 实收资本 | 10 870 000 |
| 固定资产 | 5 000 000 | | |
| 合　　计 | 13 198 000 | 合　　计 | 13 198 000 |

2. 该公司 5 月发生下列经济业务：

（1）以银行存款归还前欠 A 单位货款 40 000 元。

（2）从 A 单位购入甲材料 150 000 元入库，货款尚未支付（不考虑增值税，下同）。

（3）向银行借入三个月期借款 50 000 元，存入银行存款户。

（4）将现金 3 000 元存入银行。

（5）收回应收 B 单位货款 70 000 元，存入银行。

（6）从 A 单位购入甲材料 100 000 元入库，连同前欠货款 20 000 元，一并用银行存款支付。

（7）购入设备一套，总成本 600 000 元，以银行存款支付。

（8）收到 C 单位投资 1 700 000 元，其中设备为 800 000 元，银行存款 900 000 元。

（9）以银行存款偿还长期借款 1 000 000 元。

（10）以银行存款缴纳上月所得税 20 000 元。

（11）以银行存款偿还短期借款 30 000 元。

（12）以银行存款 100 000 元购入甲材料，入库。

项目一测验

# 项目二　企业日常经济业务处理

思维导图

## 学习目标

1. 熟悉资金筹集渠道和相关业务程序，能熟练进行资金筹集业务的处理
2. 熟悉工业企业供应、生产、销售业务手续，能熟练进行采购业务、生产业务、销售业务的账务处理
3. 熟悉企业利润构成和利润分配程序，能熟练进行利润形成与分配的账务处理

　　　　资金筹集业务

PPT

### 任务案例

新华公司经营业绩良好，受到长城公司的青睐，长城公司决定向新华公司投资，双方已达成共识。2025年3月15日，新华公司收到投资者长城公司投入新设备一台价值300 000元，以及货币资金500 000元，存入银行。经协商，本企业为长城公司确定的份额为650 000元。

思考：以上业务应如何进行账务处理？长城公司投入的设备和货币资金共计800 000元，为什么新华公司为其确定的份额为650 000元？差额150 000元应如何处理？

### 知识准备

企业要从事生产经营活动，就必须拥有和控制与生产经营规模相适应的资金。有了资金才能购买固定资产和原材料，才能开展生产经营活动。企业筹集资金的渠道有两种：一是投资者投入的资金;二是向债权人借入的款项。

企业从事生产经营活动,必须以拥有一定数量的资本金为前提。资本金是指企业在工商行政管理部门注册登记的注册资本。资本金按投资主体不同,可分为国家投资、法人投资、外商投资和个人投资。投资者可以用货币资金、实物财产、无形资产等向企业投资。投资者投入的资本在企业经营期内,除法律、法规另有规定的以外,一般不能抽回。企业扩大规模增资或收缩规模减资都要报经有关部门批准,并在工商行政管理部门注册登记。

企业在生产经营过程中,可以向银行等金融机构借款,还可以在购买商品、接受劳务过程中向其他单位赊购,从而形成企业与银行等金融机构、其他单位的债务关系。

### 资金筹集业务核算账户介绍

1. 银行存款

该账户属资产类,用来核算企业存入银行或其他金融机构的各种款项。企业银行存款增加时,记借方;减少时记贷方;期末余额在借方,反映企业存在银行或其他金融机构的款项余额。

2. 长期借款

该账户属负债类,用来核算企业向银行或其他金融机构借入的期限在1年以上(不含1年)的各项借款。借入长期借款时,记贷方;归还借款时,记借方;期末余额在贷方,反映企业尚未偿还的长期借款。本账户可按贷款单位和贷款种类进行明细核算。

3. 短期借款

该账户属负债类,用来核算企业向银行或其他金融机构借入的期限在1年以内(含1年)的各项借款。借入短期借款时,记贷方;归还借款时,记借方;期末余额在贷方,反映企业尚未偿还的短期借款。本账户可按借款种类、贷款人和币种进行明细核算。

4. 财务费用

该账户属损益类,用来核算企业为筹集生产经营所需资金等而发生的筹资费用,包括利息支出(减利息收入)、汇兑损益以及相关的手续费等。发生财务费用时,记借方,发生的应冲减财务费用的利息收入等业务时,记贷方。期末,应将本账户余额转入"本年利润",结转后本账户无余额。本账户可按费用项目进行明细核算。

5. 固定资产

该账户属资产类,用来核算企业持有的固定资产原价。企业购置、建造等增加固定资产时,记借方;报废、出售等减少固定资产时,记贷方;期末余额在借方,反映企业固定资产的原价。本账户可按固定资产类别和项目进行明细核算。

6. 实收资本(股本)

该账户属所有者权益类,用来核算企业接受投资者投入资本的增减变动及结余情况。企业收到投资者投入的资本时,记贷方;按法定程序报经批准减少注册资本而退还投资时,记借方;期末余额在贷方,反映企业实收资本总额。本账户应按投资者设置明细账户,进行明细核算。

7. 资本公积

该账户属所有者权益类,用来核算企业收到投资者出资额超出其在注册资本或股本中所占份额的部分。该部分增加时,记贷方;减少时记借方;期末余额在贷方,反映企业资本公积的实有数额。

## 任务处理

### 一、接收投资者投资

对投资者投入的资本金,一般企业称为实收资本,在股份有限公司称为股本。收到投资人投入的超过其在注册资本或股本中所占份额的部分,作为资本溢价或股本溢价,计入资本公积。如溢价发行股票,应当按股票面值作为股本入账,而溢价款则作为资本公积入账。

【例2-1】2025年3月8日,新华公司收到投资者东岳公司投入生产设备一套,价值为100 000元。

该项经济业务的发生,使新华公司的机器设备增加100 000元,应记入"固定资产"账户的借方,同时"实收资本"也增加100 000元,应记入其贷方。编制会计分录如下:

```
借:固定资产——生产设备                100 000
    贷:实收资本——东岳公司                    100 000
```

【例2-2】2025年3月12日,新华公司收到恒泰集团投资900 000元,其中货币资金800 000元存入银行,生产设备价值为100 000元交付使用。新华公司给恒泰集团确定的份额为900 000元。

该项经济业务的发生,使新华公司的银行存款和固定资产分别增加了800 000元和100 000元,同时使企业的实收资本增加了900 000元,应分别记入"银行存款""固定资产"账户的借方和"实收资本"账户的贷方。编制会计分录如下:

```
借:银行存款                          800 000
    固定资产——生产设备                100 000
    贷:实收资本——恒泰集团                    900 000
```

【例2-3】根据【任务案例】,2025年3月15日,新华公司收到投资者长城公司投入生产设备一台,价值300 000元,交付使用,以及货币资金500 000元,存入银行。经协商,新华公司给长城公司确定的份额为650 000元。

该项经济业务的发生,使新华公司的"银行存款"和"固定资产"分别增加了500 000元和300 000元,应分别记入这两个账户的借方;按照给长城公司确定的份额,新华公司的"实收资本"增加了650 000元,差额150 000元作为企业的"资本公积",应记入这两个账户的贷方。编制会计分录如下:

```
借:银行存款                          500 000
    固定资产——生产设备                300 000
    贷:实收资本——长城公司                    650 000
        资本公积                              150 000
```

### 二、借入资金

企业从银行等金融机构取得的借款按偿还时间的长短,分为短期借款和长期借款。短期借款的偿还期在一年以内(含一年);长期借款一般要有特定的项目,如购置大型设备、技术改造等，偿还期在一年以上。短期借款形成企业的流动负债，长期借款形成非流动负债，即长期负债。

微课：借入资金的核算

素养小讲堂：不逃废债 不做老赖

【例2-4】2025年3月2日，新华公司从建设银行借入长期借款2 000 000元，存入银行存款户。

该项经济业务的发生，使新华公司的银行存款和长期借款都增加了2 000 000元，应分别记入"银行存款"账户的借方和"长期借款"账户的贷方。编制会计分录如下：

借：银行存款　　　　　　　　　　　　　　　　　　　　　2 000 000
　　贷：长期借款　　　　　　　　　　　　　　　　　　　　　2 000 000

【例2-5】2025年3月5日，新华公司以银行存款偿还到期的短期借款500 000元。

该项经济业务的发生，使新华公司的银行存款减少了500 000元，同时企业负债也减少了500 000元，应分别记入"银行存款"账户的借方和"短期借款"账户的贷方。编制会计分录如下：

借：短期借款　　　　　　　　　　　　　　　　　　　　　　500 000
　　贷：银行存款　　　　　　　　　　　　　　　　　　　　　　500 000

【例2-6】2025年3月31日，新华公司收到工商银行转来利息通知单，应支付本月借款利息12 000元。

该项经纪业务的发生，使新华公司银行存款减少12 000元，应记入"银行存款"账户贷方；本月份的利息支出，应记入"财务费用"账户的借方。编制会计分录如下：

借：财务费用——利息支出　　　　　　　　　　　　　　　　　12 000
　　贷：银行存款　　　　　　　　　　　　　　　　　　　　　　12 000

任务一小测验

## 任务二　材料采购业务

PPT

### 任务案例

2025年2月，新华公司发生下列材料采购业务：

1. 2月1日，从济南钢厂购进原材料一批，对方开具的增值税专用发票列明：206型钢板 1 000 千克，单价为 30 元/千克，价款为 30 000 元，增值税税额为 3 900 元。

2. 2 月 10 日，从黄河公司购入 201 型钢板 2 000 千克，单价为 50 元/千克；202 型钢板 4 000 千克，单价为 30 元/千克，增值税税率为 13%，取得了增值税专用发票，共支付运费 1 800 元，增值税税额为 162 元，货款及运费均用银行存款支付，材料当日到达，验收入库。

3. 2 月 12 日，从外地青岛钢厂购入 203 型钢板 1 200 千克，单价为 50 元/千克，计 60 000 元，增值税税率为 13%，运费为 800 元，增值税税率为 9%，均用银行存款支付，材料尚未到达，3 日后材料到达，验收入库。

4. 2 月 25 日，收到华光公司 201 型钢板 1 000 千克，单价为 50 元/千克，增值税税率为 13%，材料已验收入库。2 月 28 日收到发票账单，但尚未付款。

5. 2 月 28 日，收到盛宏公司发来 202 型钢板 1 000 千克，尚未收到发票账单。估价为 30 000 元。

6. 2 月 28 日，为从广源公司购买市场稀缺的 205 型钢板，按照合同规定预付货款 50 000 元，委托银行汇出。

思考：上述材料采购业务既包括钱货两清业务，也包括先付款后收货和先收货后付款业务，还有预付账款购进业务。对于不同类型的采购业务应分别如何进行账务处理？请编制相关会计分录。

## 知识准备

材料是指直接用于制造产品并构成产品实体，或虽不构成产品实体但有助于产品形成的物品。它包括原料及主要材料、辅助材料、外购半成品、修理用备件、包装材料、燃料等。

企业要进行生产经营活动，就必须要有适当的材料储备。企业的材料采购部门要按照事先确定的生产计划，及时、足额地提供各种材料，以备生产过程各阶段所需。

材料采购业务的主要内容包括：进行材料物资的采购，办理验收入库；正确计算材料物资的采购成本；按照结算制度与经济合同的规定，办理与供应单位的结算工作等。

**采购业务核算账户介绍**

1. 原材料

原材料账户属资产类账户，用来核算企业库存的各种材料，包括原料及主要材料、辅助材料、外购半成品等。原材料增加时，记借方；领用等减少时，记贷方；期末余额在借方，反映企业库存材料的计划成本或实际成本。本账户可按材料的类别、品种和规格等进行明细核算。

2. 应交税费

应交税费账户属负债类账户，用来核算企业按照税法等规定计算应缴纳的各种税费，包括增值税、消费税、所得税等。本账户可按应缴的税费项目进行明细核算。"应交税费——应交增值税"还应分别对"进项税额""销项税额""出口退税""进项税额转出""已交税金"等设置专栏。企业购进材料时，按可抵扣的增值税额，借记"应交税费——应交增值税（进项税额）"；销售产品时，按专用发票上注明的增值税税额，贷记"应交税费——应交增值税（销项税额）"；缴纳本月增值税时，借记"应交税费——应交增值税（已交税金）"。

3. 在途物资

在途物资账户属资产类账户，用来核算企业采用实际成本进行材料物资日常核算、货款已付尚未验收入库的在途物资的采购成本。支付货款，材料未到时，记借方；货物到达验收入库时，记贷方；期末余额在借方，反映企业在途材料物资的采购成本。本账户可按供应单位或物资品种进行明细核算。

4. 应付账款

应付账款账户属负债类账户，用来核算企业因购买材料、商品和接受劳务等经营活动应支付的款项。购进材料，货款未付时，记贷方；偿付货款时，记借方；期末余额在贷方，反映企业尚未支付的应付账款余额。本账户可按债权人进行明细核算。

5. 预付账款

预付账款账户属资产类账户，用来核算企业按照合同规定预付的款项（预付款项情况不多的，也可以不设置本账户，将预付的款项直接记入"应付账款"账户借方）。预付款项时，记借方；收到所购物资时，按应支付的金额记贷方；期末余额在借方，反映企业预付的款项；期末如为贷方余额，反映企业尚未补付的款项。本账户可按供货单位进行明细核算。

##  任务处理

### 一、钱货两清业务

企业购进材料支付货款，同时验收入库的，按应计入材料采购成本的金额，借记"原材料"账户，按可抵扣的增值税税额，借记"应交税费——应交增值税（进项税额）"账户，按实际支付或开出并承兑商业汇票的金额，贷记"银行存款""应付票据"等账户。

材料物资的实际采购成本包括购买价、运输费、装卸费、保险费、包装费等采购费用、入库前的整理挑选费、运输途中的合理损耗以及应计入材料成本的税金等。

微课：材料采购业务的核算

【例 2-7】依据【任务案例】，新华公司从济南钢厂购进原材料一批，对方开具的增值税专用发票列明：206 型钢板 1 000 千克，30 元/千克，价款为 30 000 元，增值税税额为 3 900 元。

该项经济业务的发生，使企业的原材料增加了 30 000 元，应记入"原材料"账户的借方；同时使可以抵扣的增值税进项税额增加了 3 900 元，应记入"应交税费——应交增值税"明细账户的借方；出纳员王海签发转账支票支付货款后，企业的银行存款减少了 33 900

元,应记入"银行存款"账户的贷方。会计人员林传文根据对方开具的增值税专用发票、材料入库单和转账支票存根等原始凭证,编制会计分录如下:

借:原材料——206型钢板　　　　　　　　　　　　　　　30 000
　　应交税费——应交增值税(进项税额)　　　　　　　　 3 900
　　贷:银行存款　　　　　　　　　　　　　　　　　　　33 900

购买材料支付的运输费、装卸费等各项采购费用,应计入材料的采购成本。购进多种材料共同支付的运杂费,应采用重量比例等方法,分配计入所购各种材料的成本。

【例2-8】依据【任务案例】,2025年2月10日,从黄河公司购入201型钢板2 000千克,50元/千克;202型钢板4 000千克,30元/千克,增值税税率为13%,取得了增值税专用发票;共支付运费1 800元,增值税税率为9%,货款及运费均用银行存款支付,材料当日到达,验收入库。

首先,计算确定材料的采购成本,对甲、乙两种材料的共同性运费,按重量比例进行分配:

分配率=1 800÷(2 000+4 000)=0.3(元/千克)
201型钢板应负担的采购费用=2 000×0.3=600(元)
202型钢板应负担的采购费用=1 800-600=1 200(元)
201型钢板采购成本=100 000+600=100 600(元)
202型钢板采购成本=120 000+1 200=121 200(元)

根据上述计算结果,编制会计分录如下:

借:原材料——201型钢板　　　　　　　　　　　　　　　100 600
　　　　　　——202型钢板　　　　　　　　　　　　　　121 200
　　应交税费——应交增值税(进项税额)　　　　　　　　28 762
　　贷:银行存款　　　　　　　　　　　　　　　　　　　250 562

## 二、先付款后收货业务

这类业务属于在途物资业务,已经支付货款,但材料物资在途或虽已到达但尚未验收入库。

【例2-9】依据【任务案例】,2025年2月12日,从外地青岛钢厂购入203型钢板1 200千克,50元/千克,计60 000元(增值税税率为13%),运费为800元(增值税税率为9%),均用银行存款支付,材料尚未到达。3日后材料到达,验收入库。

这项业务使企业的在途物资增加60 800元,应记入"在途物资"账户借方;支付的材料增值税和运费增值税共7 872元准予抵扣,应记入"应交税费——应交增值税"明细账户借方;银行存款减少68 672元,应记入"银行存款"账户贷方。编制会计分录如下:

借:在途物资——青岛钢厂　　　　　　　　　　　　　　　60 800
　　应交税费——应交增值税(进项税额)　　　　　　　　 7 872
　　贷:银行存款　　　　　　　　　　　　　　　　　　　68 672

3日后货物到达验收入库时,再编制如下会计分录:

借:原材料——203型钢板　　　　　　　　　　　　　　　 60 800
　　贷:在途物资——青岛钢厂　　　　　　　　　　　　　 60 800

素养小讲堂：税收春风润泽千万家

### 三、先收货后付款业务

这类业务是欠款购货，材料物资已到，并已验收入库，但尚未付款或尚未开出、承兑商业汇票。这类业务如果发生在月中，可暂不处理，待发票账单到达后按钱货两清处理。但如果到月末仍未付款，应根据不同情况作不同处理：若月末发票账单已到但尚未付款，应按实际应支付的款项，记入"应付账款"账户贷方；若月末时发票账单仍未到达，应估价入账，次月初红字冲账。

【例 2－10】依据【任务案例】，2025 年 2 月 25 日，收到华光公司 201 型钢板 1 000 千克，50 元/千克，增值税税率为 13%，材料已验收入库。28 日收到发票账单，但尚未付款。应于月末编制如下会计分录：

借：原材料——201 型钢板　　　　　　　　　　　　　　　50 000
　　应交税费——应交增值税（进项税额）　　　　　　　　　6 500
　　贷：应付账款——华光公司　　　　　　　　　　　　　　56 500

次月初付款时，编制会计分录如下：

借：应付账款——华光公司　　　　　　　　　　　　　　　56 500
　　贷：银行存款　　　　　　　　　　　　　　　　　　　　56 500

【例 2－11】依据【任务案例】，2025 年 2 月 28 日，收到盛宏公司发来 202 型钢板 1 000 千克，尚未收到发票账单。估价为 30 000 元。

借：原材料——202 型钢板　　　　　　　　　　　　　　　30 000
　　贷：应付账款——暂估应付账款　　　　　　　　　　　　30 000

3 月 1 日红字冲账，编制如下会计分录：

借：原材料——乙材料　　　　　　　　　　　　　　　　　30 000
　　贷：应付账款——暂估应付账款　　　　　　　　　　　　30 000

待 3 月收到发票账单后，于支付货款时，再按钱货两清处理。

### 四、预付账款购进业务

采用预付账款购进材料，是预先支付供应单位一笔货款，等收到货物之后再结算货款，差额多退少补。

【例 2－12】依据【任务案例】，2025 年 2 月 28 日，为从广源公司购买市场稀缺的 205 型钢板，按照合同规定预付货款 50 000 元，委托银行汇出。

这项业务发生，使公司增加一笔债权预付账款 50 000 元，应记入"预付账款"账户借方；同时，银行存款减少 50 000 元，应记入"银行存款"账户贷方。编制会计分录如下：

借：预付账款——广源公司　　　　　　　　　　　　　　　50 000
　　贷：银行存款　　　　　　　　　　　　　　　　　　　　50 000

假如4月10日收到205型钢板1 000千克,80元/千克,共计80 000元,增值税税额为10 400元,差额以银行存款结算。编制会计分录如下:

借:原材料——205型钢板　　　　　　　　　　　　　　　　80 000
　　应交税费——应交增值税(进项税额)　　　　　　　　　10 400
　　贷:预付账款——广源公司　　　　　　　　　　　　　　　　90 400
借:预付账款——广源公司　　　　　　　　　　　　　　　　40 400
　　贷:银行存款　　　　　　　　　　　　　　　　　　　　　　40 400

任务二小测验

## 任务三　产品生产业务

PPT:产品生产业务

### 任务案例

2025年3月31日,新华公司的材料部门转来3月的"发出材料汇总表",财务部门的会计人员赵相文要根据"发出材料汇总表"编制会计分录,填制记账凭证。发出材料汇总表见表2-1。(假设生产车间和厂部领用的纤维板都是维修用)。

表2-1　　　　　　　　　　　　发出材料汇总表
2025年3月31日　　　　　　　　　　　　　　　　　　　　　　　　单位:元

| 用途 | 201型钢板 | | 纤维板 | | 卫生用具 | | 合计 |
|---|---|---|---|---|---|---|---|
| | 数量(千克) | 金额 | 数量(张) | 金额 | 数量(把) | 金额 | |
| 生产橱柜 | 2 000 | 60 000 | 10 | 800 | | | 60 800 |
| 生产吊柜 | 1 000 | 30 000 | 5 | 400 | | | 30 400 |
| 车间耗用 | | | | | 5 | 100 | 100 |
| 厂部耗用 | | | 12 | 960 | 10 | 200 | 1 160 |
| 合计 | 3 000 | 90 000 | 27 | 2 160 | 15 | 300 | 92 460 |

思考:你会进行材料发出业务的核算吗?企业在生产经营过程中,除了发生材料费用,还会发生人工费用、制造费用等,企业应如何核算这些费用?

### 知识准备

生产过程是工业企业最具特色的阶段。在这一阶段中,劳动者借助机器、设备,对原材料进行加工，制造出符合设计要求的各种产品，也就是从领用材料到产品完工入库的全过程。它既是产品制造过程，又是物化劳动和活劳动的消耗过程。

企业在生产过程中发生的各种耗费，必须先按一定的标准和方法进行归集，再分配给一定种类的产品，从而形成各种产品的生产成本。生产费用按经济用途分类被称为成本项目，它包括直接材料、直接人工和制造费用，其中直接材料和直接人工统称为直接费用，制造费用称为间接费用。各成本项目的具体内容如下：

直接材料是指直接用于产品生产，构成产品实体的原料及主要材料、外购半成品和辅助材料等。

直接人工是指直接从事产品生产的工人工资、职工福利、社会保险等薪酬。

制造费用是指生产车间为组织和管理生产活动而发生的各项间接费用，包括车间管理人员工资等薪酬、车间固定资产折旧费、办公费、差旅费、水电费、劳动保护费、物料消耗等。

可见，生产过程核算的内容包括：一是生产费用的发生与归集；二是产品生产成本的计算。

**生产业务核算账户介绍**

1. 生产成本

生产成本账户属成本类账户，用来核算企业进行工业性生产所发生的各项生产费用。生产过程发生的各项生产费用中，直接材料、直接人工等直接费用，直接记入本账户借方；制造费用是间接费用，期末分配记入本账户借方。贷方登记转出完工产品的生产成本；如有余额在借方，表示期末尚未加工完成的在产品成本。本账户按基本生产成本和辅助生产成本设置二级账，按成本核算对象（如产品的品种等）设置明细账，并按成本项目设置专栏。

2. 制造费用

制造费用账户属成本类账户，用来核算企业生产车间（部门）为生产产品和提供劳务而发生的各项间接费用。生产车间发生各项间接费用时，记借方；月末分配转入生产成本时，记贷方；除季节性的生产性企业外，本账户月末结转后应无余额。本账户应当按照不同的生产车间、部门和费用项目进行明细核算。

3. 管理费用

管理费用账户属损益类账户，用来核算企业为组织和管理企业生产经营所发生的管理费用，包括企业在筹建期间内发生的开办费、董事会和行政管理部门在企业的经营管理中发生的或者应由企业统一负担的公司经费（包括行政管理部门职工工资及福利费、物料消耗、低值易耗品摊销、办公费和差旅费等）、工会经费、董事会费（包括董事会成员津贴、会议费和差旅费等）、聘请中介机构费、咨询费（含顾问费）、诉讼费、业务招待费、技术转让费、矿产资源补偿费、研究费用、排污费等。企业发生各项管理费用时，记借方；期末，将本账户的余额转入"本年利润"时，记贷方；结转后无余额。本账户应当按照费用项目进行明细核算。

4. 应付职工薪酬

应付职工薪酬账户属负债类账户，用来核算企业根据有关规定应付给职工的各种薪酬，包括"工资""职工福利""社会保险费""住房公积金""工会经费""职工教育经费"等项目。按照有关规定计算出应付职工薪酬时，记贷方；实际向职工发放工资、支付福利费，以及从应付职工薪酬中扣还各种款项时，记借方；期末余额在贷方，反映企业应付职工薪酬的结余数额。本账户应按照上述构成项目进行明细核算。

5. 累计折旧

累计折旧账户属资产类账户，用来核算企业对固定资产计提的累计折旧。按月计提固定资产折旧时，记贷方；处置固定资产结转其折旧时，记借方；期末余额在贷方，表示现有固定资产的累计折旧额。本账户应当按照固定资产的类别或项目进行明细核算。

需要说明，"累计折旧"账户是一个特殊资产类账户，其特殊性就在于它的余额永远在贷方，与一般资产类账户是借方余额不同；但它又只能归属于资产类账户，因为它反映的内容是固定资产价值的变动情况（减少）；"固定资产"账户反映固定资产的原价，"累计折旧"账户反映固定资产价值的减少（折旧），二者之差，就是固定资产的实有价值，称净值或折余价值。

6. 其他应收款

其他应收款账户属资产类账户，用来核算企业除应收票据、应收账款、预付账款、应收股利、应收利息、长期应收款等以外的其他各种应收及暂付款项。发生各种其他应收款项时，记借方；收回时，记贷方；期末余额在借方，反映企业尚未收回的其他应收款项。本账户可按对方单位（或个人）进行明细核算。

7. 库存现金

库存现金账户属资产类账户，用来核算企业持有的库存现金。企业增加库存现金时，记借方；减少时记贷方；期末余额在借方，反映企业持有的库存现金。

8. 库存商品

库存商品账户属资产类账户，用来核算企业库存的各种商品的实际成本，包括库存产成品、外购商品以及寄存在外的商品等。商品增加验收入库时，记借方；销售商品结转成本或其他原因减少时，记贷方；期末余额在借方，反映企业库存商品的实际成本。本账户可按照商品的种类、品名和规格等进行明细核算。

## 任务处理

### 一、材料费用

材料费用一般应按领用部门和用途进行归集，并按其用途分配计入产品成本或期间费用。对生产车间直接用于某种产品生产的原材料，可直接计入该产品的生产成本，对几种产品共同耗用的原材料，应采用适当的方法，将材料费用在各种产品之间分配，分别计入各产品生产成本；生产车间一般消耗的原材料，应记入"制造费用"账户；行政管理部门消耗的材料，应记入"管理费用"账户。

在实际工作中，材料领用业务不一定根据每一张领料单逐笔进行账务处理，可以于月末汇总编制"发出材料汇总表"之后，根据汇总表编制记账凭证，进行账务处理。

【例 2-13】依据上述【任务案例】，该项材料领用业务，使橱柜和吊柜的生产成本分别增加 60 800 元和 30 400 元，车间修理费和车间其他费用增加 100 元，厂部修理费和其他费用分别增加 960 元和 200 元。根据现行企业会计准则规定，生产车间的修理费与行政管理部门的修理费同样处理。根据上述经济业务，会计人员赵相文编制会计分录如下：

借：生产成本——橱柜　　　　　　　　　　　　　　　　60 800
　　　　　　——吊柜　　　　　　　　　　　　　　　　30 400
　　制造费用　　　　　　　　　　　　　　　　　　　　　100
　　管理费用——修理费　　　　　　　　　　　　　　　　960
　　　　　　——其他　　　　　　　　　　　　　　　　　200
　　贷：原材料——201 型钢板　　　　　　　　　　　　90 000
　　　　　　　——纤维板　　　　　　　　　　　　　　2 160
　　　　　　　——卫生用具　　　　　　　　　　　　　　300

## 二、人工费用

人工费用是产品成本和期间费用的重要组成部分，应按其发生地点进行归集，并按其用途分别计入产品成本和期间费用。直接从事产品生产的工人的工资等薪酬应记入"生产成本"账户；对几种产品共同发生的人工费用，应采用适当的标准和方法，将人工费用在各种产品之间进行分配，分别计入各产品的生产成本；车间管理人员的费用应记入"制造费用"账户；行政管理部门人员的费用应记入"管理费用"账户；销售机构人员的费用应记入"销售费用"账户。

微课：人工费用的核算

【例 2-14】2025 年 3 月 31 日，分配本月职工工资为 171 000 元，其中产品生产工人工资为 126 000 元（按两种产品生产工时比例分配：橱柜生产工时为 10 000 个，吊柜生产工时为 8 000 个），车间管理人员工资为 6 000 元，厂部管理人员工资为 39 000 元。

这项业务发生，使公司的负债应付职工薪酬增加 171 000 元，应记入"应付职工薪酬"账户的贷方；同时，车间生产费用增加 132 000 元，根据用途，生产工人工资应记入"生产成本"账户的借方，车间管理人员的工资属于间接费用，应记入"制造费用"账户借方；厂部管理人员工资应记入"管理费用"账户借方。则：

分配率 = 126 000 ÷ (10 000 + 8 000) = 7（元/工时）
橱柜应负担的工资费用 = 10 000 × 7 = 70 000（元）
吊柜应负担的工资费用 = 126 000 - 70 000 = 56 000（元）
编制会计分录如下：

借：生产成本——橱柜　　　　　　　　　　　　　　　　70 000
　　　　　　——吊柜　　　　　　　　　　　　　　　　56 000
　　制造费用　　　　　　　　　　　　　　　　　　　　6 000
　　管理费用——职工薪酬　　　　　　　　　　　　　　39 000

贷：应付职工薪酬——工资　　　　　　　　　　　　　　　171 000

**【例 2-15】** 2025 年 3 月 31 日，以银行存款发放工资 171 000 元。

这项业务发生，使公司的负债应付职工薪酬减少 171 000 元，应记入"应付职工薪酬"账户借方；同时，使银行存款减少 171 000 元，应记入"银行存款"账户贷方。编制会计分录如下：

　　借：应付职工薪酬——工资　　　　　　　　　　　　　　171 000
　　　　贷：银行存款　　　　　　　　　　　　　　　　　　　　171 000

**【例 2-16】** 2025 年 3 月 31 日，根据有关规定，将本月实际发生的职工福利费 10 260 元进行分配，其中，橱柜生产工人 4 200 元，吊柜生产工人 3 360 元，车间管理人员 360 元，厂部管理人员 2 340 元。编制会计分录如下：

　　借：生产成本——橱柜　　　　　　　　　　　　　　　　4 200
　　　　　　　——吊柜　　　　　　　　　　　　　　　　　3 360
　　　　制造费用　　　　　　　　　　　　　　　　　　　　　360
　　　　管理费用——职工薪酬　　　　　　　　　　　　　　2 340
　　　　贷：应付职工薪酬——职工福利　　　　　　　　　　　10 260

法律法规：《企业会计准则第 9 号——职工薪酬》

### 三、其他费用

工业企业的生产过程除发生材料费用、人工费用以外，还会发生固定资产折旧费、修理费、水电费、办公费、差旅费等各项费用。

**【例 2-17】** 2025 年 3 月 31 日，编制"固定资产折旧计算表"，计提固定资产折旧 62 000 元，其中生产车间 50 000 元，管理部门 12 000 元。

固定资产折旧形成企业的生产经营费用。车间的固定资产均直接用于生产产品，但因无法直接确认每种产品负担的折旧数额，故应将车间固定资产的折旧记入"制造费用"账户借方，与其他制造费用一起分配计入产品生产成本；管理部门固定资产折旧费，应记入"管理费用"账户借方；固定资产价值减少即累计折旧的增加，应记入"累计折旧"账户贷方。编制会计分录如下：

　　借：制造费用　　　　　　　　　　　　　　　　　　　　50 000
　　　　管理费用——折旧费　　　　　　　　　　　　　　　12 000
　　　　贷：累计折旧　　　　　　　　　　　　　　　　　　　62 000

**【例 2-18】** 2025 年 3 月 31 日以银行存款支付水电费 21 360 元，其中生产车间应负担 15 360 元，管理部门应负担 6 000 元。

这项业务增加制造费用和管理费用，同时减少银行存款，应分别记入"制造费用"和"管理费用"账户借方及"银行存款"账户贷方。编制会计分录如下：

　　借：制造费用　　　　　　　　　　　　　　　　　　　　15 360

　　　　管理费用——水电费　　　　　　　　　　　　　　　　　　　6 000
　　　贷：银行存款　　　　　　　　　　　　　　　　　　　　　　21 360

【例2-19】2025年3月31日，以银行存款支付厂部办公设备修理费10 000元。

生产车间的修理费一般计入制造费用，管理部门的修理费计入管理费用。这项业务增加了管理费用，同时减少了银行存款，应分别记入"管理费用"账户借方及"银行存款"账户贷方。编制会计分录如下：

　　借：管理费用——修理费　　　　　　　　　　　　　　　　　10 000
　　　贷：银行存款　　　　　　　　　　　　　　　　　　　　　10 000

【例2-20】2025年3月31日，报销差旅费3 800元，其中车间主任刘德鑫1 800元（预借2 000元），会计主管邱天2 000元（预借1 500元）。差额收付现金。

车间主任的差旅费应记入"制造费用"账户借方，会计主管的差旅费应记入"管理费用"账户借方，原来预借的差旅费应冲减"其他应收款"账户。编制会计分录如下：

　　借：制造费用　　　　　　　　　　　　　　　　　　　　　　1 800
　　　　管理费用——差旅费　　　　　　　　　　　　　　　　　2 000
　　　贷：其他应收款——刘德鑫　　　　　　　　　　　　　　　2 000
　　　　　　　　　　——邱天　　　　　　　　　　　　　　　　1 500
　　　　　库存现金　　　　　　　　　　　　　　　　　　　　　300

### 四、制造费用的归集与分配

制造费用是企业为生产产品和提供劳务而发生的各项间接费用，包括车间发生的物料消耗、职工薪酬、折旧费、办公费、水电费等。这些费用企业通过设置"制造费用"账户，按月归集在一起，月末按照各受益产品的生产工时、机器工时、生产工人工资等比例进行分配，分别计入各受益产品的生产成本。

【例2-21】假设本月橱柜、吊柜的生产工时分别是10 000工时和8 000工时，月末按工时比例分配制造费用。

根据本月份登记的制造费用明细账（见图2-1），本月制造费用共发生73 620元。

| 借方 | | 制造费用 | 贷方 | |
|---|---|---|---|---|
| (13) | 100 | | (21) | 73 620 |
| (14) | 6 000 | | | |
| (15) | 360 | | | |
| (17) | 50 000 | | | |
| (18) | 15 360 | | | |
| (20) | 1 800 | | | |
| 借方发生额合计 | 73 620 | | 借方发生额合计 | 73 620 |

图2-1　制造费用明细账图示

制造费用分配率 = 73 620 ÷ (10 000 + 8 000) = 4.09（元/工时）
橱柜应分配的制造费用 = 4.09 × 10 000 = 40 900（元）

吊柜应分配的制造费用 = 73 620 - 40 900 = 32 720（元）
根据分配结果，编制会计分录如下：

借：生产成本——橱柜　　　　　　　　　　　　　　　　　　　　40 900
　　　　　　——吊柜　　　　　　　　　　　　　　　　　　　　32 720
　　贷：制造费用　　　　　　　　　　　　　　　　　　　　　　73 620

### 五、完工产品成本的计算

当全部生产费用都记入产品的"生产成本"明细分类账之后，就可以计算完工产品的成本了。这项工作，实际上就是在完工产品与期末在产品之间分配生产费用。

素养小讲堂：成本意识

完工产品与期末在产品之间的关系可用下列公式表示：

**期初在产品成本 + 本期发生的生产费用 = 完工产品成本 + 期末在产品成本**

等式左边的两项都是已知的。如果期末没有在产品，则全部生产费用就是完工产品的总成本；如果有期末在产品，则必须采用一定的方法，在完工产品和期末在产品之间进行费用分配。

**【例 2-22】** 假设橱柜期初在产品成本为 23 000 元（其中材料费为 20 000 元，人工费为 1 800 元，制造费为 1 200 元），期末没有在产品，因此，期初在产品成本加上本期发生的生产费用 175 900 元，全部都是完工产品 60 件的总成本，共计 198 900 元；吊柜期初无在产品，本期完工 55 件，期末尚有 5 件未完工的在产品，假设期末在产品的成本为 5 600 元（其中材料费 3 600 元，人工费和制造费均为 1 000 元），则本期发生的生产费用为 122 480 元，减去期末在产品成本，则完工吊柜成本 116 880 元。

橱柜生产成本 = 23 000 + 175 900 = 198 900（元）
吊柜生产成本 = 122 480 - 5 600 = 116 880（元）

将完工产品验收入库，结转其生产成本。编制会计分录如下：

借：库存商品——橱柜　　　　　　　　　　　　　　　　　　　　198 900
　　　　　　——吊柜　　　　　　　　　　　　　　　　　　　　116 880
　　贷：生产成本——橱柜　　　　　　　　　　　　　　　　　　198 900
　　　　　　　——吊柜　　　　　　　　　　　　　　　　　　116 880

费用分配完毕，计算出完工产品的总成本之后，还要编制"产品成本计算单"，计算出单位成本。

两种产品的"生产成本明细分类账""产品成本计算单"见表 2-2、表 2-3、表 2-4。

表 2-2　　　　　　　　　　　生产成本明细分类账
品名：橱柜　　　　　　　期初在产品 5 件，本期投产 55 件　　　　　完工产量 60 件

| 2025 年 | | 凭证字号 | 摘要 | 直接材料 | 直接人工 | 制造费用 | 合计 |
|---|---|---|---|---|---|---|---|
| 月 | 日 | | | | | | |
| 3 | 1 | | 期初在产品成本 | 20 000 | 1 800 | 1 200 | 23 000 |
| | 31 | 19 | 材料费用 | 60 800 | | | 60 800 |
| | | 20 | 分配工资 | | 70 000 | | 70 000 |
| | | 22 | 计提福利费 | | 4 200 | | 4 200 |
| | | 27 | 分配制造费用 | | | 40 900 | 40 900 |
| | | | 生产费用合计 | 80 800 | 76 000 | 42 100 | 198 900 |
| | 31 | 23 | 结转完工产品成本 | 80 800 | 76 000 | 42 100 | 198 900 |

生产成本明细账的格式一般用多栏式，即按成本项目在借方设专栏，没设贷方和余额栏，这种格式是实际工作中常用的一种格式。其登记方法要注意，贷方发生额只能以红字登记。

表 2-3　　　　　　　　　　　生产成本明细分类账
品名：吊柜　　　　　　　　　本期投产 60 件　　　　　　　　完工产量 55 件

| 2025 年 | | 凭证字号 | 摘要 | 直接材料 | 直接人工 | 制造费用 | 合计 |
|---|---|---|---|---|---|---|---|
| 月 | 日 | | | | | | |
| 3 | 31 | 19 | 材料费用 | 30 400 | | | 30 400 |
| | | 20 | 分配工资 | | 56 000 | | 56 000 |
| | | 22 | 计提福利费 | | 3 360 | | 3 360 |
| | | 27 | 分配制造费用 | | | 32 720 | 32 720 |
| | | | 生产费用合计 | 30 400 | 59 360 | 32 720 | 122 480 |
| | 31 | 23 | 结转完工产品成本 | 26 800 | 58 360 | 31 720 | 116 880 |
| | | | 期末在产品成本 | 3 600 | 1 000 | 1 000 | 5 600 |

表 2-4　　　　　　　　　　　产品成本计算表

| 成本项目 | 橱柜 60 件 | | 吊柜 55 件 | |
|---|---|---|---|---|
| | 总成本 | 单位成本 | 总成本 | 单位成本 |
| 直接材料 | 80 800 | 1 347 | 26 800 | 487 |
| 直接人工 | 76 000 | 1 266 | 58 360 | 1 061 |
| 制造费用 | 42 100 | 702 | 31 720 | 577 |
| 合计 | 198 900 | 3 315 | 116 880 | 2 125 |

任务三小测验

## 任务四　产品销售业务

PPT：产品销售业务

### 任务案例

新华公司于 2025 年 3 月 12 日销售给济南厨具商城不锈钢橱柜 18 件，单价为 4 500 元，总金额为 81 000 元，增值税销项税额为 10 530 元。销售税务会计陈大强开出增值税专用发票，经许海波审核后交付对方。当日收到对方交来面值为 91 530 元的转账支票一张，出纳员王海据以填制进账单，一并送存银行。

思考：假如你是该公司会计人员，应如何进行该项业务的账务处理？

### 知识准备

销售过程是生产耗费获得补偿的过程。通过销售过程，企业将生产出来的产品销售出去，实现其价值，并向购货单位收取货款，形成销售收入，以补偿生产过程中的耗费，保证企业再生产正常进行的资金需要。

在销售过程中企业还会发生包装费、运输费、装卸费、展览费、广告费、专设销售机构经费等销售费用，这些费用应计入当期损益，从销售收入中得到补偿。因此，销售过程核算的主要内容包括：确认和记录销售收入，与购货单位办理结算收回货款，计算并结转销售成本，支付销售费用，计算缴纳有关税费等。

**销售业务核算账户介绍**

为组织销售过程的核算，反映和监督销售过程发生的各项业务，企业应设置"主营业务收入""主营业务成本""其他业务收入""其他业务成本""税金及附加""销售费用"账户；另外，还要设置反映货款结算的"应收账款"和"应收票据"等账户。

1. 主营业务收入

本账户属损益类，用来核算企业确认的销售商品、提供劳务等主营业务的收入。实现主营业务收入时，记贷方；销售退回或销售折让应冲销主营业务收入时，记借方；期末应将本账户余额转入"本年利润"账户，结算后本账户无余额。本账户可按主营业务的种类进行明细核算。

2. 主营业务成本

主营业务成本账户属损益类账户，用来核算企业确认销售商品、提供劳务等主营业务收入时应结转的成本。结转主营业务的实际成本时，记借方；已转成本的销售退回商品冲减成本时，记贷方；期末应将本账户余额转入"本年利润"账户，结转后无余额。本账户可按主营业务的种类进行明细核算。

3. 应收账款

应收账款账户属资产类账户,用来核算企业因销售商品、提供劳务等经营活动应收取的款项,包括应收的货款或劳务价款、应收的增值税销项税额、代垫的运杂费等。企业发生应收账款时,记借方;收回应收账款时,记贷方;期末余额一般在借方,表示尚未收回的应收账款;期末余额如在贷方,反映企业预收的账款。本账户可按债务人进行明细核算。

4. 其他业务收入

其他业务收入账户属损益类账户,用来核算企业确认的除主营业务活动以外的其他经营活动实现的收入,包括出租固定资产、出租无形资产、出租包装物和商品、销售材料等实现的收入。实现其他业务收入时,记贷方;冲销有关收入时,记借方;期末应将本账户余额转入"本年利润"账户,结转后无余额。本账户可按其他业务的种类进行明细核算。

5. 其他业务成本

其他业务成本账户属损益类账户,用来核算企业确认的除主营业务活动以外的其他经营活动所发生的支出,包括销售材料的成本、出租固定资产的折旧额、出租无形资产的摊销额、出租包装物的成本或摊销额等。发生其他业务成本时,记借方;销售退回冲销材料成本时,记贷方;期末应将本账户余额转入"本年利润"账户,结转后无余额。本账户可按其他业务的种类进行明细核算。

6. 销售费用

销售费用账户属损益类账户,用来核算企业销售商品和材料、提供劳务过程中发生的各种费用,包括应由售货方负担的运输费、装卸费、包装费、保险费、展览费和广告费、商品维修费,以及专设销售机构的职工薪酬、业务费、折旧费等经营费用。在销售过程中发生各项费用时,记借方;期末将本账户借方余额转入"本年利润"账户时记贷方,结转后无余额。本账户可按费用项目进行明细核算。

7. 税金及附加

税金及附加账户属损益类账户,用来核算企业经营活动发生的消费税、城市维护建设税、资源税和教育费附加等相关税费。按规定计算出与经营活动有关的税费时,记借方;冲销有关税费时记贷方;期末应将本账户余额转入"本年利润"账户,结算后本账户无余额。

## 任务处理

### 一、主营业务收支

主营业务是指企业为完成其经营目标而从事的日常活动中的主要活动,是企业的重要业务,是企业收入的主要来源。同时,业务的开展也会相应发生成本费用开支。

企业销售产品或提供劳务实现的收入,应按实际收到或应收的金额,借记"银行存款""应收账款""应收票据"等账户;按确认的营业收入,贷记"主营业务收入"账户。

微课:产品销售业务的核算

【例 2-23】依据上述【任务案例】,该项销售业务的发生,使企业的主营业务收入增加了 81 000 元,收取的增值税销项税额增加了 10 530 元,价税合计使企业的银行存款增加了 91 530 元。会计人员编制会计分录如下:

借:银行存款　　　　　　　　　　　　　　　　　　　　　　　91 530
　　贷:主营业务收入　　　　　　　　　　　　　　　　　　　　81 000
　　　　应交税费——应交增值税(销项税额)　　　　　　　　　10 530

如果产品销往外地,采用发货制,销售方往往还需要给对方垫付运杂费。垫付的运杂费一般随货款一起收回。

【例 2-24】3 月 15 日,向外地虹桥公司销售橱柜 20 件,单价为 4 500 元,增值税税率为 13%。代垫运输费为 500 元,以银行存款付清。已办妥委托银行收款手续,款项尚未收到。

这项经济业务,橱柜销售收入 90 000 元,增值税税额为 11 700 元,代垫运费 500 元,全部款项共计 102 200 元,尚未收到,应收账款增加,应记入"应收账款"账户的借方;产品销售收入增加应记入"主营业务收入"账户的贷方,增值税销项税额增加应记入"应交税费——应交增值税(销项税额)"账户的贷方,支付代垫运费减少了银行存款,应记入"银行存款"账户的贷方。编制会计分录如下:

借:应收账款——虹桥公司　　　　　　　　　　　　　　　　102 200
　　贷:主营业务收入　　　　　　　　　　　　　　　　　　　　90 000
　　　　应交税费——应交增值税(销项税额)　　　　　　　　　11 700
　　　　银行存款　　　　　　　　　　　　　　　　　　　　　　　500

【例 2-25】3 月 31 日,计算结转橱柜、吊柜两种产品的销售成本。全月销售橱柜 100 件,每件生产成本为 3 315 元;销售吊柜 100 件,每件生产成本为 2 125 元。

此项销售成本的结转工作,实际就是把两种产品的生产成本从"库存商品"账户转入"主营业务成本"账户,故应记入"主营业务成本"账户借方,同时记入"库存商品"账户贷方。编制会计分录如下:

借:主营业务成本　　　　　　　　　　　　　　　　　　　　544 000
　　贷:库存商品——橱柜　　　　　　　　　　　　　　　　　331 500
　　　　　　　　——吊柜　　　　　　　　　　　　　　　　　212 500

素养小讲堂:培养谨慎性思维

## 二、其他业务收支

工业企业除生产、销售产品以外,还可以经营运输、维修等其他业务。销售材料也属于其他业务。企业经营其他业务实现的收入,应记入"其他业务收入"账户,经营其他业务过程中发生的各种支出,应记入"其他业务成本"账户。

【例 2-26】3 月 31 日,向永盛厂销售不再需用的 204 型钢板一批,成本价为 5 000 元,售价为 6 000 元,增值税税率为 13%,款项已收存银行。

此项业务增加了本企业的银行存款,应记入"银行存款"账户借方;出售材料属于公司的其他业务,其收入应记入"其他业务收入"账户贷方,收取的增值税为销项税额记入"应交税费——应交增值税(销项税额)"账户贷方。编制会计分录如下:

　　借:银行存款　　　　　　　　　　　　　　　　　　　　　　　6 780
　　　　贷:其他业务收入　　　　　　　　　　　　　　　　　　　　　6 000
　　　　　　应交税费——应交增值税(销项税额)　　　　　　　　　　780

结转该批材料的销售成本,将它从"原材料"账户转入"其他业务成本"账户。编制会计分录如下:

　　借:其他业务成本　　　　　　　　　　　　　　　　　　　　　　5 000
　　　　贷:原材料——204型钢板　　　　　　　　　　　　　　　　　5 000

### 三、销售税费

企业在销售过程中,会不可避免地发生广告费、运输费、专职销售人员薪酬、专设销售机构办公费、折旧费等各种开支。这些相关费用发生后,应记入"销售费用"账户。

**【例2-27】** 3月31日,用银行存款支付广告费10 000元。

这项业务使公司的销售费用增加10 000元,应记入"销售费用"账户借方;支付广告费使银行存款减少,应记入"银行存款"账户贷方。编制会计分录如下:

　　借:销售费用——广告费　　　　　　　　　　　　　　　　　　10 000
　　　　贷:银行存款　　　　　　　　　　　　　　　　　　　　　　10 000

**【例2-28】** 3月31日,分配专设销售机构人员工资为28 000元,分配本月福利费1 680元。

　　借:销售费用——职工薪酬　　　　　　　　　　　　　　　　　29 680
　　　　贷:应付职工薪酬——工资　　　　　　　　　　　　　　　　28 000
　　　　　　　　　　　　——职工福利　　　　　　　　　　　　　　1 680

**【例2-29】** 3月31日,计提专设销售机构固定资产折旧费22 000元。

　　借:销售费用——折旧费　　　　　　　　　　　　　　　　　　22 000
　　　　贷:累计折旧　　　　　　　　　　　　　　　　　　　　　　22 000

**【例2-30】** 3月31日,计算出本月应交城市维护建设税5 600元,教育费附加2 400元。

本月应交城市维护建设税和教育费附加,一方面使税金及附加增加,应记入"税金及附加"账户借方;另一方面,税金及附加尚未缴纳,形成企业流动负债,应记入"应交税费"账户贷方。编制会计分录如下:

　　借:税金及附加　　　　　　　　　　　　　　　　　　　　　　　8 000
　　　　贷:应交税费——应交城市维护建设税　　　　　　　　　　　　5 600
　　　　　　　　　　——应交教育费附加　　　　　　　　　　　　　2 400

任务四小测验

## 任务五　利润形成与分配业务

PPT：利润形成与分配业务

### 任务案例

2025 年 4 月 30 日，新华公司的会计主管邱天根据本月账簿记录，汇总各损益类账户发生额（见表 2-5），并根据此表计算结转本月利润。

表 2-5　　　　　　　　　　损益类账户发生额　　　　　　　　　　单位：元

| 收入类账户 | 贷方余额 | 费用类账户 | 借方余额 |
| --- | --- | --- | --- |
| 主营业务收入 | 1 200 000 | 主营业务成本 | 786 000 |
| 其他业务收入 | 250 000 | 税金及附加 | 5 000 |
| 营业外收入 | 1 000 | 其他业务成本 | 160 000 |
|  |  | 销售费用 | 86 000 |
|  |  | 管理费用 | 121 000 |
|  |  | 财务费用 | 60 000 |
| 合　　计 | 1 451 000 | 合　　计 | 1 218 000 |

思考：为什么在计算结转当期利润时，需要汇总损益类账户发生额？

## 知识准备

### 一、利润的构成

利润是指企业一定期间生产经营活动形成的最终财务成果，主要是收入减去费用后所剩余的差额。收入大于费用的差额形成企业利润，收入小于费用的差额称为亏损。利润除包括收入减去费用后的净额以外，还有直接计入当期利润的利得和损失等。但这部分在利润所占的比重比较小。利润有营业利润、利润总额、净利润之分。

1. 营业利润

营业利润是指生产经营活动所获得的利润，是营业收入减去营业成本、税金及附加、期间费用、资产减值损失、信用减值损失，加上公允价值变动净收益、投资净收益、资产处置净收益后的金额。

**营业利润 = 营业收入 − 营业成本 − 税金及附加 − 销售费用 − 管理费用 − 财务费用 − 资产减值损失 − 信用减值损失 ± 投资收益 ± 公允价值变动损益 ± 资产处置损益**

其中，营业收入是指企业经营业务所确认的收入总额，包括主营业务收入和其他业务收入。

营业成本是指企业经营业务所发生的实际成本总额，包括主营业务成本和其他业务成本。

资产减值损失是指企业计提各项资产减值准备所形成的损失。

信用减值损失是指企业计提各项金融资产减值准备所形成的损失。

投资收益是指企业以各种方式对外投资所取得的收益或发生的损失。

公允价值变动损益是指交易性金融资产等公允价值变动形成的应计入当期损益的利得或损失。

资产处置损益是指处置固定资产、无形资产等产生的净收益或净损失。

2. 利润总额

利润总额是指在营业利润的基础上，加减营业外收支净额后的结果。

**利润总额＝营业利润＋营业外收入－营业外支出**

营业外收支净额是指与企业生产经营活动没有直接关系的各种营业外收入减去营业外支出之后的余额。营业外收入与营业外支出是没有配比关系的一些收入、支出项目。

3. 净利润

净利润是指利润总额减去所得税费用后的余额。

**净利润＝利润总额－所得税费用**

其中，所得税费用是指企业应计入当期损益的所得税费用。它是企业按照税法规定，就其生产经营所得和其他所得计算缴纳的一种税金。

## 二、有关核算账户介绍

1. 营业外收入

营业外收入账户属损益类账户，用来核算企业发生的各项营业外收入，主要包括债务重组利得、政府补助、罚款净收入、捐赠利得等。取得各项收入时，记贷方；期末转入"本年利润"时，记借方；结转后本账户无余额。本账户可按营业外收入项目进行明细核算。

2. 营业外支出

营业外支出账户属损益类账户，用来核算企业发生的各项营业外支出，包括固定资产盘亏、固定资产报废、毁损净损失、债务重组损失、非常损失、罚款支出、公益性捐赠支出等。发生各项支出时，记借方；期末转入"本年利润"时，记贷方；结转后本账户无余额。本账户可按营业外支出项目进行明细核算。

3. 本年利润

本年利润账户属所有者权益类账户，用来核算企业当期实现的净利润（或发生的净亏损）。期末结转各收入账户时，记贷方；结转各支出账户时，记借方；结转后本账户的贷方余额为当期实现的净利润，借方余额为当期发生的净亏损。年度终了，应将本账户余额转入"利润分配——未分配利润"账户，结转后本账户无余额。

4. 所得税费用

所得税费用账户属损益类账户，用来核算企业确认的应从当期利润总额中扣除的所得税费用。计算出应交所得税时记借方，期末结转"本年利润"账户时记贷方，结转后本账户无余额。本账户可按"当期所得税费用"和"递延所得税费用"进行明细核算。

5. 利润分配

利润分配账户属所有者权益类账户，用来核算企业利润的分配（或亏损的弥补）和历年分配（或弥补）后的余额。进行利润分配时，记借方；用盈余公积补亏时，记贷方；年终，应将本年实现的净利润，自"本年利润"账户转入本账户"未分配利润"贷方（为净亏损的转入借方）；同时，将"利润分配"所属其他明细账户余额转入本账户"未分配利润"明细账户。结转后，本账户除"未分配利润"明细账户外，其他明细账户应无余额。本账户年末余额，反映企业的未分配利润（或未弥补亏损）。本账户应当分别"提取法定盈余公积""提取任意盈余公积""应付现金股利或利润""转作股本的股利""盈余公积补亏"和"未分配利润"等进行明细核算。

6. 盈余公积

盈余公积账户属所有者权益类账户，用来核算企业从净利润中提取的盈余公积。企业提取法定和任意盈余公积时，记贷方；用盈余公积补亏或转增资本时，记借方；期末余额在贷方，反映企业的盈余公积结余数。本账户应当分别"法定盈余公积""任意盈余公积"进行明细核算。

7. 应付股利

应付股利账户属负债类账户，用来核算企业分配的现金股利或利润。根据利润分配方案，按应支付的现金股利或利润，记本账户贷方；实际支付现金股利或利润时，记借方；期末余额在贷方，反映企业应付未付的现金股利或利润。本账户可按投资者进行明细核算。

## 任务处理

### 一、利润形成

期末，企业应将本期各损益类账户的发生额合计转入"本年利润"账户，从而结平各损益类账户。期末转账业务需要将各项收入和各项支出分别结转。各项收入转入"本年利润"账户贷方，各项费用转入"本年利润"账户借方。

微课：利润形成的核算

【例 2-31】根据上述【任务案例】，新华公司会计主管邱天计算结转本月利润时，编制会计分录如下：

1. 将各项收入转入"本年利润"账户的贷方，编制会计分录如下：

借：主营业务收入　　　　　　　　　　　　　　1 200 000
　　其他业务收入　　　　　　　　　　　　　　　250 000
　　营业外收入　　　　　　　　　　　　　　　　　1 000
　　贷：本年利润　　　　　　　　　　　　　　　1 451 000

2. 将各项支出转入"本年利润"账户的借方，编制会计分录如下：

借：本年利润　　　　　　　　　　　　　　　　1 218 000

|  贷：主营业务成本 | 786 000 |
| --- | --- |
|     税金及附加 | 5 000 |
|     其他业务成本 | 160 000 |
|     销售费用 | 86 000 |
|     管理费用 | 121 000 |
|     财务费用 | 60 000 |

新华公司本月利润总额 = 1 451 000 − 1 218 000 = 233 000（元）

## 二、所得税

当期所得税是企业确认的应从当期利润总额中扣除的所得税费用，是根据应纳税所得额和一定税率计算确定的。

**应交所得税 = 应税利润 × 税率**

应税利润又称应纳税所得额，是指按照税法规定的会计方法确认、计量的一定时期的收益，是计算确定应纳所得税的基本依据。

期末，企业按规定计算出当期应交所得税时，应借记"所得税费用"账户，贷记"应交税费——应交所得税"账户。

**【例 2 − 32】** 新华公司 2025 年 4 月应税利润为 233 000 元，按 25% 计算应交所得税并转账。

应交所得税 = 233 000 × 25% = 58 250（元）

该项业务使得本期所得税费用增加，应记入"所得税费用"账户的借方；所得税应交未交，形成了一项负债，应记入"应交税费"账户的贷方。编制会计分录如下：

| 借：所得税费用 | 58 250 |
| --- | --- |
|     贷：应交税费——应交所得税 | 58 250 |

将"所得税费用"转入"本年利润"账户，编制会计分录如下：

| 借：本年利润 | 58 250 |
| --- | --- |
|     贷：所得税费用 | 58 250 |

新华公司本月净利润 = 233 000 − 58 250 = 174 750（元）

素养小讲堂：依法纳税

## 三、利润分配

利润分配的去向有两方面：一是提取公共积累，增强企业发展后劲。按现行规定，股份公司对可供分配的利润按 10% 提取法定盈余公积金，当法定盈余公积金已达注册资本总额的 50% 时，可以不再提取。法定盈余公积可用于弥补亏损、转增资本和在公司亏损年度按照不超过股票面值 6% 的比率，经股东会特别决议后分配股利。法定盈余公积金转增资本或分配股利后不得低于注册资本的 25%。公司经股东大会决议，还可提取任意盈余公积金，其用途与法定盈余公积金相同。二是向投资者分配利润。股份公司如果有优先股，应在提取任意盈余公积金之前分配优先股股利，最后向普通股股东分配股利。公司实现的净利润不能全部分光，总要留一部分未分配利润，以便各年度间调剂余缺。

企业进行利润分配时，按提取的盈余公积数额，借记"利润分配"账户的"提取法定盈余公积"和"提取任意盈余公积"明细账户，贷记"盈余公积"账户的"法定盈余公积"和"任意盈余公积"明细账户；按应分配给投资者的现金股利或利润，借记"利润分配"账户的"应付现金股利或利润"账户，贷记"应付股利"账户。

【例 2 – 33】设新华公司全年实现净利润 2 200 000 元，根据分配方案，提取 10% 的法定盈余公积金，30% 的任意盈余公积，向股东分配利润 800 000 元。

提取盈余公积和向股东分配利润，均属于利润分配去向，应分别记入"利润分配"账户各相关明细账的借方；利润分配使所有者权益的"盈余公积"增加，应记入"盈余公积"账户贷方；向股东分配利润尚未实际支付，形成企业的负债，应记入"应付股利"账户贷方。编制会计分录如下：

借：利润分配——提取法定盈余公积　　　　　　　　　　　　220 000
　　　　　　——提取任意盈余公积　　　　　　　　　　　　660 000
　　　　　　——应付现金股利或利润　　　　　　　　　　　800 000
　　贷：盈余公积——法定盈余公积　　　　　　　　　　　　220 000
　　　　　　　　——任意盈余公积　　　　　　　　　　　　660 000
　　　　应付股利　　　　　　　　　　　　　　　　　　　　800 000

### 四、年终转账

年末，企业应将"本年利润"账户和"利润分配"各明细账户结平，将其余额转入"利润分配——未分配利润"明细账户。

【例 2 – 34】年终，将"本年利润"和"利润分配"账户余额转入"未分配利润"明细账户。编制会计分录如下：

1. 将"本年利润"账户余额转入"未分配利润"明细账户贷方

借：本年利润　　　　　　　　　　　　　　　　　　　　　2 200 000
　　贷：利润分配——未分配利润　　　　　　　　　　　　　2 200 000

2. 将"利润分配"其他各明细账户余额转入"未分配利润"明细账户借方

借：利润分配——未分配利润　　　　　　　　　　　　　　1 680 000
　　贷：利润分配——提取法定盈余公积　　　　　　　　　　220 000
　　　　　　　　——提取任意盈余公积　　　　　　　　　　660 000
　　　　　　　　——应付现金股利或利润　　　　　　　　　800 000

至此，"利润分配"账户仅余下"未分配利润"明细账有余额 520 000 元，即为公司的年末未分配利润，留待以后年度使用。

岗课赛证：会计专业技术资格考试政策　　　岗课赛证：职业院校技能大赛　　　任务五小测验

## 职业判断能力训练

### 一、单选题

1. 企业购买货物应支付的增值税，应在以下哪个账户中反映？（　　）
   A. 应交税费——应交增值税（进项税额）
   B. 应交税费——应交增值税（销项税额）
   C. 应交税费——应交增值税（已交税金）
   D. 应交税费——应交增值税（进项税额转出）

2. 月末材料已验收入库，发票账单也已收到，但款项尚未支付，应贷记的账户是（　　）。
   A. 应收账款　　　　　　　　　　B. 应付账款
   C. 预收账款　　　　　　　　　　D. 预付账款

3. 为了反映企业库存材料的增减变化及其结存情况，应设置（　　）账户。
   A. 在途物资　　　　　　　　　　B. 原材料
   C. 库存材料　　　　　　　　　　D. 库存商品

4. 生产车间使用的固定资产计提折旧费时，应借记（　　）账户。
   A. 财务费用　　　　　　　　　　B. 销售费用
   C. 管理费用　　　　　　　　　　D. 制造费用

5. 生产车间使用的固定资产发生修理费时，应借记（　　）账户。
   A. 财务费用　　　　　　　　　　B. 销售费用
   C. 管理费用　　　　　　　　　　D. 制造费用

6. 反映企业所有者投入货币资金的科目是（　　）。
   A. 投入资本　　　　　　　　　　B. 实收资本
   C. 固定资产　　　　　　　　　　D. 长期股权投资

7. 管理人员出差预借差旅费时，应借记（　　）账户。
   A. 管理费用　　　　　　　　　　B. 制造费用
   C. 其他应付款　　　　　　　　　D. 其他应收款

8. 下列各项中，不构成材料采购成本的是（　　）。
   A. 买价　　　　　　　　　　　　B. 运输费用
   C. 采购人员的差旅费　　　　　　D. 挑选整理费用

9. 在途物资账户的余额表示的是（　　）。
   A. 在途材料的实际成本　　　　　B. 在途材料的计划成本
   C. 库存材料的实际成本　　　　　D. 库存材料的计划成本

10. 企业为筹集资金发生的费用应计入（　　）。
    A. 管理费用　　　　　　　　　　B. 制造费用
    C. 销售费用　　　　　　　　　　D. 财务费用

11. 企业行政管理部门为组织和管理生产经营活动而发生的费用应计入（　　）。

A. 管理费用 B. 制造费用
C. 销售费用 D. 财务费用

12. 通过累计折旧账户对固定资产进行调整，可以反映固定资产的（　　）。
A. 增加价值 B. 原始价值
C. 折余价值（净值） D. 折旧额

13. 销售费用属于期间费用，应按月归集，月末全部转入（　　）账户。
A. 生产成本 B. 期间费用
C. 本年利润 D. 管理费用

14. 下列各项中，用来反映企业在销售过程中发生的各项费用的是（　　）。
A. 制造费用 B. 管理费用
C. 财务费用 D. 销售费用

15. "借：其他业务成本，贷：原材料"，这笔会计分录反映的经济业务是（　　）。
A. 结转完工入库产品的生产成本 B. 结转已销产品的成本
C. 结转尚未完工产品的生产成本 D. 结转已销材料的成本

## 二、多选题

1. 企业收到所有者投入资金时，可能贷记的账户有（　　）。
A. 银行存款 B. 实收资本
C. 固定资产 D. 资本公积

2. 企业因购买材料而发生的运输费用，支付时可能记入的账户有（　　）。
A. 原材料 B. 在途物资
C. 管理费用 D. 销售费用

3. 企业因销售产品而支付的运输费用，支付时可能记入的账户有（　　）。
A. 原材料 B. 应收账款
C. 管理费用 D. 销售费用

4. 下列各项中，期末没有余额的是（　　）。
A. 主营业务收入 B. 生产成本
C. 其他业务收入 D. 主营业务成本

5. 下列各项中，应计入税金及附加账户的有（　　）。
A. 城市维护建设税 B. 增值税
C. 教育费附加 D. 所得税

6. 下列各项中，属于产品生产成本构成内容的是（　　）。
A. 直接材料 B. 直接人工
C. 制造费用 D. 期间费用

7. 企业计提固定资产折旧时，与累计折旧账户相对应的是（　　）。
A. 固定资产 B. 管理费用
C. 制造费用 D. 财务费用

8. 下列各项中，属于利润分配的是（　　）。
A. 计算应交所得税 B. 提取盈余公积

C. 计算应交增值税　　　　　　　D. 向投资者分配利润

9. 下列各项中，通过应付账款账户核算的是（　　）。
   A. 应付供货方代垫的运费　　　B. 收取的包装物押金
   C. 应支付的罚款　　　　　　　D. 应付材料采购款

10. 财务费用是指企业为筹集资金等而发生的各项费用，包括（　　）。
    A. 广告费　　　　　　　　　　B. 利息支出
    C. 业务招待费　　　　　　　　D. 金融机构手续费

11. 下列项目中不能通过"制造费用"账户核算的有（　　）。
    A. 车间管理人员工资　　　　　B. 车间用设备的修理费
    C. 行政管理人员工资　　　　　D. 管理用设备的修理费

12. 下列各项中，应于期末转入"本年利润"账户的有（　　）。
    A. 制造费用　　　　　　　　　B. 销售费用
    C. 财务费用　　　　　　　　　D. 管理费用

13. 结转产品销售成本时使用的账户有（　　）。
    A. 生产成本　　　　　　　　　B. 库存商品
    C. 本年利润　　　　　　　　　D. 主营业务成本

14. 下列各项中，属于销售费用的是（　　）。
    A. 销售人员工资　　　　　　　B. 广告费
    C. 送货费用　　　　　　　　　D. 产品展销费

15. 分配工资费用时，可能使用的账户有（　　）。
    A. 生产成本　　　　　　　　　B. 制造费用
    C. 销售费用　　　　　　　　　D. 管理费用

### 三、判断题

1. 企业的产品销售业务，只有收到货款时才能确认为销售收入的实现。（　　）
2. 最终财务成果是通过"主营业务收入"账户核算的。（　　）
3. 车间管理人员的工资应计入"管理费用"。（　　）
4. 出售材料物资取得的收入应计入"其他业务收入"。（　　）
5. 从企业所有者的角度看，只有缴纳增值税后的利润才是企业最终的财务成果。（　　）
6. 生产车间发生的各项费用称为期间费用。（　　）
7. 企业接受捐赠的资产，应作为投入资本核算。（　　）
8. 产品销售成本是由材料采购成本和销售费用构成的。（　　）
9. 材料的采购成本是指供货单位发票上的价税合计。（　　）
10. 工业企业当期发生的费用，应全部计入当期的产品生产成本。（　　）

## 职业实践能力训练

### 实训一 资金筹集业务

（一）目的

练习资金筹集的核算。

（二）要求

根据下列经济业务编制会计分录。

（三）资料

泰山股份有限公司2025年5月发生下列有关资金筹集的经济业务：

1. 1日，经批准增发股票1 000万股，每股面值1元，发行价为5元。款项收到，存入银行。

2. 8日，收到甲企业投资1 200 000元，其中银行存款为900 000元，设备为300 000元。为对方确定的份额为1 200 000元。

3. 9日，收到乙企业投资2 000 000元，存入银行。为对方确定的份额为1 800 000元。

4. 16日，经批准从建设银行借入为期两年、年利率为6%的借款5 000 000元，存入银行存款户。

5. 22日，经批准从工商银行借入为期一个月、年利率为7.2%的流动资金借款200 000元，存入银行存款户。

6. 29日，以银行存款支付本月借款利息160 000元。

### 实训二 材料采购业务

（一）目的

练习材料采购业务的核算。

（二）要求

根据下列经济业务编制会计分录。

（三）资料

鲁南公司2025年6月发生材料购进业务如下：

1. 2日，从甲单位购进A材料3 000千克，单价为10元，计30 000元，增值税税额为3 900元；运费为800元，增值税税额为72元，均以银行存款支付。材料验收入库。

2. 3日，从乙单位购进A材料1 000千克，单价为10元，计10 000元；B材料2 000千克，单价8元，计16 000元，增值税税额共计3 380元；共同性运费为3 000元，增值税税额为270元，均以银行存款支付，材料验收入库（运费按A、B材料的重量比例分配）。

3. 5日，收到甲单位发来A材料5 000千克，单价为10元，计50 000元，验收入库，货款尚未支付。

4. 9日，从甲单位购进A材料5 000千克，单价为10元，计50 000元，增值税税额为6 500元，对方代垫运费为1 000元，增值税税额为90元均以银行存款支付。A材料已于5日入库。

5. 10 日，从乙单位购进 B 材料 8 000 千克，单价为 8 元，计 64 000 元，增值税税额为 8 320 元，签发并承兑面额 72 320 元，为期 3 个月的商业汇票一张，交付对方。材料验收入库。

6. 12 日，3 个月前签发给丁单位的商业汇票已到期，以银行存款支付票面额为 80 000 元。

7. 12 日，为购买 D 材料，预付给丙单位 200 000 元，通过银行汇出。

8. 30 日，丙单位发来 D 材料 3 000 千克，单价为 60 元，计 180 000 元，增值税税额为 23 400 元，对方代垫运费为 2 000 元，增值税税额为 180 元，不足款项当即从银行汇出。

9. 从外地丁企业购进 A 材料 5 000 千克，单价为 10 元，计 50 000 元，增值税税率为 13%，货款从银行汇出，材料未到。

10. 上述从丁企业购进的 A 材料到达，验收无误，入库。

### 实训三　产品生产业务

（一）目的
练习产品生产过程的核算和产品生产成本的计算。
（二）要求
1. 根据下列经济业务编制会计分录。
2. 登记"制造费用""生产成本——M 产品""生产成本——N 产品"T 形账户（设 N 产品期初在产品成本 8 000 元）。
（三）资料
鲁南公司 2025 年 6 月发生产品生产业务如下：

1. 2 日，仓库发出 A 材料 10 万元，其中 8 万元用于 M 产品的生产，2 万元用于 N 产品的生产；发出 B 材料 20 万元，其中 M 产品耗用 6 万元，N 产品耗用 12 万元，车间一般耗用 1 万元，管理部门耗用 1 万元。

2. 5 日，以银行存款发放本月工资 36 000 元。

3. 8 日，以现金 300 元支付车间办公费。

4. 9 日，以银行存款支付本月水电费 5 000 元，其中车间耗用 3 000 元，管理部门耗用 2 000 元。

5. 16 日，计提固定资产折旧费 7 000 元，其中车间 3 000 元，管理部门 4 000 元。

6. 21 日，以银行存款支付本月电话费 6 000 元，其中车间 2 000 元，管理部门 4 000 元。

7. 30 日，分配本月工资：生产工人工资 25 000 元，其中 M 产品 10 000 元，N 产品 15 000 元；车间管理人员工资 3 000 元，行政管理人员工资 8 000 元。

8. 30 日，计提本月职工福利费 3 600 元，其中 M 产品 1 000 元，N 产品 1 500 元，车间管理人员 300 元，行政管理人员 800 元。

9. 30 日，车间主任李强出差归来，报销差旅费 700 元，原借款 1 000 元，余款交回。

10. 30 日，按生产工人工资比例分配本月制造费用，计入 M、N 产品的生产成本。

11. 30 日，M 产品 400 件全部完工，验收入库，按其实际成本转账。

12. 30 日，设 N 产品期初在产品成本为 8 000 元，期末在产品成本为 5 000 元，计算结转完工 580 件 N 产品的总成本。

### 实训四　产品销售业务

（一）目的

练习产品销售业务的核算。

（二）要求

根据下列经济业务编制会计分录。

（三）资料

鲁南公司 2025 年 6 月发生产品销售业务如下：

1. 1 日，销售给乙单位 M 产品 100 件，单价为 600 元，计 60 000 元，增值税税额为 7 800 元，货款收到，存入银行。

2. 6 日，销售给丁单位 M 产品 100 件，单价为 600 元，计 60 000 元，N 产品 200 件，单价为 500 元，计 100 000 元，增值税税额共计 20 800 元；以银行存款为对方垫付运费 3 000 元。货款尚未收到。

3. 9 日，向丙单位销售 N 产品 300 件，单价为 500 元，计 150 000 元，增值税税额为 19 500 元，收到对方交来 100 000 元转账支票 1 张，余款暂欠。

4. 12 日，向甲单位发出 M 产品 100 件，单价为 600 元，计 60 000 元，增值税税额为 7 800 元，货款已办妥托收。

5. 16 日，接银行通知，应收丁单位货款 183 800 元已收回；同日，丙单位还来欠款 69 500 元，存入银行。

6. 19 日，向乙单位销售 M 产品 200 件，单价 600 元，计 120 000 元，增值税税额为 15 600 元，收到乙单位签发并承兑的商业汇票一张，面值 135 600 元，期限两个月。

7. 22 日，3 个月前收到的乙单位签发的商业汇票一张已到期，收回票款 56 500 元存入银行。

8. 23 日，出租门面房，收到本月租金 10 000 元，存入银行。

9. 25 日，计提上述门面房本月折旧费 3 000 元。

10. 26 日，以银行存款支付产品广告费 50 000 元。

11. 28 日，分配销售人员工资 7 000 元，并分配其福利费 700 元。

12. 28 日，以银行存款支付销售过程中的包装费 1 200 元、运杂费 3 000 元。

13. 29 日，出售 E 材料一批，售价 10 000 元，增值税税额为 1 300 元，货款收到存入银行。

14. 29 日，结转上述 E 材料的成本 8 000 元。

15. 31 日，结转已销 M、N 产品的生产成本（设 M、N 产品的单位生产成本分别为 450 元和 360 元）。

16. 31 日，经计算，本月应交城市维护建设税 4 900 元，教育费附加 2 100 元。

### 实训五　利润形成与分配

（一）目的

练习利润形成与分配的核算。

（二）要求

根据下列经济业务编制会计分录。

（三）资料

鲁中公司发生相关经济业务如下：

1. 因水灾损失甲材料一批，计6 000元，经批准转账。
2. 收到某外商捐赠100 000美元（当日汇率为1美元兑换人民币7.28元），存入银行。
3. 向希望工程捐款800 000元，款项通过银行汇出。
4. 设本月各损益类账户发生额如下，要求结转本月利润并计算利润总额。

| | | | |
|---|---|---|---|
| 主营业务收入 | 1 500 000 | 投资收益 | 55 000 |
| 主营业务成本 | 800 000 | 管理费用 | 70 000 |
| 税金及附加 | 18 000 | 财务费用 | 30 000 |
| 其他业务收入 | 200 000 | 销售费用 | 50 000 |
| 其他业务成本 | 150 000 | 营业外支出 | 504 000 |
| 营业外收入 | 3 000 | | |

5. 设本年应税利润总额为1 200 000元，按25%计算应交所得税，并将"所得税费用"账户发生额转入"本年利润"账户，然后计算净利润。
6. 根据本年净利润，分别按10%、20%的比例计提法定盈余公积、任意盈余公积，并向投资者分配股利550 000元。
7. 根据上述资料进行年终转账。
8. 次月以银行存款缴纳本期所得税。

## 职业拓展能力训练

### 综合业务

（一）目的

综合练习工业企业主要经济业务的核算。

（二）要求

1. 根据下列经济业务编制会计分录。
2. 登记"生产成本"明细账（其中P产品月初在产品成本15 000元）、"制造费用"和损益类总账"T"形账户。

（三）资料

宏盛股份有限公司2025年12月发生下列经济业务：

1. 1日，销售P产品1 000件，单价为80元，计80 000；Q产品2 500件，单价为120元，计300 000元，增值税税额共计49 400元，货款收到，存入银行。

2. 1日，从A单位购进甲材料5 000千克，单价为20元，计100 000元；乙材料6 000千克，单价为18元，计108 000元，增值税税额共计27 040元，货款从银行存款中支付，材料尚未到达。

3. 2日，上述甲、乙材料到货，验收无误入库。

4. 2日，生产车间为生产P产品领用甲材料400 000元，乙材料200 000元；为生产Q产品领用乙材料250 000元，丁材料300 000元；车间耗用丙材料5 000元，销售部门领用丙材料2 000元。

5. 3日，以银行存款缴纳上月所得税税费15 000元，城市维护建设税6 300元，教育费附加2 700元。

6. 3日，经批准从建设银行借入3年期基建借款2 000 000元，存入银行存款户。

7. 4日，出售丁材料一批，成本3 000元，售价4 000元，增值税税额为520元，货款存入银行。

8. 5日，以银行存款支付广告费80 000元。

9. 6日，3个月前收到的E企业商业汇票已到期，收回票款60 000元。

10. 6日，为购进丁材料，预付给D企业货款100 000元，通过银行汇出。

11. 6日，发放工资。将61 000元分别转入职工工资储蓄存款户。

12. 7日，以银行存款购买办公用品一批，车间领用300元，厂部各办公室领用1 800元，销售部门领用500元。

13. 8日，向F企业销售P产品5 000件，单价为80元，计400 000元，增值税税额为52 000元，以银行存款垫付运费为1 500元。货款尚未收到。

14. 8日，从D企业购进丁材料8 000千克，单价20元，计160 000元，增值税税额为20 800元。前期已预付款100 000元，不足部分从银行汇出，材料验收入库。

15. 9日，以银行存款支付产品展销费20 000元。

16. 9日，经批准，企业增发股票1 000万股，每股面值为1元，发行价为8元，款项收到，存入银行。

17. 9日，收到B单位发来丙材料5 000千克，单价为30元，计150 000元，增值税税额为19 500元，材料入库，货款尚未支付。

18. 12日，以银行存款支付上述货款。

19. 12日，以银行存款支付本月短期借款利息8 600元。

20. 12日，接银行收账通知，前向F单位托收的货款453 500元已收妥入账。

21. 13日，向F单位销售P产品3 000件，单价为80元，计240 000元；Q产品2 000件，单价为120元，计240 000元，增值税税额共计62 400元，收到F单位商业汇票1张，面值为542 400元，期限6个月。

22. 15日，将一辆运输卡车出租，收取当月租赁费5 000元，存入银行。

23. 16日，3个月前从工商银行借入的3个月期的借款300 000元已到期，年利息率为6%，以银行存款归还本息。

24. 16日，车间主任赵宏出差预借差旅费3 000元，现金付讫。

25. 17日，以银行存款支付本月水电费26 000元，其中生产车间耗用15 000元，管理部门耗用8 000元，销售部门耗用3 000元。

26. 18日，为生产P产品领用乙材料100 000元，丙材料20 000元；为生产Q产品领用乙材料60 000元；厂部领用丙材料8 000元。

27. 18 日，从 A 单位购进甲材料 5 000 千克，单价为 20 元，计 100 000 元，增值税税额为 13 000 元，签发并承兑为期 1 个月的商业汇票一张，面值为 113 000 元，交对方收执。材料入库。

28. 19 日，以银行存款支付电话费 10 000 元，其中车间 1 500 元，管理部门 3 500 元，销售部门 5 000 元。

29. 20 日，销售给 E 企业 Q 产品 4 000 件，单价为 120 元，计 480 000 元，增值税税额为 62 400 元，款项暂欠。

30. 22 日，向希望工程捐款 100 000 元，以银行存款支付。

31. 23 日，分配本月工资：P 产品生产工人工资 12 000 元，Q 产品生产工人工资 20 000 元，车间管理人员工资 5 000 元，厂部管理人员工资 15 000 元，销售人员工资 9 000 元。

32. 24 日，将本月发生的福利费 6 100 元进行分配：P 产品 1 200 元，Q 产品 2 000 元，车间管理人员 500 元，行政管理人员 1 500 元，销售人员 900 元。

33. 25 日，从银行提取现金 3 000 元备用。

34. 26 日，计提本月固定资产折旧费：车间 29 000 元，厂部 8 000 元，销售部门 6 000 元，出租卡车的折旧费 2 000 元。

35. 28 日，经计算，本月应交城市维护建设税 13 650 元，应交教育费附加 5 850 元。

36. 29 日，车间主任赵宏出差归来，报销差旅费 2 500 元，余款 500 元交回现金（原借款 3 000 元）。

37. 31 日，按 P、Q 产品的生产工时比例分配本月制造费用（P 产品生产工时 3 250 个，Q 产品 1 750 个），计入 P、Q 产品的生产成本。

38. 31 日，设 P 产品月初在产品成本 15 000 元，月末无在产品；Q 产品月初无在产品，月末在产品成本为 10 000 元。要求计算结转本月完工产品成本。

39. 31 日，计算结转本月已销 P、Q 产品的成本（设 P 产品单位生产成本 50 元，Q 产品 80 元）。

40. 31 日，将本月各损益类账户余额转入"本年利润"账户，并计算出利润总额。

41. 31 日，按本月利润总额的 25% 计算应交所得税并转账。计算本月净利润。

42. 31 日，设本年度净利润为 2 200 000 元，按其 10%、30% 分别计提法定盈余公积、任意盈余公积，并向投资者分配股利 900 000 元。

43. 31 日，根据上述资料进行年终转账。

项目二测验

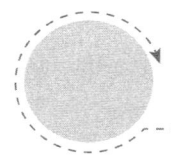

# 项目三　会计凭证的填制与审核

思维导图

## 学习目标

1. 能根据原始凭证的种类判断发生的是何种经济业务
2. 能熟练并正确地填制各类经济业务的原始凭证
3. 能通过原始凭证的审核，发现企业经济业务是否合理合法，并能根据具体情况，提出合理的处理意见
4. 能正确分析、判断何种经济业务填制何种记账凭证
5. 会正确填制并审核通用记账凭证和收款、付款、转账凭证

### 任务一　原始凭证的填制与审核

PPT

#### 任务案例

1. 2025年2月1日，新华公司从济南钢材公司购进原材料一批，收到对方开具的增值税专用发票抵扣联和发票联，计列：206型钢板200千克，单价为150元，价款为30 000元，增值税税额为3 900元。

根据上述经济业务，出纳员王海签发转账支票支付货款。保管员陈飞验收材料并填制入库单。

思考：上述增值税专用发票、转账支票、入库单是否为原始凭证？增值税专用发票的抵扣联和发票联有什么不同的用途？出纳员王海和保管员陈飞应如何填写转账支票、入库单？

2. 新华公司一车间为生产不锈钢厨柜于2025年3月2日从仓库领用原材料一批，填制领料单，计列：206型钢板100千克，单价为150元，计15 000元。

思考：你会填写材料物资领用单吗？作为一名会计人员，应如何处理以上领料业务？

3. 新华公司于2025年3月2日销售给济南厨具商城不锈钢橱柜一批，销售税务会计陈大强开出增值税专用发票，经许海波审核后交付对方。当日收到对方交来转账支票一张。

思考：如果你是税务会计陈大强，你知道如何开具增值税专用发票吗？如果你是出纳，收到的转账支票应该如何送存银行?

4. 2025 年 3 月 22 日职工刘相臣等报销差旅费 3 192 元。

思考：在审核差旅费的原始单据时，应注意哪些问题？你会填制差旅费结算单吗？

##  知识准备

### 一、 会计凭证的概念与分类

会计凭证是记录经济业务，明确经济责任，作为记账依据的书面证明。例如，企业在购买材料时，由供货单位开出销售发票，列明该项经济业务的内容，并有供货方的业务人员签名盖章，以明确经济责任。该发票就是会计凭证。为了保证会计记录的真实性、正确性，任何会计凭证都要经过有关人员审核。只有经过审核无误的会计凭证，才能作为登记账簿的依据。

要正确认识和使用会计凭证，充分发挥会计凭证的作用，就必须对会计凭证按照一定的标准进行分类。会计凭证按照其填制程序和用途不同，分为原始凭证和记账凭证两种。

### 二、 会计凭证的意义

合法地取得、正确地填制和审核会计凭证，是会计核算的基本方法之一，也是会计核算工作的起点，对于从源头上保证会计资料的真实性和完整性，有效地进行会计监督，明确经济责任等都具有重要意义。

#### （一） 记录经济业务， 提供记账依据

任何经济业务的发生都要填制或取得会计凭证，将经济业务记录下来。会计凭证中详细记录了经济业务发生的具体内容，反映经济业务的发生、执行及完成情况。但会计凭证只是对经济业务所做出的初步归类记录，要全面反映经济活动情况，还必须将经济业务在账户中做出进一步归类和系统化的记录。任何单位的任何经济业务都不能凭空记账，登记账簿必须以审核无误的会计凭证为依据。会计凭证所记录会计信息是否真实、可靠、及时，对于保证会计信息质量具有重要意义。

#### （二） 明确经济责任， 强化内部控制

会计凭证不仅记录了经济业务的内容，而且由有关部门和经办人员签名盖章，从而明确了有关部门和人员的责任，这就必然增强经办人员以及其他有关人员的责任感，使其严格按照有关法律法规和制度的规定办事，在其职权范围内各负其责、相互控制。将来一旦发现问题，可以根据凭证上经办部门和人员的记录进行进一步追查，以明确经济责任。而且通过凭证审核还可以及时发现经营管理工作中存在的问题，总结经验教训，以便采取措施，改进工作。

#### （三） 监督经济活动， 控制经济运行

通过会计凭证的填制和审核，可以检查发生的经济业务是否符合国家有关政策、法律法规的规定，是否执行了企业的计划和预算，是否有违法乱纪、铺张浪费等行为，监督经济活

动的真实性、合法性、合理性，及时对经济活动进行事中控制，有效地发挥会计监督的作用，保证企业经济活动的健康运行。

### 三、原始凭证的概念与分类

原始凭证是在经济业务发生时取得或填制的，用以记录经济业务的发生和完成情况的书面证明，是进行会计核算的原始资料和重要依据，如发票、入库单、领料单、支票存根等。

企业的经济业务多种多样，反映其具体内容的原始凭证，其内容、格式也不尽相同。但无论哪一种原始凭证，其基本内容都是相同的。作为原始凭证，必须具备的一些基本内容包括：①原始凭证的名称；②填制原始凭证的日期和编号；③填制原始凭证的单位名称和公章；④接受凭证单位的名称；⑤经济业务的内容摘要；⑥经济业务所涉及的品名、数量、计量单位、单价和金额；⑦经办部门和人员的签名或盖章。

上述原始凭证的基本内容，又称原始凭证的基本要素，一般不得缺少，否则就不能成为具有法律效力的书面证明。

原始凭证可以按照不同的标志进行分类。

#### （一）原始凭证按其来源不同分类

原始凭证按其来源不同，可以分为外来原始凭证和自制原始凭证。

**1. 外来原始凭证**

外来原始凭证是指经济业务发生时，从其他单位或个人直接取得的原始凭证，如购货时从供货单位取得的增值税专用发票、银行转来的各种结算凭证等。

**2. 自制原始凭证**

自制原始凭证是由本单位内部具体经办的部门和人员在办理经济业务时填制的原始凭证，如购进材料验收入库时填制的入库单，发出材料时填制的领料单等。

#### （二）原始凭证按其填制手续及内容不同分类

原始凭证按其填制手续的不同，可以分为一次凭证、累计凭证和汇总凭证。

**1. 一次凭证**

一次凭证是指填制手续一次完成，只记录一笔经济业务的原始凭证。所有的外来原始凭证都是一次凭证，自制原始凭证中的大部分也是一次凭证，如入库单、发票等。

**2. 累计凭证**

累计凭证是指在一定时期内多次记录同类型经济业务的原始凭证。累计凭证的填制手续不是一次完成的，而是把多次发生的相同经济业务连续填制在一张凭证上。其特点是在一张凭证内可以连续登记相同性质的经济业务，随时结出累计数及结余数，并按照费用限额进行费用控制，期末按实际发生额记账。如限额领料单。

**3. 汇总凭证**

汇总凭证又称原始凭证汇总表，是指将一定时期内反映经济业务内容相同的若干张原始凭证，按照一定标准综合填制的原始凭证。它合并了同类型经济业务，简化了记账工作。但需要注意的是，不同类型经济业务的原始凭证，不能汇总编制在一张汇总凭证上。常用的汇总原始凭证有：发出材料汇总表、差旅费报销单、工资结算汇总表等。

## （三）原始凭证按其格式不同分类

原始凭证按其格式的不同，可以分为通用凭证和专用凭证。

**1. 通用凭证**

通用凭证是指由有关部门统一印制的，在一定范围内使用的，具有统一格式和使用方法的原始凭证。它可以全国通用，也可以在某一地区、某一行业通用。如中国人民银行统一制定的银行转账结算凭证、由某省税务部门统一规定使用的增值税专用发票等。

**2. 专用凭证**

专用凭证是指由单位自行印制、仅在本单位内部使用的原始凭证，如领料单、差旅费报销单、工资费用分配表等。

## （四）原始凭证按其用途不同分类

原始凭证按其用途不同，可分为通知凭证、执行凭证和计算凭证。

**1. 通知凭证**

通知凭证是指要求、指示或命令企业进行某项经济业务的原始凭证，如罚款通知单、付款通知单等。

**2. 执行凭证**

执行凭证又称证明凭证，是用来证明某项经济业务已发生或已执行完毕的凭证，如发票、收料单等。

**3. 计算凭证**

计算凭证是指根据其他原始凭证和有关会计核算资料计算、编制的原始凭证，如制造费用分配表、产品成本计算单、工资计算表等。

# 任务处理

## 一、原始凭证的填制方法

微课：原始凭证的填制

### （一）采购业务原始凭证的填制

**1. 增值税专用发票的取得**

增值税专用发票是一般纳税人于销售货物时开具的销货发票，传统纸质发票基本联次为三联：第一联是记账联，是销货方的记账凭证；第二联是抵扣联，是购货方用来抵扣税款；第三联是发票联，是购货方的记账凭证。购货单位向一般纳税人购货，应取得增值税专用发票，因为只有取得增值税专用发票税款抵扣联，支付的进项税额才能在购货单位作为"进项税额"列账。例如,新华公司2025年2月1日从济南钢厂购进材料一批,货款及增值税以银行存款支付。济南钢厂开具增值税专用发票见表3-1、表3-2。

表3-1

**山东增值税专用发票（抵扣联）**

3700063140　　　　　　　　　　　　　　　　　　　　　　　　No. 01295773

开票日期：2025年2月1日

| 购货方 | 名　　称：山东新华有限责任公司<br>纳税人识别号：37010127874634238<br>地　址、电　话：济南市旅游路66号 86335876<br>开户行及账号：济南市工商银行历城支行旅游分理处 160200703416089 | 密码区 | （略） |
|---|---|---|---|

| 货物或应税劳务、服务名称 | 规格型号 | 单位 | 数量 | 单价 | 金额 | 税率 | 税额 |
|---|---|---|---|---|---|---|---|
| 钢板 | 206 | 千克 | 200 | 150.00 | 30 000.00 | 13% | 3 900.00 |
| 合　计 | | | | | ¥30 000.00 | | ¥3 900.00 |
| 价税合计（大写） | ⊗叁万叁仟玖佰元整 | | | | （小写）¥33 900.00 | | |

| 销货方 | 名　　称：山东省济南钢材有限责任公司<br>纳税人识别号：370112686115123<br>地　址、电　话：济南市华山镇 88268863<br>开户行及账号：济南市工商银行高新支行开元分理处 0700903412079 | 备注 | |
|---|---|---|---|

收款人：李南　　　　　复核：陈天　　　　　开票人：许海　　　　　销货单位：（章）

第二联：抵扣联　购货方作扣税凭证

表3-2

**山东增值税专用发票（发票联）**

3700063140　　　　　　　　　　　　　　　　　　　　　　　　No. 01295773

开票日期：2025年2月1日

| 购货方 | 名　　称：山东新华有限责任公司<br>纳税人识别号：37010127874634238<br>地　址、电　话：济南市旅游路66号 86335876<br>开户行及账号：济南市工商银行历城支行旅游分理处 160200703416089 | 密码区 | （略） |
|---|---|---|---|

| 货物或应税劳务、服务名称 | 规格型号 | 单位 | 数量 | 单价 | 金额 | 税率 | 税额 |
|---|---|---|---|---|---|---|---|
| 钢板 | 206 | 千克 | 200 | 150.00 | 30 000.00 | 13% | 3 900.00 |
| 合　计 | | | | | ¥30 000.00 | | ¥3 900.00 |
| 价税合计（大写） | ⊗叁万叁仟玖佰元整 | | | | （小写）¥33 900.00 | | |

| 销货方 | 名　　称：山东省济南钢材有限责任公司<br>纳税人识别号：370112686115123<br>地　址、电　话：济南市华山镇 88268863<br>开户行及账号：济南市工商银行高新支行开元分理处 0700903412079 | 备注 | |
|---|---|---|---|

收款人：李南　　　　　复核：陈天　　　　　开票人：许海　　　　　销货单位：（章）

第三联：发票联　购货方记账凭证

自 2024 年 12 月 1 日起，在全国正式推广应用的数电发票为单一联次，以数字化形态存在，具有与纸质发票同等的法律效力。

知识拓展：增值税发票联的说明

素养小讲堂：君子爱财，取之有道

### 2. 转账支票的签发

转账支票是企业付款时由出纳员签发的凭证。转账支票分存根和支票两部分，其内容一致。支票存根由付款方留存作为原始凭证，支票交收款方送存银行。

根据【任务案例】，出纳员王海签发转账支票，见表 3-3。

表 3-3　　　　　　　　　　转账支票票样

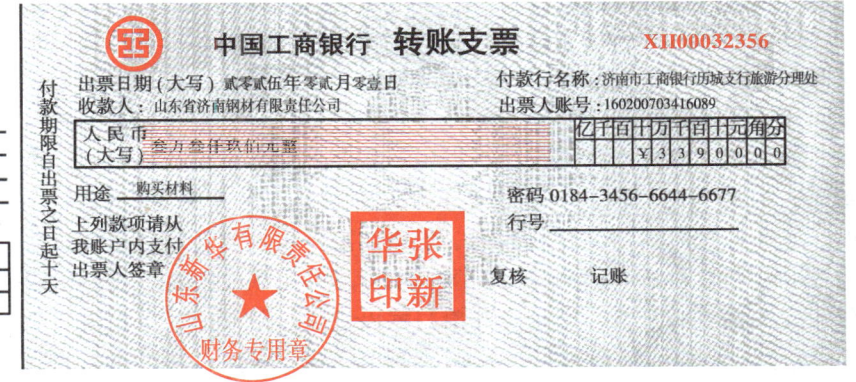

### 3. 入库单的填制

入库单是在外购的材料物资验收入库时由验收人员填制的凭证，一般一式三联：第一联验收人员留存；第二联由仓库保管人员据以登记明细账；第三联连同发票交财务部门办理结算。

根据【任务案例】，保管员陈飞验收材料并填制入库单见表 3-4。

表 3-4　　　　　　　　　入　库　单

存放地点：仓库　　　　　　2025 年 2 月 1 日　　　　　　No：5290383

| 编号 | 品名 | 规格型号 | 单位 | 数量 | 单价 | 金额 |
|---|---|---|---|---|---|---|
| 0110 | 钢板 | 206 型 | 千克 | 200 | 150.00 | 30 000.00 |
|  |  |  |  |  |  |  |
|  |  |  |  |  |  |  |
| 备注： | | | | | | |

部门负责人：齐大力　　　　　　保管：陈飞　　　　　　制单：陈飞

第二联　财务记账

## （二）生产业务原始凭证的填制

### 1. 领料单的填制

为了便于分类汇总，领料单一般要"一料一单"填制，即一种原材料填写一张单据。领用原材料需经领料车间负责人批准后，方可填制领料单；车间负责人、领料人、仓库保管员均需在领料单上签字或盖章。领料单的格式见表3-5。

表 3-5　　　　　　　　　　　　　　领　料　单

领用部门：一车间　　　　　　　2025年3月2日　　　　　　　　　No. 15290269

| 编号 | 品名 | 规格型号 | 单位 | 数量 | 单价 | 金额 |
|---|---|---|---|---|---|---|
| 0110 | 钢板 | 206型 | 千克 | 100 | 150.00 | 15 000.00 |
|  |  |  |  |  |  |  |
|  |  |  |  |  |  |  |
| 备注： | | | | | | |

审核：李勤　　　　　　　保管：陈飞　　　　　　　领用人：刘传清

第二联　财务记账

**2. 限额领料单的填制**

在生产定额完善的企业，为了简化领料核算手续，可采用限额领料单领料。限额领料单的填制是一种一次开设、多次使用的累计领料凭证。在有效期间只要领用材料不超过限额，就可以连续领发材料。它适用于经常领用，并规定有领用限额的领料业务。限额领料单应在每月开始前，由生产计划部门根据生产作业计划和材料消耗定额，按照每种材料、分别用途编制，通常一式两联：一联送交仓库据以发料，另一联送交领料部门据以领料。领发材料时，仓库应按单内所列材料品名、规格在限额内发放，同时把实发数量和限额结余数填写在仓库和领料单位持有的两份限额领料单内，并由领发料双方在两份限额领料单内签章。月末结出实领数量和金额，交由会计部门据以记账。限额领料单的格式见表3-6。

表 3-6　　　　　　　　　　　　　限　额　领　料　单

领料部门：二车间　　　　　　　2025年3月　　　　　　　　　发料仓库：1号仓库

用　　途：生产工具　　　　　　　　　　　　　　　　　　　　　No. 16573520

| 材料编号 | 材料名称 | 规格 | 计量单位 | 领用限额 | 单价 | 全月实用 ||
|---|---|---|---|---|---|---|---|
|  |  |  |  |  |  | 数量 | 金额（元） |
| 0132 | 圆钢 | 15M/M | 千克 | 6 000 | 2.50 | 5 800 | 14 500 |
| 领料日期 | 请领数量 | 实发数量 || 领料人签章 | 发料人签章 | 限额结余 ||
| 5 | 1 500 | 1 500 || （略） | 略 | 4 500 ||
| 10 | 1 500 | 1 500 ||  |  | 3 000 ||
| 19 | 1 500 | 1 500 ||  |  | 1 500 ||
| 26 | 1 300 | 1 300 ||  |  | 200 ||
| 合计 | 5 800 | 5 800 ||  |  | 200 ||

审核：刘德鑫　　　　　　　保管：陈飞　　　　　　　领料：孙启山

**（三）销售业务原始凭证的填制**

销售业务的原始凭证主要有销售方开出的增值税专用发票（见表3-7）、出库单以及购货方支付货款的转账支票（见表3-8）、银行汇票等。

表 3-7

3700063140

山东增值税专用发票
记账联

No. 01295878
开票日期：2025 年 3 月 2 日

| 购货方 | 名　　称 | 济南厨具商城 | | | | | 密码区 | （略） | | |
|---|---|---|---|---|---|---|---|---|---|---|
| | 纳税人识别号 | 3701136585215974 | | | | | | | | |
| | 地　址、电　话 | 济南市中区北园路 139 号 86265893 | | | | | | | | |
| | 开户行及账号 | 济南市工商银行中区支行北园分理处 160200701608912 | | | | | | | | |
| 货物或应税劳务、服务名称 | | 规格型号 | 单位 | 数量 | 单价 | 金额 | | 税率 | 税额 | |
| 不锈钢橱柜 | | | 件 | 18 | 4 500.00 | 81 000.00 | | 13% | 10 530.00 | |
| 合　　计 | | | | | | ¥81 000.00 | | | ¥10 530.00 | |
| 价税合计（大写） | | ⊗玖万壹仟伍佰叁拾元整 | | | | | | （小写）¥91 530.00 | | |
| 销货方 | 名　　称 | 山东新华有限责任公司 | | | | | 备注 |  | | |
| | 纳税人识别号 | 3701127874634238 | | | | | | | | |
| | 地　址、电　话 | 济南市历山路 23 号 88868865 | | | | | | | | |
| | 开户行及账号 | 济南市工商银行历山支行洪山分理处 160200703566077 | | | | | | | | |

第一联：记账联 销货方记账凭证

收款人：李南　　复核：陈天　　开票人：许海　　销货单位：（章）

表 3-8

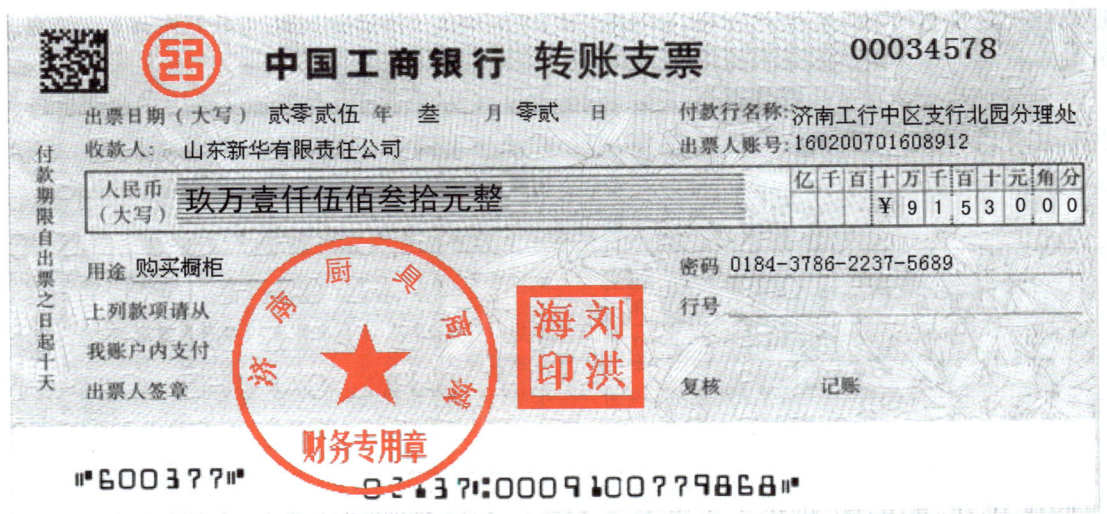

依据【任务案例】，出纳员王海根据对方交来的转账支票，填制进账单（见表 3-9）送存银行。

进账单的填制方法：出纳员根据收到的转账支票等结算凭证，填制进账单一式三联，一联留存，其他两联连同转账支票一并送交银行，银行收妥后，将收账通知联盖章退回，收款方据以入账。

表3-9　　　　　　　中国工商银行进账单（收账通知）3

填制日期 2025 年 3 月 2 日　　　　　　　　　　　　0120303

| 出票人 | 全称 | 济南厨具商城 | 收款人 | 全称 | 山东新华有限责任公司 |
|---|---|---|---|---|---|
| | 账号 | 160200701608912 | | 账号 | 160200703416089 |
| | 开户银行 | 济南市工商银行中区支行北园分理处 | | 开户银行 | 济南市工商银行历城支行旅游分理处 |

| 人民币（大写）玖万壹仟伍佰叁拾元整 | 千 | 百 | 十 | 万 | 千 | 百 | 十 | 元 | 角 | 分 |
|---|---|---|---|---|---|---|---|---|---|---|
| | | | ¥ | 9 | 1 | 5 | 3 | 0 | 0 | 0 |

| 票据种类 | 转账支票 |
|---|---|
| 票据张数 | 1 张 |
| 票据号码 | 00034578 |

复核　　　　　记账

收款人开户行盖章
中国工商银行
济南历城支行
2025.03.02
转讫

此联是收款人开户行交收款人的收账通知

法律法规：支付结算办法——支票

### （四）其他业务原始凭证

职工出差归来报销差旅费时，根据往返车船机票、住宿费单据等外来原始凭证，以及根据企业规定自制的出差补助计算表，填制差旅费结算单（将其他凭证作为其附件），经有关领导审批后，作为报销差旅费的依据。

另外，企业在业务经营过程中，还会发生支付办公费、电话费等各项费用，会产生各种各样的费用单据，以及差旅费借款借据等原始凭证（见表3-10、表3-11）。

表3-10　　　　　　　　　　　　差旅费结算单

2025 年 3 月 22 日

| 项 目 | 金 额 | | | | | | | |
|---|---|---|---|---|---|---|---|---|
| | | 万 | 千 | 百 | 十 | 元 | 角 | 分 |
| 预借款 | | | 3 | 0 | 0 | 0 | 0 | 0 |
| 飞机 | | | | | | | | |
| 火车 | | | | 7 | 2 | 0 | 0 | 0 |
| 汽车 | | | | | | | | |
| 旅馆费 | | | | 1 | 8 | 0 | 0 | 0 |
| 补助费 | | | | 4 | 5 | 0 | 0 | 0 |
| 交通费 | | | | | 6 | 2 | 0 | 0 |
| 其他 | | | | 1 | 6 | 0 | 0 | 0 |
| 合计 | ¥ | | 3 | 1 | 9 | 2 | 0 | 0 |

出差时间：3 月 11 日至 3 月 16 日共 6 天
出差地点：北京
事　　由：参观（5 人小组考察）

部门负责人（签字）　　　　　财务主管人（签字）
　　宋　彬　　　　　　　　　　沈　虹

各项支出（大写）　叁仟壹佰玖拾贰元整
退还结余款　_____
补付款　　　壹佰玖拾贰元整

结算人（签字）
刘相臣

表 3-11　　　　　　　　　　差旅费借款单

| 出差地点 | 泰安 | | 预计天数 | | | 4 | | | | | |
|---|---|---|---|---|---|---|---|---|---|---|---|
| 出差事由 | 联系业务 | | | | 万 | 千 | 百 | 十 | 元 | 角 | 分 |
| 金额大写 | 贰仟元整 | | | | ￥ | 2 | 0 | 0 | 0 | 0 | 0 |
| 部门负责人（签字）<br>齐大力<br><br>2025 年 3 月 5 日 | | 财务负责人（签字）<br>王海<br><br>2025 年 3 月 5 日 | | | 借款人：<br>高虎<br><br>2025 年 3 月 5 日 | | | | | | |

（盖章：现金付讫）

差旅费借款结算回单

| 借 款 人：高虎 | 借款金额：贰仟元整 |
|---|---|
| 借款日期：2025.03.05 | 出差地点：泰安 |

此联结算后退交本人清账。

## 二、原始凭证的填制要求

1. 记录真实

原始凭证填制的内容和各项数据必须真实可靠，所记经济业务的内容必须真实，不能填写估计数或匡算数，填写的内容要与事实相符。

2. 内容完整

原始凭证的内容必须完整、齐全。凭证的填制日期、经济业务的内容、数量、金额都必须认真填写，不得遗漏。经办人员及有关单位、人员要签名盖章，做到手续完备。

3. 书写正确

为了保证原始凭证的正确，一般有如下技术性要求：

（1）文字摘要要简练，数量、单价、金额计算要正确。

（2）各种凭证必须连续编号，以便考查。凭证如果预先编号，在写错作废时，应加盖"作废"章，并妥善保存，不得销毁，多联凭证要全部保存。

（3）书写要符合规定。书写要按规定使用蓝黑墨水或碳素墨水，字迹要工整、清晰；大小写金额数字要一致，书写要符合规定并正确填写（如壹、贰、叁、肆、伍、陆、柒、捌、玖、拾、佰、仟、万、亿、角、分、零、整等），小写金额前要加货币符号。

（4）不能随意涂改。原始凭证填写如有错误，数字错误应重新填写，文字错误要使用正确的改错方法更正，不得涂改、刮擦、挖补或用退色药水改写。更正处要加盖开出单位的公章。

4. 填制及时

各种原始凭证必须在经济业务发生时及时填制，并应按规定的程序及时送交财务会计部门，由财务会计部门加以审核并据以编制记账凭证。

### 三、原始凭证的审核

为了保证会计凭证的真实、正确和合法，会计部门和经办业务的有关部门，必须对原始凭证进行严格认真的审核。及时、认真地审核原始凭证是会计的基础工作，也是会计监督的重要环节。

#### （一）审核原始凭证所记录的经济业务的真实性

所谓真实性，是指原始凭证确实是本单位经济业务的最初原始证明。审核原始凭证的真实性，应审核原始凭证的日期是否真实、业务内容是否真实、数据是否真实。同时，对外来原始凭证要注意审核凭证是否有填制单位公章和填制人员的签名或盖章；对于自制的原始凭证要注意审核是否有经办部门和经办人员的签名或盖章；对于不真实的原始凭证会计人员不予接受，并及时向单位负责人汇报。

#### （二）审核原始凭证所记录的经济业务的合法性

所谓合法，就是审核原始凭证所反映的经济业务是否符合国家有关法规和制度等，有无违法违规行为。对于违规的原始凭证，会计人员应拒绝受理。在审核中如发现弄虚作假、营私舞弊、伪造涂改原始凭证等违法乱纪行为，应立即扣留凭证，及时向单位负责人汇报，以便严肃查处。

#### （三）审核原始凭证所记录的经济业务的完整性

应审核原始凭证中所有项目是否填列齐全，手续是否齐备，有关经办人员是否都已签名或盖章，主管人员是否审核、批准。在审核中如发现原始凭证项目填列不全，手续补齐备，签名盖章有遗漏或不清晰，主管人员未批准等情况，会计人员应将原始凭证返还经办人员，待其补办完整后再予受理。

#### （四）审核原始凭证填写内容的正确性

审核原始凭证，应确认凭证的摘要说明和数字是否填写清楚、正确、数量、单价、金额等数据计算是否正确，大写、小写金额是否相符等。对于填写内容不正确的原始凭证，应退还给经办人员进行更正后再予办理。

任务一小测验

## 任务二　记账凭证的填制与审核

PPT

### 任务案例

依据本项目任务一【任务案例】，新华公司经营业绩良好，受到长城公司的青睐，长城公司决定向新华公司投资，双方已达成共识。2025 年 3 月 15 日，新华公司收到投资者长城公司投入新设备一台价值 300 000 元，以及货币资金 500 000 元，存入银行。经协商，本企业为长城公司确定的份额为 650 000 元。

思考：以上业务应怎样用记账凭证来反映？记账凭证在会计核算方法中处于怎样的地位？

## 知识准备

### 一、记账凭证及其内容

记账凭证是会计人员根据审核无误的原始凭证，按照经济业务事项的内容加以归类、整理，并据以确定会计分录后所填制的会计凭证，它是登记账簿的直接依据。

原始凭证只反映经济业务的执行和完成情况，而且种类繁多、数量庞大、格式不一，因而不能直接凭以记账。在实际工作中，必须运用会计方法，将其分类整理，编制记账凭证，标明经济业务应记入的账户名称以及应借、应贷的金额，这样才能凭以登记账簿，进行会计核算。因此，记账凭证都应具备一些共同的基本内容：①记账凭证的名称；②填制记账凭证的日期；③记账凭证的编号；④经济业务的内容摘要；⑤经济业务所涉及的会计科目及其记账方向；⑥经济业务的金额；⑦所附原始凭证张数；⑧会计主管、记账、审核、出纳、制单等有关人员签章。

### 二、记账凭证的分类

记账凭证可以按用途和反映经济内容不同分类，也可以按其他分类标准分类。按用途和反映经济内容分类，可分为通用记账凭证和专用记账凭证。

#### （一）通用记账凭证

通用记账凭证是既可以反映收付款业务，又可以反映转账业务的记账凭证。经济业务简单或收付款业务不多的单位可使用这种通用格式的记账凭证。其格式见表 3–12。

#### （二）专用记账凭证

专用记账凭证是按经济业务的某种特定属性定向使用的凭证。通常按其是否反映货币资金收付业务，分为收款凭证、付款凭证和转账凭证三种。

1. 收款凭证

收款凭证是用来记录现金或银行存款收入业务的记账凭证。收款凭证是根据有关现金和银行存款收入的原始凭证填制的，具体分为现金收款凭证和银行存款收款凭证，其格式见表3-13。

2. 付款凭证

付款凭证是用来记录现金或银行存款支付业务的记账凭证。付款凭证是根据有关现金和银行存款付出的原始凭证填制的，具体分为现金付款凭证和银行存款付款凭证，其格式见表3-14。

3. 转账凭证

转账凭证是用来记录非货币资金收付业务的记账凭证。凡是不涉及现金和银行存款收付的业务，均为转账业务，据此编制转账凭证，其格式见表3-15。

## 任务处理

### 一、记账凭证的填制

#### （一）记账凭证填制的基本要求

记账凭证是进行会计处理的直接依据，记账凭证的填制除了要做到"真实可靠、内容完整、填写及时、书写清楚"，还必须注意遵守一些基本要求。

微课：记账凭证的填制

（1）填制记账凭证时，应当对记账凭证进行连续编号。一笔经济业务需要填制两张以上记账凭证的，可以采用分数编号法编号。

（2）记账凭证可以根据每一张原始凭证填制，或者根据若干张同类原始凭证汇总填制，也可以根据原始凭证汇总表填制。但不得将不同内容和类别的原始凭证汇总填制在一张记账凭证上。

（3）除结账和更正错误的记账凭证可以不附原始凭证外，其他记账凭证必须附有原始凭证。如果一张原始凭证涉及几张记账凭证，可以把原始凭证附在一张主要的记账凭证后面，并在其他记账凭证上注明附有该原始凭证的记账凭证的编号或者附原始凭证复印件。

（4）如果在填制记账凭证时发生错误，应当重新填制。已经登记入账的记账凭证，在当年内发现填写错误时，可以用红字填写一张与原内容相同的记账凭证，在摘要栏注明"注销某月某日某号凭证"字样，同时再用蓝字重新填制一张正确的记账凭证，注明"更正某月某日某号凭证"字样。如果会计科目没有错误，只是金额错误，也可以将正确数字与错误数字之间的差额，另编制一张调整的记账凭证，调增金额用蓝字，调减金额用红字。发现以前年度记账凭证有错误的，应当用蓝字填制一张更正的记账凭证。

（5）记账凭证填制完经济业务事项后，如有空行，应当自金额栏最后一笔金额数字下的空行处至合计数上的空行处画线注销。

法律法规：《会计基础工作规范——填制凭证》

### （二）记账凭证的填制方法

1. 通用记账凭证的填制

通用记账凭证既可以反映收付款业务，又可以反映转账业务。通用记账凭证通过"借方金额"栏和"贷方金额"栏区别应借、应贷账户。"日期"填写的是编制本凭证的日期，右上角填写记账凭证的顺序号；"摘要"栏填写对所记录的经济业务的简要说明；"总账科目"和"明细科目"栏填写一级科目、二级科目或明细科目名称；"记账"栏以画"√"表示已记账；"借方金额"和"贷方金额"栏填写该项经济业务的发生额；"附件张"处填写所附原始凭证张数；"合计"栏填列借、贷方各科目金额之和。凭证下方分别由会计主管、记账、复核、出纳、制单等人员签章，以明确经济责任。通用记账凭证编制格见表3-12。

【例3-1】根据【任务案例】，2025年3月15日，新华公司收到投资者长城公司投入的一台新设备（价值30万元），以及货币资金50万元（存入银行）。经协商，本企业为长城公司确定的份额为65万元。该项经济业务的发生，使新华公司的银行存款和固定资产分别增加了50万元和30万元，同时长城公司对新华公司资产的要求权也相应增加，按照为其确定的份额，企业的实收资本增加了65万元，差额15万元作为企业的资本公积。会计人员林传文填制记账凭证（见表3-12）。

表3-12  记账凭证

2025年3月15日　　　　　　　　　　　记字第126号

| 摘要 | 总账科目 | 明细科目 | 记账√ | 借方金额 | | | | | | | | | 贷方金额 | | | | | | | | |
|---|---|---|---|---|---|---|---|---|---|---|---|---|---|---|---|---|---|---|---|---|---|
| | | | | 百 | 十万 | 万 | 千 | 百 | 十 | 元 | 角 | 分 | 百 | 十万 | 万 | 千 | 百 | 十 | 元 | 角 | 分 |
| 接受投资 | 银行存款 | | | | 5 | 0 | 0 | 0 | 0 | 0 | 0 | 0 | | | | | | | | | |
| | 固定资产 | | | | 3 | 0 | 0 | 0 | 0 | 0 | 0 | 0 | | | | | | | | | |
| | 实收资本 | 长城公司 | | | | | | | | | | | | 6 | 5 | 0 | 0 | 0 | 0 | 0 | 0 |
| | 资本公积 | | | | | | | | | | | | | 1 | 5 | 0 | 0 | 0 | 0 | 0 | 0 |
| 合　　计 | | | | ¥ | 8 | 0 | 0 | 0 | 0 | 0 | 0 | 0 | ¥ | 8 | 0 | 0 | 0 | 0 | 0 | 0 | 0 |

附件3张

会计主管：　　　　记账：　　　　出纳：　　　　复核：邱天　　　　制单：林传文

2. 专用记账凭证的填制

（1）收款凭证的填制。收款凭证是根据有关现金或银行存款收款业务的原始凭证填制的。收款凭证左上角的"借方科目"按收款的种类填写"库存现金"或"银行存款"；日期填写的是编制本凭证的日期，右上角填写编制收款凭证的顺序号；"摘要"栏填写对所记录的经济业务的简要说明;"贷方科目"栏填写收入现金或银行存款相对应的会计科目,此栏应分别列明一级科目、二级科目或明细科目;"记账"栏以画"√"表示已记账;"金额"栏填写该项经济业务的发生额;"附件__张"处填写所附原始凭证张数;"合计"栏填列贷方各科目金额之和。凭证下方分别由会计主管、记账、复核、出纳、制单等人员签章,以明确经济责任。收款凭证编制见表3-13。

表3-13　　　　　　　　　　　　　收款凭证
借方科目:银行存款　　　　　2025年3月9日　　　　　　银收字第1号

| 摘要 | 贷方科目 | | √ | 金额 | | | | | | | | | |
|---|---|---|---|---|---|---|---|---|---|---|---|---|---|
| | 总账科目 | 二级或明细科目 | | 百 | 十 | 万 | 千 | 百 | 十 | 元 | 角 | 分 | |
| 收回欠款 | 应收账款 | 东岳公司 | | | 8 | 0 | 0 | 0 | 0 | 0 | 0 | 0 | 附件1张 |
| | | | | | | | | | | | | | |
| | | | | | | | | | | | | | |
| 合计 | | | | ¥ | 8 | 0 | 0 | 0 | 0 | 0 | 0 | 0 | |

会计主管:　　　记账:　　　复核:邱天　　　出纳:王海　　　制单:张质彬

（2）付款凭证的填制。付款凭证是根据有关现金或银行存款付款业务的原始凭证填制的,其填制方法与收款凭证基本相同,需要将凭证左上角的"借方科目"换成"贷方科目",凭证中间的"贷方科目"换成"借方科目"。

需要强调的是,对于涉及现金和银行存款之间相互划转的业务,如把现金送存银行或从银行存款户中提取现金等业务,为避免重复记账,一般只填付款凭证,不填收款凭证。例如,从银行提取现金,一般只填制银行存款的付款凭证,不填制现金收款凭证。付款凭证编制见表3-14。

表3-14　　　　　　　　　　　　　付款凭证
贷方科目:库存现金　　　　　2025年3月9日　　　　　　现付字第2号

| 摘要 | 借方科目 | | √ | 金额 | | | | | | | | | |
|---|---|---|---|---|---|---|---|---|---|---|---|---|---|
| | 总账科目 | 二级或明细科目 | | 百 | 十 | 万 | 千 | 百 | 十 | 元 | 角 | 分 | |
| 预借差旅费 | 其他应收款 | 王军 | | | | | | 2 | 0 | 0 | 0 | 0 | 附件1张 |
| | | | | | | | | | | | | | |
| 合计 | | | | ¥ | | | | 2 | 0 | 0 | 0 | 0 | |

会计主管:　　　记账:　　　复核:邱天　　　出纳:王海　　　制单:梁亮

（3）转账凭证的填制。转账凭证的格式与通用记账凭证相同,其填制方法也与通用记账凭证相同。转账凭证编制见表3-15。

3.汇总记账凭证（科目汇总表）的填制

汇总记账凭证是定期汇总编制的。编制方法是:根据一定时期全部记账凭证,按照相同会计科目,分别借、贷方打合计,然后按照会计科目表的顺序填写到相关栏目内。汇总记账凭证集中反映一定时期的经济活动情况,便于分析,有利于加强资金管理;会计科目汇总记录集中,便于登记总账。中小企业单位多采用全部汇总凭证。其格式见表3-16。

表 3 – 15                    转 账 凭 证
                            2025 年 3 月 9 日                           转字第 19 号

| 摘要 | 总账科目 | 明细科目 | √ | 借方金额 百十万千百十元角分 | 贷方金额 百十万千百十元角分 | 附件1张 |
|---|---|---|---|---|---|---|
| 计提折旧 | 制造费用 | | | 　　　 6 0 0 0 0 0 | | |
| | 管理费用 | 折旧费 | | 　　　 3 0 0 0 0 0 | | |
| | 累计折旧 | | | | 　　　 9 0 0 0 0 0 | |
| | | | | | | |
| 合　　计 | | | | ￥ 9 0 0 0 0 0 | ￥ 9 0 0 0 0 0 | |

会计主管：　　　　　记账：　　　　　复核：邱天　　　　　制单：赵相文

表 3 – 16                    科目汇总表
                              年　月　日                              汇字第　　号

| 会计科目 | 借　方 | 贷　方 |
|---|---|---|
| | | |
| | | |
| | | |
| | | |
| 合　计 | | |

会计主管：　　　　　记账：　　　　　复核：　　　　　制表：

素养小讲堂：明晰权责

## 二、记账凭证的审核

为了保证会计信息的质量，在记账之前应由有关稽核人员对记账凭证进行严格的审核。其审核的主要内容包括：

1. 内容是否真实

审核记账凭证是否有原始凭证为依据，所附原始凭证的内容与记账凭证的内容是否一致，记账凭证汇总表的内容与其所依据的记账凭证的内容是否一致等。

2. 项目是否齐全

审核记账凭证各项目的填写是否齐全，如日期、凭证编号、摘要、会计科目、金额、所附原始凭证张数及有关人员签章等。

3. 科目是否正确

审核记账凭证的应借、应贷科目是否正确，是否有明确的账户对应关系，所使用的会计科目是否符合国家统一的规定等。

4. 金额是否正确

审核记账凭证所记录的金额与原始凭证的有关金额是否一致，计算是否正确，记账凭证汇总表的金额与记账凭证的金额合计是否相符等。

5. 书写是否正确

审核记账凭证中的记录是否文字工整、数字清晰，是否按规定进行更正等。

此外，出纳人员在办理收款或付款业务后，应在凭证上加盖"收讫"或"付讫"的印章，以避免重收或重付。

在审核中若发现差错，应查明原因予以重填或予以更正，并有更正人员在更正处签章。

任务二小测验

 **职业判断能力训练**

一、单选题

1. 工业企业的限额领料单是一种（　　）。
   A. 汇总凭证              B. 一次凭证
   C. 累计凭证              D. 转账凭证
2. 只用于记录不涉及现金与银行存款业务的是（　　）。
   A. 收款凭证              B. 付款凭证
   C. 收款和付款凭证        D. 转账凭证
3. 凡是涉及库存现金和银行存款的原始凭证，在发生金额填写错误时，正确的处理方法是（　　）。
   A. 在凭证上涂改          B. 在凭证上划线更正
   C. 撕毁                  D. 加盖"作废"章，重新填制
4. 涉及现金与银行存款相互划转的业务应编制（　　）。
   A. 收款凭证              B. 付款凭证
   C. 收款和付款凭证        D. 转账凭证
5. 下列各项中不属于原始凭证的是（　　）。
   A. 差旅费报销单          B. 车、船票
   C. 发票                  D. 购料申请单
6. 下列各项中，填写的日期应采用大写日期的是（　　）。
   A. 增值税专用发票        B. 普通发票
   C. 转账支票              D. 付款凭证
7. 以银行存款归还短期借款，应编制（　　）。
   A. 收款凭证              B. 付款凭证
   C. 转账凭证              D. 汇总凭证
8. 在填写转账支票时，2月10日应写为（　　）。

A. 贰月拾日 B. 零贰月拾日
C. 零贰月壹拾日 D. 零贰月零壹拾日
9. 填制会计凭证是（　　）的前提和直接依据。
A. 设置账户 B. 登记账簿
C. 复式记账 D. 编制报表
10. 自制原始凭证与外来原始凭证具有（　　）。
A. 同等效力 B. 外来原始凭证效力更大
C. 不同等效力 D. 自制原始凭证效力更大

## 二、多选题

1. 购进材料时收到的增值税专用发票属于（　　）。
A. 一次原始凭证 B. 累计原始凭证
C. 自制原始凭证 D. 外来原始凭证
2. 原始凭证按其填制手续及内容不同，可分为（　　）。
A. 一次凭证 B. 累计凭证
C. 汇总凭证 D. 转账凭证
3. 常用的自制原始凭证有（　　）。
A. 收料单 B. 购买材料收到的发票
C. 领料单 D. 工资结算单
4. 原始凭证按来源不同可以分为（　　）。
A. 一次凭证 B. 累计凭证
C. 自制原始凭证 D. 外来原始凭证
5. 下列各项中，不能作为原始凭证据以填制记账凭证的有（　　）。
A. 购料申请单 B. 银行对账单
C. 购销合同 D. 差旅费报销单
6. 原始凭证审核的主要内容包括（　　）。
A. 真实性 B. 合法性
C. 完整性 D. 正确性
7. 记账凭证审核的主要内容包括（　　）。
A. 项目是否齐全 B. 科目是否正确
C. 金额是否正确 D. 书写是否正确
8. 下列各项中，应填制收款凭证的有（　　）。
A. 销售产品一批，货款收到，存入银行 B. 以银行存款购买材料
C. 支付银行结算手续费 D. 采购员报销差旅费，交回多余款项
9. 记账凭证可以根据（　　）填制。
A. 每一张原始凭证 B. 经济业务的内容
C. 原始凭证汇总表 D. 若干张同类原始凭证汇总
10. 专用记账凭证按照是否反映货币资金业务，分为（　　）。
A. 收款凭证 B. 付款凭证

C. 转账凭证  D. 汇总凭证

### 三、判断题

1. 如果遗失了从外单位取得的原始凭证，只要当事人写出详细情况，即可报销。（  ）
2. 单式记账凭证是指在一张凭证上只填写一项经济业务的凭证。（  ）
3. 会计凭证按填制程序和用途不同分为原始凭证和记账凭证。（  ）
4. 凡是不能证明经济业务已经发生或完成情况的各种单证，不能作为原始凭证据以填制记账凭证。（  ）
5. 原始凭证必要时可以涂改、挖补，但记账凭证不可以。（  ）
6. 外来原始凭证是指企业财会部门以外的人员填写的原始凭证。（  ）
7. 外来原始凭证都是一次凭证。（  ）
8. 在复式记账法下应使用复式记账凭证，单式记账法下使用单式记账凭证。（  ）
9. 按收款、付款、转账业务分别填制的记账凭证称为专用记账凭证。（  ）
10. 审核无误的记账凭证是登记账簿的依据。（  ）

## 职业实践能力训练

### 实训一　原始凭证的填制与审核

（一）目的

掌握原始凭证的填制与审核方法。

（二）要求

1. 为嘉华公司填制增值税专用发票（见表 3-17）及进账单（见表 3-18）。

表 3-17

3700063141　　　　　　　　　　山东增值税专用发票　　　　　　　No. 02295779
　　　　　　　　　　　　　　　　　　记　账　联　　　　　　　开票日期：　年　月　日

| 购货单位 | 名　称： | | | | | 密码区 | （略） | | | 第一联：记账联 销货方记账凭证 |
| --- | --- | --- | --- | --- | --- | --- | --- | --- | --- | --- |
| | 纳税人识别号： | | | | | | | | | |
| | 地　址、电　话： | | | | | | | | | |
| | 开户行及账号： | | | | | | | | | |
| 货物或应税劳务、服务名称 | | 规格型号 | 单位 | 数量 | 单价 | 金额 | | 税率 | 税额 | |
| | | | | | | | | | | |
| 价税合计（大写） | | ⊗ | | | | | （小写）¥ | | | |
| 销货单位 | 名　称： | | | | | 备注 |  | | | |
| | 纳税人识别号： | | | | | | | | | |
| | 地　址、电　话： | | | | | | | | | |
| | 开户行及账号： | | | | | | | | | |

收款人：　　　　　　复核：　　　　　　开票人：　　　　　　销货单位：（章）

表 3－18　　　　　中国工商银行进账单（收账通知）3

填制日期　年　月　日　　　　　　　0120303

| 出票人 | 全称 | | 收款人 | 全称 | |
| --- | --- | --- | --- | --- | --- |
| | 账号 | | | 账号 | |
| | 开户银行 | | | 开户银行 | |

| 人民币（大写） | | 千百十万千百十元角分 |
| --- | --- | --- |

| 票据种类 | |
| --- | --- |
| 票据张数 | |
| 票据号码 | |

收款人开户行盖章：中国工商银行 西河支行 2025.03.02 转讫

复核　　　　记账

此联是收款人开户行交收款人的收账通知

2. 为华盛商场填制验收入库单（见表 3－19）及转票支票（见表 3－20）。

表 3－19　　　　　　　　入　库　单

存放地点：家电部　　　　　年　月　日　　　　　　No：5690666

| 编号 | 品名 | 规格型号 | 单位 | 数量 | 单价 | 金额 |
| --- | --- | --- | --- | --- | --- | --- |
| | | | | | | |
| | | | | | | |
| | | | | | | |

备注：

部门负责人：　　　　　保管：　　　　　制单：

第二联　财务记账

表 3－20　　　　　　　　转账支票票样

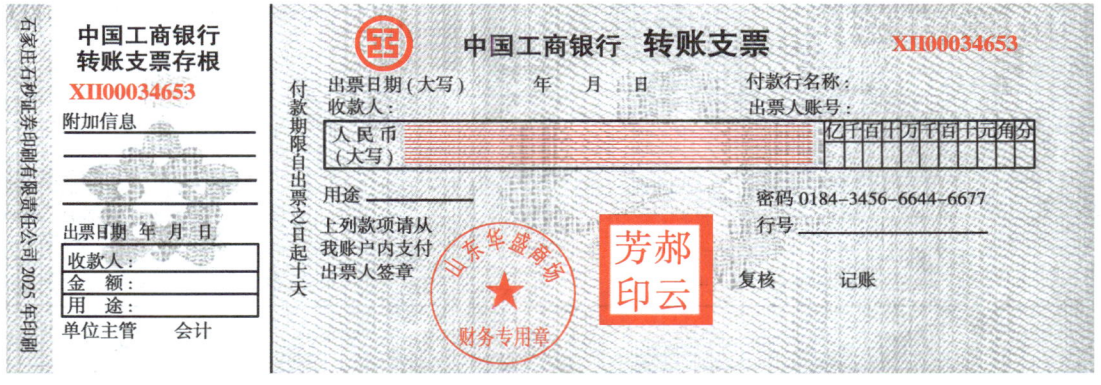

## （三）资料

山东省嘉华有限责任公司为一家一般纳税企业。地址为西河路56号；电话为88345678；纳税人登记号为256314256897156；开户行为工商银行西河支行；账号为21354689。山东华盛商场纳税人登记号为3701136485215976，地址为市中区华丰路239号；电话为86265896；开户行为工商银行中区支行华丰分理处；账号为160200701608912。2025年3月5日，山东嘉华有限公司销售给山东华盛商场电视机10台，单价为2 900元，增值税税率为13%。嘉华公司销货税务会计徐恒山，出纳员李斌，财会科长杨小梅。华盛商场保管员张健生，验收员赵治刚，法人代表郝云芳。

### 实训二　原始凭证的填制与审核

（一）目的

测试能否掌握原始凭证的填制与审核方法。

（二）要求

根据车船票等原始单据填制差旅费结算单（见表3-21），并相互审核。

（三）资料

2025年3月12日，舜华公司业务科齐大力出差归来，报销差旅费。结算人齐大力，部门负责人孙嘉庆，财务科长王梅。有关原始单据见表3-22、表3-23、表3-24、表3-25、表3-26、表3-27、表3-28。

表3-21　　　　　　　　差旅费结算单

年　月　日

| 项目 | 金额 | | | | | | | |
|---|---|---|---|---|---|---|---|---|
| | 万 | 千 | 百 | 十 | 元 | 角 | 分 | |
| 预借款 | | 5 | 0 | 0 | 0 | 0 | 0 | 出差时间：3月5日至3月11日共7天 |
| 飞机 | | | | | | | | 出差地点：上海 |
| 火车 | | | | | | | | 事　　由：联系业务 |
| 汽车 | | | | | | | | |
| 旅馆费 | | | | | | | | |
| 补助费 | | | | | | | | 部门负责人（签字）　　　财务主管人（签字） |
| 交通费 | | | | | | | | |
| 其他 | | | | | | | | 孙嘉庆　　　　　　　　　王梅 |
| 合计 | | | | | | | | |

各项支出（大写）＿＿＿＿＿＿＿＿＿＿

退还结余款＿＿＿＿＿＿＿＿＿＿＿＿＿　　　　结算人（签字）

补付款＿＿＿＿＿＿＿＿＿＿＿＿＿＿＿　　　　齐大力

**表 3-22** 　　　　　　　　　　　　　**出差补助费明细表**

部门：后勤保卫处　　　　　　　　　　2025 年 3 月 12 日

| 姓名 | 起止时间 | | | | | 地点 | 天数 | 标准 | 补助金额 | 交通工具 | 小计金额 | | | | | | |
|---|---|---|---|---|---|---|---|---|---|---|---|---|---|---|---|---|---|
| | 月 | 日 | 时 | 月 | 日 | 时 | | | | | | 万 | 千 | 百 | 十 | 元 | 角 | 分 |
| 齐大力 | 3 | 5 | 10 | 3 | 11 | 6 | 上海 | 7 | 50 | 350 | | | | 3 | 5 | 0 | 0 | 0 |
| | | | | | | | | | | | | | | | | | | |
| | | | | | | | | | | | | | | | | | | |
| 合计金额（大写）叁佰伍拾元整 | | | | | | ￥350.00 | | | | 领款人：齐大力 | | | | | | | |

**表 3-23**

| 济南市客运出租车专用发票 | 上海市客运出租车专用发票 | 济南市客运出租车专用发票 |
|---|---|---|
| JINAN TAXI INVOICE | SHANGHAI TAXI INVOICE | JINAN TAXI INVOICE |
| 发票代码：237010711103 | 发票代码：2817840471052 | 发票代码：237010711136 |
| 发票号码：29498613 | 发票号码：98726415 | 发票号码：29494834 |
| 监督电话： | 监督电话： | 监督电话： |
| 市物价局： | 市物价局： | 市物价局： |
| 市客管中心： | 市客管中心： | 市客管中心： |
| 机打发票 手写无效 | 机打发票 手写无效 | 机打发票 手写无效 |
| 单位代码：　　　　000203 | 单位代码：　　　　000203 | 单位代码：　　　　000203 |
| 电话：　　　　　　82705662 | 电话：　　　　　　82705662 | 电话：　　　　　　82705662 |
| 车号：鲁　AT-0586 | 车号：沪　BT-9185 | 车号：鲁　AX-7891 |
| 证号：　　　　　　000000 | 证号：　　　　　　000000 | 证号：　　　　　　000000 |
| 日期：　　　2025-03-05 | 日期：　　　2025-03-05 | 日期：　　　2025-03-12 |
| 上车：　　　　　　13：35 | 上车：　　　　　　17：49 | 上车：　　　　　　11：49 |
| 下车：　　　　　　14：30 | 下车：　　　　　　19：01 | 下车：　　　　　　12：30 |
| 单价：　　　　　　1.50 | 单价：　　　　　　1.80 | 单价：　　　　　　1.50 |
| 里程：　　　　　　38.50 | 里程：　　　　　　34.8 | 里程：　　　　　　35.8 |
| 等候：　　　00：00：00 | 等候：　　　00：00：00 | 等候：　　　00：00：00 |
| 状态： | 状态： | 状态： |
| 金额：　　　　￥63.00 | 金额：　　　　￥62.10 | 金额：　　　　￥61.00 |
| 卡号： | 卡号： | 卡号： |
| 此发票经济南市地方税务局批准印制 | 此发票经上海市地方税务局批准印制 | 此发票经济南市地方税务局批准印制 |
| 济南市地税局票证打印所 | 上海市地税局票证打印所 | 济南市地税局票证打印所 |

表 3–24

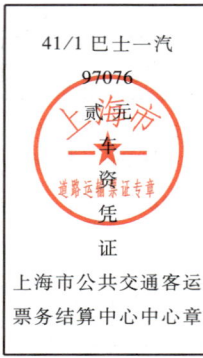    

| 41/1 巴士一汽 97076 | 718/2 巴士新新 51840 | 164/2 巴士新新 89345 | 487/2 巴士新新 95172 | 310/2 巴士新新 85017 |
|---|---|---|---|---|
| 上海市公共交通客运票务结算中心中心章 | 上海市公共交通客运票务结算中心中心章 | 上海市公共交通客运票务结算中心中心章 | 上海市公共交通客运票务结算中心中心章 | 上海市公共交通客运票务结算中心中心章 |

表 3–25　　　　　　　　　　航空运输电子客票行程单

国家税务总局监制　　　ITINERARY/RECEIPT OF E – TICKET FOR AIR TRANSPORTATION　　　印刷序号：NO 7210863484 SERIAL NUMBER

PRINTED UNDER THE SUPERVISION OF SAT

| 旅客姓名 PASSENGER NAME 齐大力 | 有效身份证件号码 ID NO. 370103197008150510 | | | | 签注 ENDORSEMENTS/RESTRICTIONS （CARBON） | | | |
|---|---|---|---|---|---|---|---|---|
| 承运人 CARRIER | 航班号 FLIGHT | 座位等级 CLASS | 日期 DATE | 时间 TIME | 客票级别/客票类别 FARE BASIS | 客票生效日期 NOT VALID BEFORE | 有效截止日期 NOT VALID AFTER | 免费行李 ALLOW |
| 自 FROM　济南 至 TO　上海 至 TO　济南 至 TO 至 TO | SC SC | 1165 1166 | | 05MAR 12MAR | 1535 1015 | | | 20K 20K |
| 票价 FARE 760.00 | | 机场建设费 AIRPORT TAX 50.00 | | | 燃油附加费 FUEL SORCHARGE 20.00 | | 其他税费 OTHER TAXES | 合计 TOTAL 830.00 |
| 电子客票号码 E – TICKET NO 3242303508172 | | 验证码 CK　3485 | | | 连续客票 CONJUNCTION TKT | | 保险费 INSURANCE × × × | |
| 销售单位代码 AGENT CODE SDH90008630765 | | 填开单位 ISSUED BY　机场  | | | | | 填开日期 ISSUED DATE 2025 – 03 – 04 | |

查询网址：
WWW.TRAVELSKY.COM　　　服务热线：400 – 815 – 8888

请旅客乘机前认真阅读《旅客须知》及承运人的运输总条件内容
The conditions of the carrier must be read before traveling.

表 3-26

3100062421

## 上海增值税专用发票

No. 01745859

发票联

开票日期：2025 年 3 月 11 日

| 购货方 | 名　　　称 | 济南舜华公司 | | | | | 密码区 | | （略） | |
| --- | --- | --- | --- | --- | --- | --- | --- | --- | --- | --- |
| | 纳税人识别号 | 37010127874236987 | | | | | | | | |
| | 地　址、电　话 | 济南市山大路 66 号 85112245 | | | | | | | | |
| | 开户行及账号 | 济南市工商银行历下支行山大分理处 160200721242625 | | | | | | | | |
| 货物或应税劳务、服务名称 | | 规格型号 | 单位 | 数量 | 单价 | 金额 | | 税率 | 税额 | |
| 住宿费 | | | | | | 2 311.32 | | 6% | 138.68 | |
| 合　　计 | | | | | | ￥2 311.32 | | | ￥138.68 | |
| 价税合计（大写） | | ⊗贰仟肆佰伍拾元整 | | | | | （小写） | ￥2 450.00 | | |
| 销货方 | 名　　　称 | 山海亿嘉大酒店 | | | | | 备注 | | | |
| | 纳税人识别号 | 310112681512263 | | | | | | | | |
| | 地　址、电　话 | 上海市中山西路 677 号 021-66668585 | | | | | | | | |
| | 开户行及账号 | 上海市工商银行中山支行 1607009012252 | | | | | | | | |

收款人：李顺　　　复核：陈好　　　开票人：李青　　　销货单位：（章）

第三联：发票联　购货方记账凭证

表 3-27

上海市客运出租车专用发票
SHANGHAI TAXI NVOICE

发票代码：2817840471052
发票号码：98726415
监督电话：
市物价局：
市客管中心：

| 机打发票 手写无效 | |
| --- | --- |
| 单位代码： | 000203 |
| 电话： | 82705662 |
| 车号：沪 | BT-9185 |
| 证号： | 000000 |
| 日期： | 2025-03-11 |
| 上车： | 6：49 |
| 下车： | 7：41 |
| 单价： | 1.80 |
| 里程： | 31.0 |
| 等候： | 00：00：00 |
| 状态： | |
| 金额： | ￥55.90 |
| 卡号： | |

此发票经上海市地方税务局批准印制
上海市地税局票证打印所

表 3-28

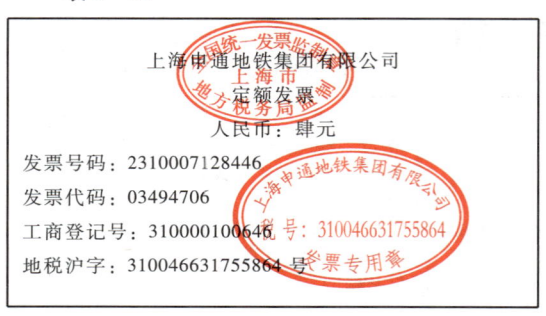

### 实训三 专用记账凭证的填制与审核

（一）目的

掌握专用记账凭证的填制与审核方法。

（二）要求

1. 根据下列经济业务填制收款凭证、付款凭证、转账凭证；

2. 相互审核凭证；

3. 根据记账凭证每 15 天编制一张科目汇总表；

4. 整理好凭证以备登记账簿用。

（三）资料

东岳公司 2025 年 6 月发生下列经济业务：

1. 1 日，签发转账支票（支票号为 16221），偿还前欠千佛山集团公司货款 50 000 元。

2. 3 日，收回泰山厨具商场前欠货款 80 000 元，存入银行。

3. 4 日，签发转账支票（支票号为 16222），购买 206 型钢板 100 000 元，增值税税额为 13 000 元，材料验收入库。

4. 5 日，收到宏达公司还来欠款 30 000 元，存入银行。

5. 7 日，将现金 800 元送存银行。

6. 9 日，销售给宏达公司橱柜 120 000 元，销项税税额为 15 600 元，货款尚未收到。

7. 10 日，车间王青出差，借支差旅费 2 000 元，出纳员付给现金。

8. 12 日，签发转账支票（支票号为 16223），缴纳上月所得税 60 000 元。

9. 15 日，向灾区捐款 100 000 元，通过银行汇出。

10. 16 日，收到宏达公司还来前欠货款 135 600 元，存入银行。

11. 17 日，向宏达公司销售吊柜 90 000 元，增值税税额为 11 700 元，款项收到，存入银行。

12. 18 日，3 个月前收到的宏达公司的商业汇票到期，收回票款 150 000 元，存入银行。

13. 20 日，从青岛钢厂购进 202 型钢板，货款为 120 000 元，增值税税额为 15 600 元，材料验收入库，货款暂欠。

14. 21 日，向外地虹桥商场销售橱柜 80 000 元，增值税税额为 10 400 元，货款尚未收到。

15. 22 日，签发并承兑商业汇票交青岛钢厂，抵付应付账款 135 600 元。

16. 24 日，签发转账支票（支票号为 16224），支付电视广告费 60 000 元。

17. 25 日，从工商银行借入六个月期借款 500 000 元，存入银行存款户。

18. 27 日，向五湖商场销售吊柜 100 000 元，增值税税额为 13 000 元，收到对方承兑的商业汇票一张，面值 113 000 元。

19. 29 日，商户交来包装物押金 500 元，现金收讫。

20. 30 日，收到银行利息通知单，支付本月短期借款利息 1 000 元。

### 实训四　通用记账凭证的填制与审核

（一）目的

掌握通用记账凭证的填制与审核方法。

（二）要求

1. 根据经济业务填制通用记账凭证。
2. 相互审核凭证。
3. 整理好凭证以备登记账簿用。

（三）资料

宏瑞公司 2025 年 6 月发生的部分经济业务如下：

1. 1 日，开出转账支票归还 A 单位欠款 10 000 元。

2. 3 日，从 B 单位购入甲材料 1 000 千克，单价为 50 元，价款共计 50 000 元，增值税税额为 6 500 元，材料验收入库，货款尚未支付。

3. 4 日，生产 M 产品领用甲材料 600 千克，单价为 50 元。

4. 6 日，从 A 单位购入甲材料 1 600 千克，单价为 50 元，价款共计 80 000 元，增值税税额为 10 400 元，材料验收入库，开出转账支票支付 50 000 元，其余货款尚未支付。

5. 7 日，开出转账支票归还 B 单位欠款 30 000 元。

6. 9 日，收到 A 单位签发并承兑的商业汇票一张，面值为 30 000 元，抵付前欠货款。

7. 11 日，生产 M 产品领用甲材料 1 000 千克，生产 N 产品领用甲材料 500 千克，车间领用甲材料 100 千克，单价为 50 元。

8. 12 日，通过网银支付水电费 20 000 元，其中车间分配 12 000 元，行政部门分配 8 000 元。

9. 16 日，从 B 单位购入甲材料 1 500 千克，单价为 50 元，价款共计 75 000 元，增值税税额为 9 750 元，材料验收入库，货款尚未支付。

10. 18 日，开出转账支票归还 B 单位欠款 50 000 元。

11. 20 日，开出转账支票归还 A 单位欠款 10 400 元。

12. 25 日，分配本月工资费用。其中生产 M 产品工人工资 20 000 元，生产 N 产品工人工资 15 000 元，车间管理人员工资 8 000 元，行政管理人员工资 10 000 元。

13. 25 日，按照应发工资的 5% 计提福利费。

14. 30 日，按照生产工人工资比例分配本月制造费用。

15. 30 日，M 产品全部完工，验收入库。

项目三测验

# 项目四　会计账簿的登记

思维导图

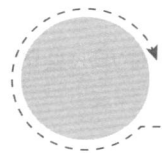

1. 能正确分析、判断何种业务使用何种格式的账簿
2. 能熟练登记日记账
3. 能熟练登记三栏式、数量金额式、多栏式明细账
4. 能熟练登记总账
5. 熟悉账户按经济内容分类和按照用途结构分类
6. 熟悉登记账簿的基本要求，会进行错账的查找及更正
7. 会进行期末对账、结账

## 任务一　日记账的登记

PPT

### 任务案例

2025年6月1日，新华公司库存现金和银行存款余额分别为3 300元和526 000元，6月发生有关资金收付业务15笔，分别是：

1. 1日，收到银行收款通知，外地华丰商城汇来之前所欠货款90 400元。
2. 1日，会计人员林传文出差，预借差旅费2 000元，出纳员王海付给现金。
3. 3日，出纳员签发现金支票（票号为135562），从银行提取现金3 500元备用。
4. 5日，销售给济南宏发公司橱柜一批，价款为50 000元，增值税销项税额为6 500元，收到转账支票一张，面值为56 500元，当即填制进账单送存银行。
5. 6日，接银行收账通知，上月委托银行收取的泰岳公司的货款113 000元已收妥入账。
6. 8日，从济南钢厂购进201型钢板300 000元，增值税进项税额为39 000元，货款签发转账支票（票号为362226）付讫，材料验收入库。

7. 9日，填制信汇凭证，委托银行汇给青岛钢厂67 800元，以清偿之前所欠货款。

8. 12日，副经理赵清林出差归来，报销差旅费2 200元。上月出差前预借差旅费2 000元，差额出纳员王海付给现金。

9. 16日，发放本月职工工资126 000元，签发转账支票（票号为362227）转入各职工储蓄账户。

10. 19日，接银行付款通知，支付水电费9 000元。

11. 22日，销售给济洛家具商城吊柜一批，价款为70 000元，增值税销项税额为9 100元。收到转账支票79 100元存入银行。

12. 26日，车间主任刘天和出差归来，报销差旅费2 700元，剩余300元预借款交回现金。

13. 27日，行政管理部门购买办公用品360元，以现金支付。

14. 28日，从银行借入3个月期限的借款500 000元，存入银行存款户。

15. 29日，职工刘畅生活遇到特殊困难，领导研究决定发给生活补助1 200元，出纳员付给现金。

对上述经济业务，出纳员王海除办理款项收付手续外，还要根据审核无误的会计凭证，逐日逐笔登记现金日记账和银行存款日记账。

思考：企业应当怎样处理资金收付业务？作为一名出纳员，应如何登记现金日记账和银行存款日记账？需要注意哪些问题？

# 知识准备

## 一、账簿的概念及分类

会计账簿是由具有一定格式而又相互联结的账页组成，用来全面、系统、连续地记录和反映经济业务的簿籍。会计账簿可以按不同标准进行分类。

微课：会计账簿

### （一）按账簿的用途分类

账簿按其用途不同，可分为序时账、分类账和备查账。

1. 序时账

序时账又称日记账，是按照经济业务发生或完成时间的先后顺序逐日逐笔进行登记的账簿，如库存现金日记账和银行存款日记账。

2. 分类账

分类账是对全部经济业务事项按照会计要素的具体类别而设置的分类账户进行登记的账簿。分类账按照分类的概括程度不同，又分为总分类账和明细分类账两种。按照总分类账户分类登记经济业务事项的是总分类账簿，简称总账。按照明细分类账户分类登记经济业务事项的是明细分类账簿，简称明细账。明细分类账是对总分类账的补充和具体化，并受总分类账的控制和统驭。分类账簿提供的核算信息是编制会计报表的主要依据。

分类账和序时账的作用不同。序时账能提供连续系统的信息，反映企业资金运动的全面情况；分类账簿则是按照经营与决策的需要而设置的账户，归集并汇总各类信息，反映资金运动的各种状态、形式及其构成。在账簿组织中，分类账簿占有特别重要的地位。只有通过分类账，才能把数据按账户形成不同信息，以满足编制会计报表的需要。

3. 备查账

备查账是对某些在序时账和分类账等主要账簿中都不予登记或登记不够详细的经济业务事项进行补充登记时使用的账簿。备查账可以为某项经济业务的内容提供必要的参考资料，加强企业对使用和保管的属于他人的财产物资的监督。例如，租入固定资产登记簿、受托加工材料登记簿、代销商品登记簿等。备查账可以由各单位根据需要自行设置。

备查账与序时账和分类账相比，存在两点不同之处：一是登记依据可能不需要记账凭证，甚至不需要一般意义上的原始凭证；二是账簿的格式和登记方法不同，备查账簿的主要栏目不记录金额，它更注重用文字来表述某项经济业务的发生情况，也不必采用复式记账方法。

### （二） 按账簿的外表形式分类

账簿按其外表形式不同，可分为订本账、活页账和卡片账。

1. 订本账

订本账是启用之前就已经将账页固定装订在一起，并事先对账页进行了连续编号的账簿。订本账的优点是能避免账页散失和防止抽换账页，其缺点是不能准确为各账户预留账页。这种账簿一般适用于总分类账、库存现金日记账和银行存款日记账。

2. 活页账

活页账在账簿登记完毕之前并不固定装订在一起，而是装在活页账夹中。当账簿登记完毕之后（通常是一个会计年度结束之后），才将账页予以装订，加具封面，并给各账页连续编号。这类账簿的优点是记账时可以根据实际需要，随时将空白账页装入账簿，或抽去不需用的账页，而且便于分工记账；其缺点是如果管理不善，可能会造成账页散失或被故意抽换账页。各种明细分类账一般采用活页账形式。

3. 卡片账

卡片账是将账户所需格式印刷在硬卡上。严格来说，卡片账也是一种活页账，只不过它不是装在活页账夹中，而是装在卡片箱内。在我国，企业一般只对固定资产的核算采用卡片账形式。

### （三） 账簿按账页格式分类

按账页格式的不同，账簿可以分为三栏式、多栏式、数量金额式账簿等。三栏式账簿是指由设置借、贷、余三个金额栏的账页组成的账簿。多栏式账簿是指由设置多个借方或贷方金额栏的账页所组成的账簿。数量金额式账簿是指在借、贷、余三大栏目内，各分设数量、单价和金额三小栏，借以反映财产物资的实物数量和价值量。

## 二、会计账簿的意义

会计账簿和会计凭证都是记录经济业务的会计资料，但二者记录的方式不同。会计凭证对经济业务的记录是零散的，不能全面、连续、系统地反映和监督经济业务内容；会计账簿对经济业务的记录是分类、序时、全面、连续的，能够把分散在会计凭证中的大量核算资料加以集中，为经营管理提供系统、完整的核算资料。

设置和登记账簿是会计核算工作的重要环节，在经济管理中具有重要意义：

（1）通过账簿的设置和登记，可以记载、储存会计信息。将会计凭证所记录的经济业务逐笔记入有关账簿，可以全面反映一定时期发生的各项经济活动，及时储存所需要的各项会计信息。

（2）通过账簿的设置和登记，可以分类、汇总会计信息。通过账簿记录，可以将分散在会计凭证上的大量核算资料，按其不同性质加以归类、整理和汇总，以便全面、系统、连续和分类地提供企业资产、负债、所有者权益、收入、费用和利润等会计要素的增减变化情况，及时提供各方面所需要的总括会计信息，为管理决策提供信息。

（3）通过账簿的设置和登记，可以检查、验证会计信息。账簿记录是对会计凭证的进一步整理，账簿记录也是会计分析、会计检查的重要依据。如账簿中记录的财产物资的账面数可以通过实地盘点的方法，与实存数进行核对，来检查财产物资是否妥善保管，账实是否相符。

（4）通过账簿的设置和登记，可以编报、输出会计信息。会计账簿是对会计凭证的系统化，提供的是全面、系统、分类的会计信息，因而账簿记录是编制会计报表的主要资料来源，账簿所提供的资料，是编制会计报表的主要依据。

## 三、账簿的内容

企业经济业务的多样性，决定了账簿的种类、形式和格式也是多种多样的，但一般都应具备下列基本内容。

### （一）封面

在启用会计账簿时，应当在每本账簿的封面上标明账簿名称，如总账、材料明细账、库存商品明细账、库存现金日记账等。

### （二）扉页

扉页应主要列明账簿启用表、经管人员一览表，另外可加目录索引。账簿启用表应载明单位名称、账簿名称、账簿编号、账簿页数、启用日期、记账人员和会计主管人员姓名，并加盖有关人员的签章和单位公章。更换记账人员时，应办理交接手续，在交接记录内填写交接日期和交接人员姓名并签章。账簿扉页的具体格式见表4-1。

表 4-1　　　　　　　　　　　账簿启用和经管人员一览表

账簿名称：　　　　　　　　　　单位名称：
账簿编号：　　　　　　　　　　账簿册数：
账簿页数：　　　　　　　　　　启用日期：
会计主管：　　　　　　　　　　记账人员：

| 接管日期 | | | 接管人 | | 移交日期 | | | 移交人 | | 监交人 | |
|---|---|---|---|---|---|---|---|---|---|---|---|
| 年 | 月 | 日 | 姓名 | 签章 | 年 | 月 | 日 | 姓名 | 签章 | 姓名 | 签章 |
|  |  |  |  |  |  |  |  |  |  |  |  |
|  |  |  |  |  |  |  |  |  |  |  |  |

### （三）账页

账页是账簿的主要构成部分，账页都有一定的格式，即账户的结构。账户的基本结构包括借方、贷方、余额三部分。账页的格式一般包含以下内容：账户名称（或会计科目）、日期、凭证种类和号数、摘要、金额（借方、贷方和余额）等。

## 任务处理

### 一、登记账簿的基本要求

启用订本式账簿，应当从第一页到最后一页顺序编定页数，不得跳页、缺号。使用活页式账页，应当按账户顺序编号，并需定期装订成册。装订后再按实际使用的账页顺序编定总页码，另加目录，记录每个账户的名称和页次。

具体记账要求如下：

（1）登记会计账簿时，应当将会计凭证日期、编号、业务内容摘要、金额和其他有关资料逐项记入账内，做到数字准确、摘要清楚、登记及时、字迹工整。

（2）登记完毕后，要在记账凭证上签名或者盖章，并注明已经登账的符号，以避免重记或漏记。

（3）账簿中书写的文字和数字上面要留有适当空距，不要写满格，一般文字占格距的2/3，数字占格距的1/2。

（4）登记账簿要用蓝黑墨水或者碳素墨水笔书写，不得使用圆珠笔或者铅笔书写。

（5）下列情况，可以用红色墨水笔记账：①按照红字冲账的记账凭证，冲销错误记录；②在不设借贷等栏的多栏式账页中，登记减少数；③在三栏式账户的余额栏前，如未印明余额方向的，在余额栏内登记负数余额；④根据有关规定可以用红字登记的其他会计记录。

（6）各种账簿按页次顺序连续登记，不得跳行、隔页。如果发生跳行、隔页，应当将空行、空页划线注销，或者注明"此行空白""此页空白"字样，并由记账人员签名或者盖章。

（7）凡需要结出余额的账户，结出余额后，应当在"借或贷"栏内写明"借"或者"贷"字样。没有余额的账户，应当在"借或贷"栏内写"平"字样，并在余额栏内注明平账符号。库存现金日记账和银行存款日记账必须逐日结出余额。

（8）每一账页登记完毕结转下页时，应当结出本页合计数及余额，写在本页最后一行和下页第一行有关栏内，并在摘要栏内分别注明"过次页"和"承前页"字样；也可以将本页合计数及金额只写在下页第一行有关栏内，并在摘要栏内注明"承前页"字样。

对需要结计本月发生额的账户，结计"过次页"的本页合计数应当为自本月初起到本页末止的发生额合计数；对不需要结计本月发生额的账户，可以只将每页末的余额结转次页。

（9）账簿记录发生错误，不准涂改、挖补、刮擦或者用药水消除字迹，不准重新抄写，必须用规定的方法进行更正。

（10）实行会计电算化的单位，其总账和明细账应当定期打印。发生收款和付款业务的，在输入收款凭证和付款凭证的当天必须打印出库存现金日记账和银行存款日记账，并与库存现金核对无误。

法律法规：《会计基础规范——登记账簿》

## 二、日记账的登记方法

### （一）库存现金日记账

库存现金日记账是用来逐日逐笔记录库存现金的收入、支出和结存情况的账簿，由出纳人员根据库存现金收款凭证、库存现金付款凭证和银行存款付款凭证（记录从银行提取现金的业务）或通用记账凭证，按时间顺序逐日逐笔进行登记，并根据"上日余额＋本日收入－本日支出＝本日余额"的公式，逐日结出库存现金余额，与库存现金实存数核对，以检查每日现金收付是否有误。

三栏式库存现金日记账的具体登记方法如下：

（1）日期栏，指记账凭证的日期，应与现金实际收付日期一致。

（2）凭证字号栏，指据以登记入账的收、付款凭证或通用记账凭证的种类和编号，如："库存现金收（付）款凭证"，简写为"现收（付）"；"银行存款收（付）款凭证"，简写为"银收（付）"。凭证字号栏还应登记凭证的编号数，以便于查账和核对。

（3）摘要栏，摘要说明登记入账的经济业务的内容。文字要简练，但要能说明问题。

（4）收入、支出和余额栏，指库存现金实际收、付的金额和收付后的余额。每日终了应结出余额，同时将余额与出纳员的库存现金核对，即通常说的"日清"。如账款不符应查明原因，并记录备案。月终要分别计算库存现金收、付的合计数及余额，通常称为"月结"。

库存现金日记账的格式见表 4-2。

微课：日记账的登记

素养小讲堂：今日事今日毕

### （二）银行存款日记账

银行存款日记账是由出纳员根据银行存款收款凭证、银行存款付款凭证和库存现金付款凭证（记录将库存现金存入银行业务），按照经济业务发生的时间先后顺序，逐日逐笔登记的账簿。银行存款日记账除应提供每日银行存款的增、减金额及其余额的价值信息外，还应反映据以记账的结算凭证种类、编号。

三栏式银行存款日记账的基本结构、登记方法与库存现金日记账基本相同，每日结束后，应结算出余额。银行存款日记账应定期与银行对账单核对，以保证账簿记录的正确性。月终，应计算出银行存款全月的收入合计数和支出合计数，并结算出月末余额，进行月结。三栏式银行存款日记账的格式见表4-3、表4-4。

【例4-1】依照【任务案例】，出纳员王海根据审核无误的上述经济业务的记账凭证，登记库存现金日记账和银行存款日记账见表4-2、表4-3、表4-4。

表4-2　　　　　　　　　　库存现金日记账　　　　　　　　　　第7页

| 2025年 | | 凭证 | | 摘要 | 收入 | 支出 | 余额 |
|---|---|---|---|---|---|---|---|
| 月 | 日 | 字 | 号 | | | | |
| 6 | 1 | | | 期初余额 | | | 3 300 |
| | 1 | 记 | 2 | 借出差旅费 | | 2 000 | 1 300 |
| | 3 | | 3 | 提现备用 | 3 500 | | 4 800 |
| | 12 | | 8 | 报销差旅费，支付差额 | | 200 | 4 600 |
| | 26 | | 12 | 报销差旅费，收回差额 | 300 | | 4 900 |
| | 27 | | 13 | 购买办公用品 | | 360 | 4 540 |
| | 29 | | 15 | 发职工生活困难补助 | | 1 200 | 3 340 |
| | | | | 本月合计 | 3 800 | 3 760 | 3 340 |

表4-3　　　　　　　　　　银行存款日记账　　　　　　　　　　第15页

| 2025年 | | 凭证 | | 摘要 | 结算凭证 | | 收入 | 支出 | 余额 |
|---|---|---|---|---|---|---|---|---|---|
| 月 | 日 | 字 | 号 | | 种类 | 号数 | | | |
| 6 | 1 | | | 期初余额 | | | | | 526 000 |
| | 1 | 记 | 1 | 收回前欠货款 | | | 90 400 | | 616 400 |
| | 3 | | 3 | 提现备用 | 现支 | 135562 | | 3 500 | 612 900 |
| | 5 | | 4 | 存入销货款 | 进账单 | | 56 500 | | 669 400 |
| | 6 | | 5 | 托收款划回 | 委收 | | 113 000 | | 782 400 |
| | 8 | | 6 | 支付材料款 | 转支 | 362226 | | 339 000 | 443 400 |
| | 9 | | 7 | 偿还前欠货款 | 信汇 | | | 67 800 | 375 600 |
| | | | | 转次页 | | | 259 900 | 410 300 | 375 600 |

表 4-4　　　　　　　　　　　　银行存款日记账　　　　　　　　　　　　第 16 页

| 2025年 | | 凭证 | | 摘　要 | 结算凭证 | | 收　入 | 支　出 | 余　额 |
| --- | --- | --- | --- | --- | --- | --- | --- | --- | --- |
| 月 | 日 | 字 | 号 | | 种类 | 号数 | | | |
| 6 | 9 | | | 承前页 | | | 269 100 | 424 700 | 370 400 |
| | 16 | 记 | 9 | 发放工资 | 转支 | 362227 | | 126 000 | 244 400 |
| | 19 | | 10 | 支付水电费 | | | | 9 000 | 235 400 |
| | 22 | | 11 | 存入销货款 | 进账单 | | 79 100 | | 314 500 |
| | 28 | | 14 | 借入短期借款 | | | 500 000 | | 814 500 |
| | 30 | | | 本月合计 | | | 848 200 | 559 700 | 814 500 |

素养小讲堂：增强风险意识

任务一小测验

## 任务二　　明细账的登记

PPT

### 任务案例

2025 年 7 月 1 日，新华公司应收舜鑫公司货款余额为 120 000 元，7 月发生有关经济业务 6 笔。

1. 6 日，收回上月所欠货款 120 000 元，存入银行。

2. 12 日，向舜鑫公司销售橱柜一批，价款为 80 000 元及增值税销项税额为 10 400 元尚未收到。

3. 16 日，向舜鑫公司销售吊柜一批，价款为 50 000 元及增值税销项税额为 6 500 元尚未收到。

4. 19 日，收到舜鑫公司交来货款 56 500 元，存入银行。

5. 26 日，向舜鑫公司销售橱柜一批，价款为 60 000 元及增值税销项税额为 7 800 元尚未收到。

6. 29 日，收到舜鑫公司交来已承兑的商业汇票一张，面值为 90 400 元，以抵偿前欠货款。

对上述经济业务，新华公司会计人员张质斌根据审核无误的记账凭证登记应收账款明细账。

思考：在登记明细账时，要以审核无误的记账凭证为依据，你能说出原始凭证、记账凭证、明细账之间的关系吗？应收账款明细账为什么要针对不同的客户分别登记？

## 任务处理

### 一、三栏式明细账

明细账是根据明细科目开设账户，分类、连续地登记经济业务，以提供明细核算资料的账簿。明细账是总账的详细记录，是按照总账的核算内容，按照更加详细的分类，反映某一具体类别经济活动的财务收支情况。明细账对总账起补充说明的作用，其所提供的资料也是编制会计报表的重要依据。明细账的格式有三栏式、多栏式、数量金额式等。

三栏式明细账是设有借方、贷方和余额三个主要栏目，用以分类核算各项经济业务，提供详细核算资料的账簿。三栏式明细账适用于只进行金额核算的账户，如应收账款、应付账款、短期借款等账户。

三栏式明细账一般由记账人员根据记账凭证及其所附原始凭证逐笔登记。其中，债权债务明细账在每次记账后都要随时结出余额。

微课：明细账的登记

【例 4-2】依照【任务案例】，会计人员张质斌根据审核无误的记账凭证，登记三栏式应收账款明细账见表 4-5、表 4-6。

表 4-5　　　　　　　　　　　　　应收账款明细分类账

明细科目：舜鑫公司　　　　　　　　　　　　　　　　　　　　　　　　　　　　第 18 页

| 2025 年 | | 凭证 | | 摘要 | 借方 | 贷方 | 借或贷 | 余额 |
|---|---|---|---|---|---|---|---|---|
| 月 | 日 | 字 | 号 | | | | | |
| 7 | 1 | | | 期初余额 | | | 借 | 120 000 |
| | 6 | 记 | 1 | 收回前期货款 | | 120 000 | 平 | — |
| | 12 | | 2 | 销售商品 | 90 400 | | 借 | 90 400 |
| | 16 | | 3 | 销售商品 | 56 500 | | 借 | 146 900 |
| | 19 | | 4 | 收回货款 | | 56 500 | 借 | 90 400 |
| | 26 | | 5 | 销售商品 | 67 800 | | 借 | 158 200 |
| | 26 | | | 转次页 | | | 借 | 158 200 |

表 4-6　　　　　　　　　　　　　应收账款明细分类账

明细科目：舜鑫公司　　　　　　　　　　　　　　　　　　　　　　　　　　　　第 19 页

| 2025 年 | | 凭证 | | 摘　要 | 借　方 | 贷　方 | 借或贷 | 余　额 |
|---|---|---|---|---|---|---|---|---|
| 月 | 日 | 字 | 号 | | | | | |
| 7 | 26 | | | 承前页 | | | 借 | 158 200 |
| | 29 | 记 | 6 | 收到商业汇票抵债 | | 90 400 | 借 | 67 800 |
| | | | | | | | | |
| | | | | | | | | |
| | | | | | | | | |

## 二、数量金额式明细账

数量金额式明细账其借方（收入）、贷方（发出）和余额（结存）都分别设有数量、单价和金额三个专栏。该明细账适用于既要进行金额核算又要进行数量核算的账户，如原材料、库存商品等。其格式见表 4-7。

表 4-7　　　　　　　　　　　　　原材料明细分类账

类别：原料及主要材料　　　　　　　品名或规格：206 型钢板

计量单位：千克　　　　　　　　　　存放地点：1 库

| 2025 年 | | 凭证 | | 摘要 | 收　入 | | | 发　出 | | | 结　存 | | |
|---|---|---|---|---|---|---|---|---|---|---|---|---|---|
| 月 | 日 | 字 | 号 | | 数量 | 单价 | 金额 | 数量 | 单价 | 金额 | 数量 | 单价 | 金额 |
| 7 | 1 | | | 期初结存 | | | | | | | 2 000 | 150 | 300 000 |
| | 3 | 记 | 12 | 车间领用 | | | | 800 | 150 | 120 000 | 1 200 | 150 | 180 000 |
| | 6 | | 27 | 购进入库 | 1 000 | 150 | 150 000 | | | | 2 200 | 150 | 330 000 |
| | 11 | | 60 | 车间领用 | | | | 900 | 150 | 135 000 | 1 300 | 150 | 195 000 |
| | 26 | | 99 | 购进入库 | 1 000 | 150 | 150 000 | | | | 2 300 | 150 | 345 000 |
| | 31 | | | 本月合计 | 2 000 | | 300 000 | 1 700 | | 255 000 | 2 300 | 150 | 345 000 |

数量金额式明细账一般由记账人员根据记账凭证及其所附的验收单、领料单、产成品入库单、发货单等货物收发凭证逐笔登记。每次记账后，都要随时结出结存数。

## 三、多栏式明细账

多栏式明细分类账是将属于同一个总账科目的各个明细科目合并在一张账页上进行登记，即在这种格式账页的借方金额或贷方金额栏内按照明细项目设若干专栏。多栏式明细分类账适用于收入、成本费用类账户的明细核算。

知识拓展:平行式明细账

在实际工作中,成本费用类明细账,可以只按借方发生额设置专栏,贷方发生额由于每月发生的笔数很少,可以在借方直接用红字冲销。这类明细账也可以在借方设专栏的情况下,贷方设一总的金额栏,再设一余额栏。多栏式明细账的格式见表4-8。

表 4-8　　　　　　　　　　管理费用明细分类账　　　　　　　　　　第　　页

| 2025年 | | 凭证 | | 摘要 | 借方 | | | | | | |
|---|---|---|---|---|---|---|---|---|---|---|---|
| 月 | 日 | 字 | 号 | | 工资 | 职工福利 | 差旅费 | 折旧费 | 办公费 | 工会经费 | …… | 合计 |
| 7 | 3 | 记 | 11 | 购办公用品 | | | | | 260 | | | 260 |
| | 6 | | 26 | 报销差旅费 | | | 2 200 | | | | | 2 200 |
| | 10 | | 50 | 支付办公费 | | | | | 800 | | | 800 |
| | 19 | | 98 | 计提折旧费 | | | | 5 600 | | | | 5 600 |
| | 28 | | 139 | 分配人工费 | 30 000 | 1 800 | | | | | | 31 800 |
| | 31 | | 150 | 结转利润 | 30 000 | 1 800 | 2 200 | 5 600 | 1 060 | | | 40 660 |

多栏式明细账一般由记账人员根据有关记账凭证及成本、费用分配表等进行登记。

任务二小测验

## 任务三　总账的登记

PPT

### 任务案例

根据"任务一"案例中新华公司的15项经济业务,会计人员已填制记账凭证。会计主管邱天根据记账凭证每十天汇总编制一张科目汇总表,然后根据科目汇总表登记总账。

思考:为什么在登记总账之前要先编制科目汇总表?你会编制科目汇总表吗?说一说原始凭证、记账凭证、科目汇总表、明细账、总账之间的关系。

## 知识准备

### 一、总账的概念

总账即总分类账，是按照会计科目设置账户，分类登记经济业务，以提供总括会计信息的账簿。总分类账能够全面、总括地反映经济活动情况，对明细账起统驭和控制作用，并为编制会计报表提供总括的资料。因此，任何企业、行政事业单位都要设置总分类账。

### 二、总账的格式

总分类账应采用订本账形式，其账页格式一般为三栏式账页，也可以采用多栏式账页。在账簿中，按有关法规规定的会计科目的编号顺序设立账户，每一账户预留若干空白账页，以登记一定时期（1年）内该账户的全部经济业务。

## 任务处理

### 一、总账的登记方法

总账的登记方法因企业采用的会计核算形式不同而不同。经济业务少的小型单位可采用逐笔登记方式，即根据记账凭证顺序逐笔地直接登记总账；经济业务多的大中型单位，可采用汇总登记方式，即根据科目汇总表、汇总记账凭证等，定期汇总登记总账。

微课：总账的登记

【例4-3】根据【任务案例】，会计主管邱天根据2025年6月的记账凭证，汇总编制了3张科目汇总表（见表4-9、表4-10、表4-11），然后根据科目汇总表登记总账"银行存款"账户（见表4-12），其他账户从略。

表4-9　　　　　　　　　　　　科目汇总表
　　　　　　　　　　　　　　2025年6月10日　　　　　　　　　　　　汇字第16号

| 会计科目 | 借方 | 贷方 |
| --- | --- | --- |
| 库存现金 | 3 500 | 2 000 |
| 银行存款 | 259 900 | 410 300 |
| 应收账款 |  | 203 400 |
| 其他应收款 | 2 000 |  |

续表

| 会 计 科 目 | 借 方 | 贷 方 |
| --- | --- | --- |
| 原材料 | 300 000 | |
| 应付账款 | 67 800 | |
| 应交税费 | 39 000 | 6 500 |
| 主营业务收入 | | 50 000 |
| 合 计 | 672 200 | 672 200 |

会计主管：邱天　　　记账：邱天　　　复核：沈虹　　　制表：邱天

表 4-10　　　　　　　　　　　　科目汇总表

2025 年 6 月 20 日　　　　　　　　　　　　　　汇字第 17 号

| 会 计 科 目 | 借 方 | 贷 方 |
| --- | --- | --- |
| 库存现金 | | 200 |
| 银行存款 | | 135 000 |
| 其他应收款 | | 2 000 |
| 管理费用 | 11 200 | |
| 应付职工薪酬 | 126 000 | |
| 合 计 | 137 200 | 137 200 |

会计主管：邱天　　　记账：邱天　　　复核：沈虹　　　制表：邱天

表 4-11　　　　　　　　　　　　科目汇总表

2025 年 6 月 30 日　　　　　　　　　　　　　　汇字第 18 号

| 会 计 科 目 | 借 方 | 贷 方 |
| --- | --- | --- |
| 库存现金 | 300 | 1 560 |
| 银行存款 | 579 100 | |
| 其他应收款 | | 3 000 |
| 管理费用 | 360 | |
| 制造费用 | 2 700 | |
| 短期借款 | | 500 000 |
| 应交税费 | | 9 100 |
| 应付职工薪酬 | 1 200 | |
| 主营业务收入 | | 70 000 |
| 合 计 | 583 660 | 583 660 |

会计主管：邱天　　　记账：邱天　　　复核：沈虹　　　制表：邱天

表 4-12　　　　　　　　　　　　　　总 分 类 账

会计科目：银行存款　　　　　　　　　　　　　　　　　　　　　　　　　　　第 4 页

| 2025 年 | | 凭证 | | 摘要 | 借方 | 贷方 | 借或贷 | 余额 |
| --- | --- | --- | --- | --- | --- | --- | --- | --- |
| 月 | 日 | 字 | 号 | | | | | |
| 6 | 1 | | | 期初余额 | | | 借 | 526 000 |
| | 10 | 汇 | 16 | 1—7 号凭证汇总 | 259 900 | 410 300 | 借 | 375 600 |
| | 20 | 汇 | 17 | 8—10 号凭证汇总 | | 135 000 | 借 | 240 600 |
| | 30 | 汇 | 18 | 11—15 号凭证汇总 | 579 100 | | 借 | 819 700 |
| | | | | 本月合计 | 839 000 | 545 300 | 借 | 819 700 |

企业每月应将当月已完成的经济业务全部登记入账，并于月终结出总分类账簿中各账户的本期发生额和期末余额，与明细账余额核对相符后，作为编制会计报表的主要依据。

## 二、 总账与明细账的平行登记

### （一） 总账与明细账的关系

如前所述，总账是指根据会计科目开设的，对各科目的经济内容进行总括核算，提供总括性指标的账簿；明细账是根据明细科目开设的，对各科目的经济内容进行明细分类核算，提供详细资料的账簿。这就表明总分类账和明细分类账既有内在联系又有区别。

1. 总账与明细账的联系

（1） 二者所反映的经济业务内容相同，如"原材料"总账与其所属的"原料与主要材料""辅助材料"等明细账都是用以反映材料的收发及结存业务的。

（2） 登记账簿的原始凭证相同，登记总分类账户与登记其所属明细账户的记账凭证和原始凭证是相同的。

2. 总账与明细账的区别

（1） 反映经济内容的详细程度不一样。总账反映资金增减变化的总括情况，提供总括资料；明细账反映资金运动的详细情况，提供某一方面的详细资料。有些明细账还可以提供实物数量指标和劳动量指标。

（2） 作用不同。总账提供的经济指标，是明细账资料的综合，对所属明细账起着统驭作用；明细账是对有关总账的补充，起详细说明的作用。

### （二） 总账与明细账的平行登记

为了使总分类账与其所属的明细分类账之间能起到统驭与补充的作用，便于账户核对，并确保核算资料的正确、完整，必须采用平行登记的方法，在总分类账及其所属的明细分类账中进行记录。平行登记是指经济业务发生后，一方面要登记有关总分类账户，另一方面要登记该总分类账所属的各有关明细分类账户。平行登记的要点如下：

## 1. 同期登记

对于每一项经济业务，一方面要在有关的总分类账户中登记，另一方面要在同一会计期间在有关的明细分类账户登记。

## 2. 方向一致

在总分类账户及其所属明细分类账户登记时，其记账方向必须相同，即总分类账户登记在借方，明细分类账户也应登记在借方，总分类账户登记在贷方，明细分类账户也应登记在贷方。

## 3. 金额相等

记入总分类账户中的金额必须与记入所属各明细分类账户中的金额之和相等。

在会计核算工作中，可以利用上述关系检查账簿记录的正确性。检查时，根据总分类账与明细分类账之间的数量关系，编制明细分类账的本期发生额和余额明细表，同其相应的总分类账户本期发生额和余额相互核对，以检查总分类账与其所属明细分类账记录的正确性。明细分类账户本期发生额和余额明细表根据不同的业务内容，可以分别采用不同的格式。

素养小讲堂：工作必细致，做事须严谨

现以原材料核算为例，对总分类账和明细分类账的平行登记加以说明。

【例4-4】华泰公司2025年8月"原材料"总账期初余额为480 000元，其中206型钢板2 000千克，单价为150元；207型钢板1 500千克，单价为120元。8月上旬发生材料收发业务如下：

（1）3日，上月从青岛钢厂购入的材料运到验收入库，其中206型钢板1 500千克，单位成本150元；207型钢板1 000千克，单位成本为120元。验收入库的会计分录为：

借：原材料——206型钢板　　　　　　　　　　　　　　　　225 000
　　　　　——207型钢板　　　　　　　　　　　　　　　　120 000
　　贷：在途物资——青岛钢厂　　　　　　　　　　　　　　345 000

（2）6日，为生产不锈钢橱柜领用206型钢板1 200千克，单价为150元；207型钢板1 000千克，单价为120元。发出材料的会计分录为：

借：生产成本——不锈钢橱柜　　　　　　　　　　　　　　300 000
　　贷：原材料——206型钢板　　　　　　　　　　　　　　180 000
　　　　　——207型钢板　　　　　　　　　　　　　　　　120 000

根据上述资料及会计分录对"原材料"总账及明细账进行平行登记，见表4-13、表4-14、表4-15。

表 4-13  总 分 类 账

会计科目：原材料　　　　　　　　　　　　　　　　　　　　　　　　　　　第 18 页

| 2025年 | | 凭证 | | 摘要 | 借方 | 贷方 | 借或贷 | 余额 |
|---|---|---|---|---|---|---|---|---|
| 月 | 日 | 字 | 号 | | | | | |
| 8 | 1 | | | 期初余额 | | | 借 | 480 000 |
| | 3 | 记 | 16 | 购进入库 | 345 000 | | 借 | 825 000 |
| | 6 | | 39 | 车间领用 | | 300 000 | 借 | 525 000 |

表 4-14  原材料明细分类账

类　　别：原料及主要材料　　　品名或规格：206 型钢板
计量单位：千克　　　　　　　　存放地点：1 库　　　　　　　　　　　　　第 32 页

| 2025年 | | 凭证 | | 摘要 | 收入 | | | 发出 | | | 结存 | | |
|---|---|---|---|---|---|---|---|---|---|---|---|---|---|
| 月 | 日 | 字 | 号 | | 数量 | 单价 | 金额 | 数量 | 单价 | 金额 | 数量 | 单价 | 金额 |
| 8 | 1 | | | 期初结存 | | | | | | | 2 000 | 150 | 300 000 |
| | 3 | 记 | 16 | 购进入库 | 1 500 | 150 | 225 000 | | | | 3 500 | 150 | 525 000 |
| | 6 | | 39 | 车间领用 | | | | 1 200 | 150 | 180 000 | 2 300 | 150 | 345 000 |

表 4-15  原材料明细分类账

类　　别：原料及主要材料　　　品名或规格：207 型钢板
计量单位：千克　　　　　　　　存放地点：1 库　　　　　　　　　　　　　第 39 页

| 2025年 | | 凭证 | | 摘要 | 收入 | | | 发出 | | | 结存 | | |
|---|---|---|---|---|---|---|---|---|---|---|---|---|---|
| 月 | 日 | 字 | 号 | | 数量 | 单价 | 金额 | 数量 | 单价 | 金额 | 数量 | 单价 | 金额 |
| 8 | 1 | | | 期初结存 | | | | | | | 1 500 | 120 | 180 000 |
| | 3 | 记 | 16 | 购进入库 | 1 000 | 120 | 120 000 | | | | 2 500 | 120 | 300 000 |
| | 6 | | 39 | 车间领用 | | | | 1 000 | 120 | 120 000 | 1 500 | 120 | 180 000 |

从表中可看出，明细账期初余额之和、本期发生额之和以及期末结存额之和与总账相应的指标是相等的，即：

期初余额：300 000 + 180 000 = 480 000（元）

本期购进：225 000 + 120 000 = 345 000（元）

本期发出：180 000 + 120 000 = 300 000（元）

期末结存：345 000 + 180 000 = 525 000（元）

由于总分类账和明细分类账是按平行登记的方法进行登记的，因此对总分类账和明细分类账登记的结果，应当进行相互核对，通常是通过编制总分类账户与明细分类账户发生额及余额对照表进行的，其格式和内容见表 4-16。

任务三小测验

表 4-16　　　　　总分类账户与明细分类账户发生额及余额对照表

| 账户名称 | 期初余额 | | 发生额 | | 期末余额 | |
|---|---|---|---|---|---|---|
| | 借方 | 贷方 | 借方 | 贷方 | 借方 | 贷方 |
| 206 型钢板明细账 | 300 000 | | 225 000 | 180 000 | 345 000 | |
| 207 型钢板明细账 | 180 000 | | 120 000 | 120 000 | 180 000 | |
| 明细账合计 | 480 000 | | 345 000 | 300 000 | 525 000 | |
| 原材料总账 | 480 000 | | 345 000 | 300 000 | 525 000 | |

以上总账和明细账之间的这种关系，是检查账簿记录是否正确的依据。一般在期末都要进行相互核对，以便及时发现错账并加以更正，保证账簿记录准确无误。

## 任务四　错账更正

PPT

### 引导案例

2025 年 7 月，新华公司接受在校学生张平暑期实习要求，在会计人员林传文指导下，负责登记库存商品明细账。在登记账簿时不小心出错，为使账面整洁，她将错误记录小心地用胶带粘去，然后改上正确内容。

思考：这种更正错账的方法正确吗？应该如何更正？

 **知识准备**

一、记账错误的种类

登记会计账簿是一项很细致的工作。在记账过程中，可能由于某种原因会使账簿记录发生错误。错账往往在结账、试算平衡、对账时才发现。常见的错账种类如下：

1. 总账借贷方不平

所有总账账户的借方余额之和与贷方余额之和不相等，所有总账账户的借方发生额之和与贷方发生额之和不相等。

2. 总账与明细账、日记账不平

某个总账账户余额与其所属的各明细账户余额之和不相等；库存现金、银行存款总账账户余额与库存现金、银行存款日记账余额不相等。

3. "银行存款余额调节表"中调节后的余额不相等

记账错误主要表现为漏记、重记、错记。错记又表现为错记了账户，错记了记账方向，错记了金额，错用了记账墨水（应该用蓝黑墨水而错用了红墨水，或应该用红墨水而错用了蓝黑墨水）等。

## 二、错账的查找

在日常会计核算中，由于各种原因，记账错误是难以完全避免的。为了保证账簿记录正确无误，需要根据会计核算的特点，探索常见错账产生的原因及规律，总结出行之有效的查错方法，以便能够及时地查找错账，采取适当的方法予以更正。常用的错账查找方法有以下几种。

### （一）顺查法

顺查法是全面查账的一种方法，是指按照账务处理的顺序，从原始凭证起，到记账凭证，再到各种账簿全过程进行查找的一种方法，即先检查会计凭证是否正确，然后将会计凭证同有关账簿记录进行核对，最后检查有关账户的发生额和余额。通过这种方法检查，可以发现重记、漏记、错记科目、错记金额等。其优点是查找范围全面，不易遗漏；其缺点是查找的工作量大，需要的时间比较长。

### （二）逆查法

逆查法是从试算表追溯到原始凭证，其检查顺序与账务处理程序正相反，即首先检查有关账户的余额和发生额是否正确，然后将有关账簿按照记录的顺序由后向前同会计凭证进行逐笔核对，最后检查会计凭证是否正确，是否与所附的原始凭证相符。其优缺点与顺查法相同。

### （三）个别抽查法

个别抽查法是根据账簿记录差错中常见的规律，推测与差错有关的记录而进行查找的一类技术方法，主要适用于漏记、重记、错记的查找。具体方法如下。

1. 差额核对法

差额核对法适用于查找总账借贷双方之间、总账与其所属明细账之间产生的漏记或重记的错误。会计人员可以根据错账的差数，回忆查找所发生的交易或事项，在账簿或凭证记录中有无与错账差数相同的数字，如果差数正好等于某笔交易或事项的发生额，就有可能是发生了漏记或重记一方的错误。具体地说，如果在试算平衡时，总账借贷双方发生额不平衡，在总账和明细账核对时，某一总账发生额与其所属明细账发生额合计数不相等，并且这两个差额正好相同，说明有的总账有一方（借方或贷方）漏记或者重记；如果总账已经试算平衡，但有的总账发生额与其所属明细账发生额合计不相等，则说明有的明细账有一方（借方或贷方）漏记或者重记。当然，如果整张的记账凭证漏记或重记，就没有明显的错误特征，只能采用顺查法或逆查法逐笔查找。

2. 除二法

除二法适用于查找记错方向的错误。记错方向是指在记账时把发生额的方向记错，将借方发生额记入贷方，或者将贷方发生额记入借方。如果某个数字记错了方向，使得一方的合计数增加，另一方的合计数减少，其差额正好是应记正确数字的两倍。所以，将差额除以2，所得数可能就是记错的数字。这个数字在账簿中有记录，这样就有了查找的目标，不必再逐笔查找。

3. 除九法

除九法适用于查找错位、倒码的错误。因为错位和倒码造成的正误差数正好是 9 的倍数，所以可以根据错账差错数额除以 9 能整除的数，来查找数字位数记错，或相邻数字颠倒位次的错账。

（1）错位。数字位数记错是指应记的数字小数点前移或者后移，即多"0"或少"0"。查找这类错误时应注意两点：一是如果小数点错移一位，则差数除以 9；如果错移两位，则差数除以 99，以此类推。二是当大数错位成小数时，其数是错误数；小数错位成大数时，其数是正确数。

例如，将 560 错记为 56，其差数 504 除以 9 得 56，56 就是错误数字。如果将 39 错记为 3 900，其差数 3 861 除以 99 得 39，39 就是正确数。

（2）倒码。相邻数字颠倒位次是指应计数额中相邻的两位数字或者三位数字等记颠倒。如果是两位数的两个数字颠倒，其差数是 9 的倍数，差数除以 9 所得的商数正好等于这个两位数的两个数字的差额。所以，检查时，可以根据差数除以 9 所得的商数，去推断有哪些两位数的两个数字之差与其相等，并据以查找账簿中的这个颠倒数。发生倒码错误可以借助于"相邻数字颠倒便查表"（见表 4-17）。

表 4-17　　　　　　　　　　　相邻数字颠倒便查表

| 大数颠倒成小数 | | | | | | | 差额 | 小数颠倒成大数 | | | | | | | |
|---|---|---|---|---|---|---|---|---|---|---|---|---|---|---|---|
| 89 | 78 | 67 | 56 | 45 | 34 | 23 | 12 | 1 | 9 | 10 | 21 | 32 | 43 | 54 | 65 | 76 | 87 | 98 |
|  | 79 | 68 | 57 | 46 | 35 | 24 | 13 | 2 | 18 | 20 | 31 | 42 | 53 | 64 | 75 | 86 | 97 |  |
|  |  | 69 | 58 | 47 | 36 | 25 | 14 | 3 | 27 | 30 | 41 | 52 | 63 | 74 | 85 | 96 |  |  |
|  |  |  | 59 | 48 | 37 | 26 | 15 | 4 | 36 | 40 | 51 | 62 | 73 | 84 | 95 |  |  |  |
|  |  |  |  | 49 | 38 | 27 | 16 | 5 | 45 | 50 | 61 | 72 | 83 | 94 |  |  |  |  |
|  |  |  |  |  | 39 | 28 | 17 | 6 | 54 | 60 | 71 | 82 | 93 |  |  |  |  |  |
|  |  |  |  |  |  | 29 | 18 | 7 | 63 | 70 | 81 | 92 |  |  |  |  |  |  |
|  |  |  |  |  |  |  | 19 | 8 | 72 | 80 | 91 |  |  |  |  |  |  |  |
|  |  |  |  |  |  |  |  | 9 | 81 | 90 |  |  |  |  |  |  |  |  |

例如，将 92 错记成 29，其差数 63 是 9 的倍数，差数 63 除以 9 得 7，而 7 正好是 9 和 2 之间的差。所以在倒数第 3 行（差数是 63）中查找即可。

如果是三位或者三位以上的数中相邻两个数字颠倒，差数也可以被 9 整除，其商数的首位数（商数首位数字以后的数字都是"0"）也正好与颠倒的两个数字之差相等，并且，若商数是一位数，则是这个数中的个位与十位数字颠倒；若商数是两位数，就是这个数中的十位与百位数字颠倒，其余依次类推。如果记账时将相邻的三位数字记颠倒，其差数都能被9整除，也可以用"除九法"来判断是否属数字颠倒的错误，以迅速判断错在哪一笔账上。

## 任务处理

账簿是重要的经济档案，应保持整洁、正确、清楚。如果账簿记录发生错误，不得任意涂改、刮擦、挖补、粘揭或用化学药水消除字迹，应根据错误的性质和具体情况，按照下列错账更正方法进行更正。

微课：错账的更正

### 一、划线更正法

在结账之前，发现账簿中数字或文字有错误，而记账凭证应借、应贷科目和金额无错误，可以应用划线更正法。更正的方法是：在错误的数字或文字正中划一条红线予以注销，然后在划线上方做出蓝黑字更正记录，并由记账人员在更正处盖章以明确责任。必须注意的是：对于文字错误，可只划去错误的部分；但对于数字错误，不得只划线更正其中错误的数码，而应当全部划线更正。

### 二、红字冲销法

在记账以后，发现记账凭证错用了会计科目，或错记了金额，可用红字冲销法。这种方法具体分为红字全部冲销法和红字部分冲销法。

#### （一）红字全部冲销法

记账以后，如果发现记账凭证错用科目或错写方向、错写金额，过账后使账簿记录产生错误，就可以使用红字全部更正法。具体更正方法是：首先用红字金额填制一张和原来错误的记账凭证内容完全相同的记账凭证，在摘要栏注明"冲销×月×日×号凭证"，并登记入账，即可冲销原来错误记录，然后用蓝黑字填制一张正确的记账凭证，在摘要栏注明"更正×月×日×号凭证"，再登记入账。

【例4-5】某企业开出转账支票偿还前欠甲单位货款5 000元。

（1）填制记账凭证时，误作如下分录，并已登记入账：

借：应付账款——甲单位　　　　　　　　　　　　　　　　　5 000
　　贷：应付票据——甲单位　　　　　　　　　　　　　　　　　　　5 000

（2）发现错误后，应先用红字填制一张与原错误记账凭证内容相同的记账凭证，并登记入账，以冲销原错误记录：

借：应付账款——甲单位 5 000
　　贷：应付票据——甲单位 5 000

（3）同时，再用蓝黑字填制一张正确的记账凭证，并登记入账：

借：应付账款——甲单位 5 000
　　贷：银行存款 5 000

素养小讲堂：知错必改

## （二）红字部分冲销法

记账后，如果发现记账凭证中会计科目及借贷方向正确，只是所记金额大于应记的金额，可以用红字部分冲销法更正。更正的方法是：将多记的金额用红字填制一张记账凭证，科目与方向与原凭证相同，在摘要栏注明"部分冲销×月×日×号凭证"，并登记入账，就可以冲销多记金额。

**【例 4-6】** 厂部购买办公用品 69 元，用现金支付。

（1）填制记账凭证时误作如下分录，并已登记入账：

借：管理费用——办公费 96
　　贷：库存现金 96

（2）发现错误后，应将多记金额用红字编制记账凭证，并登记入账，予以冲销多记金额：

借：管理费用——办公费 27
　　贷：库存现金 27

为了便于和银行对账，对涉及银行存款的错误凭证，不能使用红字部分冲销法更正错误，只能用红字全部冲销法更正。

## 三、补充登记法

在记账以后，如果发现记账凭证的会计科目及借贷方向正确，但其所记金额小于应记金额，可用补充登记法更正。更正的方法是：将少记的金额用蓝黑字填制一张记账凭证，科目与方向与原凭证相同，在摘要栏注明"补充登记×月×日×号凭证"，并据以登记入账，以补记少记金额。

**【例 4-7】** 以现金 500 元支付车间办公费。

（1）填制记账凭证时误作如下分录，并已登记入账：

借：制造费用 50
　　贷：库存现金 50

（2）发现错误后，应将少记金额用蓝黑字填制如下记账凭证，并登记入账，以补记少记金额：

借：制造费用　　　　　　　　　　　　　　　　　　　　　　　450
　　贷：库存现金　　　　　　　　　　　　　　　　　　　　　　450

需要注意的是，补充登记法同样不能用于涉及银行存款的错账，以免人为地造成对账麻烦。

任务四小测验

## 任务五　对账与结账

PPT

### 引导案例

2025年7月1日，新华公司财务部对上月账簿记录进行对账、结账。会计主管邱天主持该项工作并负责总账部分，出纳员王海和各明细账记账员分工负责各自有关账簿的核对与结账。这项工作需要1~2天时间。

思考：原始凭证、记账凭证、明细账、总账之间应如何核对？核对无误后，应如何进行结账？

### 任务处理

#### 一、对账

对账是指在会计期末、结账之前或在财产清查之前，将账簿记录的有关数字与会计凭证、各种实物资产及各账簿之间的有关数字所进行的核对工作，以保证会计记录的正确性。对账的主要内容包括账证核对、账账核对和账实核对。

微课：对账与结账

（一）账证核对

账证核对是指将库存现金和银行存款日记账、总分类账、明细分类账的记录与原始凭证和记账凭证核对。账簿与原始凭证核对，主要是对账簿记录的经济业务的真实性、合法性进行检查。账簿与记账凭证核对，主要是检查过账工作是否正确，即账簿的记录是否按照记账凭证指明的账户名称、方向和金额进行登记。

### (二) 账账核对

账账核对是指各种账簿之间有关记录要核对相符。其主要内容有：

(1) 总分类账中全部账户的借方余额合计数，应与贷方余额合计数核对相符。

(2) 总分类账中各账户的期末余额，应与其所属各明细分类账期末余额之和核对相符。

(3) 总分类账中"库存现金""银行存款"账户的余额，应与日记账核对相符。

(4) 会计部门有关财产物资明细账期末数量，应与财产物资保管部门或使用部门的明细账期末数量核对相符。

### (三) 账实核对

账实核对是指各种账簿的记录与有关财产物资的实有数额要核对相符。其主要内容有：

(1) 银行存款日记账的余额要定期与银行对账单核对相符。

(2) 库存现金日记账的账面余额，应每日与库存现金实有数核对相符。

(3) 各种财产物资明细分类账的账面数量，应与保管部门的实存数量核对相符。

(4) 各种应收、应付、应交款明细分类账的账面余额应与有关单位或者个人定期核对相符。

## 二、结账

在会计终了时，即在月末、季末、半年末、年末，为了编制会计报表，需要进行结账。结账是指在将本期内所发生的经济业务全部登记入账的基础上，按照规定的方法对该期的账簿记录进行小结，结算出各账户本期发生额合计和余额，并将其余额结转下期。通过结账，可以了解各个会计期间（月、季、半年、年）的经济活动情况及其结果，并为编制会计报表及时提供资料。结账必须在会计期末进行，不得为赶编会计报表而提前结账，更不得先编制会计报表后结账。为保证结账的顺利进行，必须做好相应的准备工作。

素养小讲堂：爱岗敬业

### (一) 结账前的准备工作

(1) 必须检查本期发生的全部经济业务是否都已填制会计凭证，并据以记入有关账簿。

(2) 必须检查本期所有的转账业务是否都已填制结转分录，并已调整账簿的记录。

(3) 要事先进行对账，保证账证、账账和账实相符。

### (二) 结账的方法

(1) 对不需要按月结计本期发生额的账户（如应收账款、应付账款等往来结算账户），每次记账以后，都要随时结出余额，每月最后一笔余额为月末余额。月末结账时，只需要在最后一笔经济业务下方划通栏单红线即可。在 12 月末划通栏双红线。

（2）对库存现金日记账、银行存款日记账以及需要按月结计发生额的收入、费用类账户，每月结账时，要结出本月发生额合计和余额，在摘要栏注明"本月合计"字样，并在该行的上下方各划一条通栏单红线。

需要结计本年累计发生额的，还需要在"本月合计"下方结出自年初起至本月末止的累计发生额，在摘要栏注明"本年累计"字样，并在其下方再划一条通栏单红线；12 月末的"本年累计"就是全年累计发生额，在其下方划通栏双红线。

（3）总账账户和发生额很少的明细账户，平时可以只结出月末余额，不划线。年终结账时，再结出全年发生额合计和年末余额，在摘要栏注明"本年合计"字样，并在该行上方划通栏单红线，下方划通栏双红线。

（4）本期没有发生额的账户，不必进行结账。

（5）年度终了结账后，对有余额的账户，要在摘要栏注明"结转下年"字样，并将其余额直接照抄到下年新账有关账户的第一行余额栏内，在摘要栏注明"上年结转"或"期初余额"字样。结转新账的手续不编会计分录，不结平上年旧账。其格式见表 4 – 18。但有些财产物资明细账和债权、债务明细账，可以跨年度使用，不必每年度更换一次。各种备查账簿也可以连续使用。

表 4 – 18　　　　　　　　其他货币资金——外埠存款　　　　　　　　第　页

| 2025 年 | | 凭证 | | 摘　要 | 借　方 | 贷　方 | 借或贷 | 余　额 |
|---|---|---|---|---|---|---|---|---|
| 月 | 日 | 字 | 号 | | | | | |
| 1 | 1 | | | 期初余额 | | | 借 | 50 000 |
| 12 | 31 | 记 | 136 | 汇出采购资金 | 20 000 | | 借 | 20 000 |
| | 31 | | | 本月合计 | 120 000 | 150 000 | 借 | 20 000 |
| | 31 | | | 本季合计 | 250 000 | 280 000 | 借 | 20 000 |
| | 31 | | | 本年合计 | 948 000 | 978 000 | 借 | 20 000 |
| | | | | 结转下年 | | | | |

任务五小测验

# 职业判断能力训练

## 一、单选题

1. 登记账簿的依据是（　　）。
   A. 经济业务　　　　　　　　　　　　B. 经济合同

C. 会计凭证　　　　　　　　　　D. 审核无误的会计凭证

2. "应收账款"明细分类账的格式一般采用（　　）。
   A. 三栏式　　　　　　　　　　　B. 多栏式
   C. 数量金额式　　　　　　　　　D. 平行式

3. "原材料"明细分类账的格式一般采用（　　）。
   A. 三栏式　　　　　　　　　　　B. 多栏式
   C. 数量金额式　　　　　　　　　D. 平行式

4. 记账凭证上记账栏内的"√"表示（　　）。
   A. 此凭证作废　　　　　　　　　B. 此凭证填制正确
   C. 已经登记入账　　　　　　　　D. 不需要登记入账

5. 下列各项中，可采用多栏式明细分类账的是（　　）明细账。
   A. 应收票据　　　　　　　　　　B. 库存商品
   C. 固定资产　　　　　　　　　　D. 管理费用

6. 采用划线更正法更正账簿中的错误数字时，应（　　）。
   A. 用一条蓝线将整个数字全部划掉　B. 用多条红线将整个数字全部划掉
   C. 用一条红线将有错误的数字划掉　D. 用一条红线将整个数字全部划掉

7. （　　）又称辅助账簿，是对主要账簿未能记载和记载不全的事项进行补充登记的账簿。
   A. 序时账簿　　　　　　　　　　B. 分类账簿
   C. 备查账簿　　　　　　　　　　D. 卡片账簿

8. 若记账凭证上的会计科目和记账方向未错，但所记金额大于应记金额，并据以登记入账，应采用的更正方法是（　　）。
   A. 划线更正法　　　　　　　　　B. 补充登记法
   C. 红字冲销法　　　　　　　　　D. 编制相反分录冲减

9. 不设"贷方"栏的多栏式账簿中，如果需要登记贷方数字，应（　　）。
   A. 用蓝字登记在"借方"栏　　　　B. 用红字登记在"借方"栏
   C. 用蓝字登记在"贷方"栏　　　　D. 用红字登记在"贷方"栏

10. 会计人员在结账前发现，以现金860元支付的办公费，在记账凭证和账簿中均错误地记为680元，可以采用的更正方法是（　　）。
    A. 划线更正法　　　　　　　　　B. 红字更正法
    C. 补充登记法　　　　　　　　　D. 编制相反分录冲销

11. 会计人员在结账前发现，以现金860元支付的办公费，在账簿中均错误地记为680元，而记账凭证无误，应采用的更正方法是（　　）。
    A. 划线更正法　　　　　　　　　B. 红字更正法
    C. 补充登记法　　　　　　　　　D. 编制相反分录冲销

12. 银行存款日记账的借方除了根据银行存款收款凭证登记外，还有可能根据（　　）登记。
    A. 银行存款付款凭证　　　　　　B. 现金收款凭证
    C. 现金付款凭证　　　　　　　　D. 转账凭证

13. 库存现金和银行存款日记账，应根据有关凭证（　　）。
   A. 逐日逐笔登记　　　　　　　　B. 月末汇总登记
   C. 逐日汇总登记　　　　　　　　D. 定期汇总登记

14. 能够总括反映某一类经济业务增减变动的会计账簿是（　　）。
   A. 总分类账　　　　　　　　　　B. 明细分类账
   C. 序时账　　　　　　　　　　　D. 备查账

15. （　　）明细账应根据经济业务的内容和经营管理的需要，在借方或贷方分别按明细项目设若干专栏。
   A. 三栏式　　　　　　　　　　　B. 多栏式
   C. 数量金额式　　　　　　　　　D. 平行式

## 二、多选题

1. 多栏式明细账适用于（　　）的明细分类核算。
   A. 应收账款　　　　　　　　　　B. 制造费用
   C. 库存商品　　　　　　　　　　D. 管理费用

2. 总分类账与明细分类账平行登记的要点有（　　）。
   A. 方向一致　　　　　　　　　　B. 同期登记
   C. 金额相等　　　　　　　　　　D. 数量相同

3. 下列各项中，通常采用订本式账簿的有（　　）。
   A. 总分类账　　　　　　　　　　B. 明细分类账
   C. 库存现金日记账　　　　　　　D. 银行存款日记账

4. 账簿按其外表形式可以分为（　　）账簿。
   A. 总分类　　　　　　　　　　　B. 明细分类
   C. 订本式　　　　　　　　　　　D. 活页式

5. 下列各项中，可使用活页式账簿的有（　　）。
   A. 原材料总账　　　　　　　　　B. 原材料明细账
   C. 应收账款总账　　　　　　　　D. 应收账款明细账

6. 下列各项中，可以作为库存现金日记账记账依据的有（　　）。
   A. 银行存款收款凭证　　　　　　B. 现金收款凭证
   C. 银行存款付款凭证　　　　　　D. 现金付款凭证

7. 会计账簿按用途可以分为（　　）。
   A. 序时账　　　　　　　　　　　B. 分类账
   C. 订本账　　　　　　　　　　　D. 备查账

8. 错账更正法方法有（　　）。
   A. 划线更正法　　　　　　　　　B. 红字冲销法
   C. 补充登记法　　　　　　　　　D. 涂改法

9. 下列各项中，应采用数量金额式账簿的有（　　）。
   A. 银行存款日记账　　　　　　　B. 库存商品明细账
   C. 应收账款明细账　　　　　　　D. 原材料明细账

10. 明细分类账对总分类账起（　　）作用。
A. 统驭　　　　　　　　　　　　B. 控制
C. 补充　　　　　　　　　　　　D. 详细说明

### 三、判断题

1. 库存现金日记账和银行存款日记账的外表形式是订本式账簿。（　　）
2. 记账时，不得使用铅笔、圆珠笔书写。（　　）
3. 原材料应采用多栏式明细账进行明细分类核算。（　　）
4. 结账之前发现账簿所记录的文字或数字错误，而记账凭证并没有错，可用划线更正法更正。（　　）
5. 在填制记账凭证时，将 320 元误记为 230 元，并已登记入账。月末结账前发现错误，更正时应采用划线更正法。（　　）
6. 记账时需根据审核无误的会计凭证进行登记。（　　）
7. 单位都需要设置总分类账，而且总分类账的外表形式是订本式。（　　）
8. 企业的出纳除了负责现金的收付以外，还应登记现金和银行存款日记账，但不得负责债权债务账目的登记工作。（　　）
9. 备查账簿没有固定格式，一般根据各单位会计核算和经营管理的需要而设置。（　　）
10. 采用划线更正法更正数字错误时，只需要更正个别错误数码即可。（　　）

## 职业实践能力训练

### 实训一　日记账的登记

（一）目的

掌握库存现金日记账、银行存款日记账的登记。

（二）要求

1. 根据资料 1 开设库存现金日记账和银行存款日记账，并过入期初余额。
2. 根据资料 2 登记库存现金日记账和银行存款日记账，并逐笔结出余额。

（三）资料

1. 东岳公司 2025 年 6 月 1 日 "库存现金" 账户期初余额为 5 000 元，"银行存款" 账户期初余额为 2 520 000 元。
2. "项目三" 实训三中所编制的记账凭证。

### 实训二　明细账的登记

（一）目的

掌握三栏式明细分类账的登记。

（二）要求

1. 根据资料 1 开设 "应付账款——A 单位" "应付账款——B 单位" 明细账户，并过入期初余额。

2. 根据资料 2 登记"应付账款——A 单位""应付账款——B 单位"明细分类账户。

（三）资料

1. 宏瑞公司 2025 年 6 月 1 日"应付账款——A 单位"账户期初余额为 10 000 元。

2. "项目三"实训四中所编制的记账凭证。

### 实训三　明细账的登记

（一）目的

掌握数量金额式明细分类账的登记。

（二）要求

1. 根据资料 1 开设"原材料——甲材料"明细账户，并过入期初余额。

2. 根据资料 2 登记"原材料——甲材料"明细账分类账户。

（三）资料

1. 宏瑞公司 2025 年 6 月 1 日"原材料——甲材料"账户期初余额为 5 000 元，数量 100 千克，单价 50 元/千克。

2. "项目三"实训四中所编制的记账凭证。

### 实训四　明细账的登记

（一）目的

掌握多栏式明细分类账的登记。

（二）要求

1. 根据资料 1 开设"生产成本——M 产品"明细账户，并过入期初余额。

2. 根据资料 2 登记"生产成本——M 产品"明细账分类账户。

（三）资料

1. 宏瑞公司 2025 年 6 月 1 日"生产成本——M 产品"账户期初余额为 6 000 元，其中直接材料为 3 000 元，直接人工为 2 000 元，制造费用为 1 000 元。

2. "项目三"实训四中所编制的记账凭证。

### 实训五　总账的登记

（一）目的

掌握总分类账的登记。

（二）要求

1. 根据资料 1 开设"应付账款"总分类账，并过入期初余额。

2. 根据资料 2 登记"应付账款"总分类账户。

3. 根据资料 3 开设"银行存款"总分类账，并过入期初余额。

4. 根据资料 4 登记"银行存款"总分类账户。

（三）资料

1. 宏瑞公司 2025 年 6 月 1 日"应付账款"账户期初余额为 10 000 元。

2. "项目三"实训四中所编制的记账凭证。

3. 东岳公司2025年6月1日"银行存款"账户期初余额为2 520 000元。

4. "项目三"实训三中所编制的科目汇总表。

### 实训六　平行登记

（一）目的

掌握总账与明细账的平行登记。

（二）要求

1. 根据资料1开设"原材料"和"应付账款"总账和明细账户。
2. 根据下列经济业务填制记账凭证。
3. 根据审核无误的记账凭证登记"原材料""应付账款"总账和明细账。
4. 将总账余额与明细账余额之和核对，检查是否正确。

（三）资料

1. 吉瑞公司2025年7月初有关账户余额如下：

"原材料"总分类账户的借方余额为54 500元。其中甲材料3 000千克，单价为5元，计15 000元；乙材料5 000千克，单价为7.9元，计39 500元。

"应付账款"总分类账户的贷方期初余额为45 000元。其中A公司25 000元，B公司20 000元。

2. 该公司7月发生下列经济业务：

（1）3日，从A公司购入甲材料1 000千克，单价为5元，计5 000元，增值税税额为650元；从B公司购入乙材料2 000千克，单价为7.9元，计15 800元，增值税税额为2 054元。材料验收入库，货款尚未支付。

（2）6日，以银行存款25 000元偿还前欠A公司货款。

（3）7日，由B公司购入乙材料500千克，单价为7.9元，计3 950元，增值税税额为513.50元。材料入库，货款暂欠。

（4）11日，以银行存款20 000元偿还前欠B公司货款。

（5）13日，以银行存款支付A公司货款5 650元，B公司货款22 317.50元。

（6）16日，为生产M产品领用甲材料2 000千克，单价为5元，计10 000元；领用乙材料3 000千克，单价为7.9元，计23 700元。

（7）18日，由A公司购入甲材料400千克，单价为5元，计2 000元，增值税税额为260元。材料入库，货款暂欠。

（8）21日，为生产M产品领用甲材料700千克，单价为5元，计3 500元。

（9）22日，为生产M产品领用乙材料1 200千克，单价为7.9元，计9 480元。

（10）30日，由B公司购入乙材料600千克，单价为7.9元，计4 740元，增值税税额为616.20元。材料入库，货款暂欠。

（11）30日，由A公司购入甲材料4 000千克，单价为5元，计20 000元，增值税税额为2 600元。材料入库，货款暂欠。

（12）31日，为生产M产品领用甲材料700千克，单价为5元，计3 500元。

# 实训七　错账更正

（一）目的

掌握错账的更正方法。

（二）要求

找出下列账务处理中的错误之处，并采用适当方法更正错误。

（三）资料

假定某企业 2025 年 8 月发生下列错账：

1. 2 日，支付厂部办公费 1 200 元，以银行存款支付。
2. 5 日，向银行借入 9 个月期限的借款 200 000 元，存入银行存款户。
3. 6 日，从银行提取现金 2 340 元。
4. 9 日，收到外单位还来前欠货款 5 860 元，存入银行。
5. 12 日，收到其他单位投入的专利权一项，作价 200 000 元。
6. 15 日，管理人员林涛出差，预借差旅费 3 700 元，以现金付讫。
7. 18 日，以银行存款归还长期借款 500 000 元。
8. 22 日，以银行存款支付广告费 80 000 元。

根据上述经济业务编制如下会计分录：

1. 借：销售费用　　　　　　　　　　　　　　　　1 200
　　　贷：银行存款　　　　　　　　　　　　　　　　　　1 200
2. 借：银行存款　　　　　　　　　　　　　　　　200 000
　　　贷：长期借款　　　　　　　　　　　　　　　　　200 000
3. 借：库存现金　　　　　　　　　　　　　　　　2 430
　　　贷：银行存款　　　　　　　　　　　　　　　　　　2 430
4. 借：银行存款　　　　　　　　　　　　　　　　5 680
　　　贷：应收账款　　　　　　　　　　　　　　　　　　5 680
5. 借：无形资产　　　　　　　　　　　　　　　　20 000
　　　贷：实收资本　　　　　　　　　　　　　　　　　　20 000
6. 借：管理费用　　　　　　　　　　　　　　　　3 700
　　　贷：库存现金　　　　　　　　　　　　　　　　　　3 700
7. 借：银行存款　　　　　　　　　　　　　　　　500 000
　　　贷：长期借款　　　　　　　　　　　　　　　　　500 000
8. 借：销售费用　　　　　　　　　　　　　　　　80 000
　　　贷：银行存款　　　　　　　　　　　　　　　　　80 000

以上所编会计分录已登记入账（见图 4-1 至图 4-8）。

| 借方 | 银行存款 | | 贷方 |
|---|---|---|---|
| 期初余额： | 200 000 | | |
| (2) | 200 000 | (1) | 1 200 |
| (4) | 5 680 | (3) | 2 430 |
| (7) | 500 000 | (8) | 80 000 |

图 4-1　银行存款账户记录

| 借方 | 库存现金 | | 贷方 |
|---|---|---|---|
| 期初余额：3 000 | | | |
| (3) | 2 430 | (6) | 3 700 |

图 4-2　库存现金账户记录

| 借方 | 应收账款 | | 贷方 |
|---|---|---|---|
| 期初余额： | 5 860 | | |
| | | (4) | 5 680 |

图 4-3　应收账款账户记录

| 借方 | 无形资产 | | 贷方 |
|---|---|---|---|
| 期初余额： | 100 000 | | |
| (5) | 20 000 | | |

图 4-4　无形资产账户记录

| 借方 | 长期借款 | | 贷方 |
|---|---|---|---|
| | | 期初余额： | 800 000 |
| | | (2) | 200 000 |
| | | (7) | 500 000 |

图 4-5　长期借款账户记录

| 借方 | 实收资本 | | 贷方 |
|---|---|---|---|
| | | 期初余额： | 6 000 000 |
| | | (5) | 20 000 |

图 4-6　实收资本账户记录

| 借方 | 管理费用 | | 贷方 |
|---|---|---|---|
| (6) | 3 700 | | |

图 4-7　管理费用账户记录

| 借方 | 销售费用 | 贷方 |
|---|---|---|
| (1) | 1 200 | |
| (8) | 8 000 | |

图 4-8  销售费用账户记录

项目四测验

# 项目五　期末处理

思维导图

**学习目标**

1. 能运用先进先出法计算确定发出存货和期末存货成本
2. 能运用加权平均法计算确定发出存货和期末存货成本
3. 会进行预收收入、应计收入、预付费用、应计费用的调整
4. 会进行实物财产、货币资金和往来账项的清查
5. 会进行财产清查结果的处理

## 任务一　确定期末存货成本

PPT

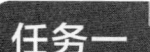 **任务案例**

2025年7月1日，新华公司结存208型钢板1 000千克，单价为50元，总计金额为50 000元。本月份该材料收发情况见表5–1。会计人员林传文计算确定期末结存和本期发出材料成本。

表5–1　　　　　　　　　材料收发统计表

| 2025年 | | 收　料 | | | 发料数量 |
|---|---|---|---|---|---|
| 月 | 日 | 数　量 | 单　价 | 金　额 | |
| 7 | 3 | 2 000 | 53 | 106 000 | |
| | 9 | | | | 1 800 |
| | 12 | | | | 1 000 |
| | 19 | 2 000 | 55 | 110 000 | |
| | 22 | | | | 1 500 |

思考：在上述材料收发统计表中，发出材料只记录了数量，应如何计算确定其成本？

知识准备

**财产物资的盘存制度**

要确定期末存货成本,首先要确定期末存货数量。期末存货数量的确定,取决于存货盘存制度。存货盘存制度有永续盘存制和实地盘存制两种。

(一) 永续盘存制

永续盘存制也称"账面盘存制",是指对各项财产物资的增减变动情况,都根据会计凭证在有关账簿中进行连续登记,并随时在账面上结算出各项财产物资结存数的一种盘存制度。采用这种盘存制度,可以随时掌握和了解各项财产物资增减变动和结存情况,便于加强财产物资的管理。因此,一般情况下,各单位均应采用永续盘存制。

采用"永续盘存制",虽然能在账面上及时地反映各项财产物资的结存数,但是由于存在各种原因,可能会发生账实不符的情况。所以,采用永续盘存制的企业、单位,对财产物资仍必须进行定期或不定期的清查盘点,以便核对账存数和实存数是否相符。永续盘存制期末账面存货数的计算公式如下:

**期末结存数 = 期初结存数 + 本期增加数 − 本期发出数**

(二) 实地盘存制

实地盘存制是指对各项财产物资平时在账簿中只登记增加数,不登记减少数,月末根据实地盘点的结存数来倒挤财产物资的减少数,并据以登记有关账簿的一种盘存制度。其计算公式如下:

**本期减少数 = 期初结存数 + 本期增加数 − 期末实存数**

可见,在实地盘存制下,对各项财产物资进行实地清查盘点的主要目的,是确定其实存数,进而计算减少数,并作为在有关账簿中登记其减少数的依据。

在永续盘存制下,财产物资的收、发、存都能在账上得以全面、完整地反映,便于对财产物资进行有效的管理。但其财产物资明细分类核算工作量较大。在实际工作中,除了那些价值低廉,在管理上实行永续盘存制有困难的财产物资外,一般都采用永续盘存制。

实地盘存制手续比较简便,但不能随时反映库存物资的收入、发出、结存动态;同时,由于以存计耗或以存计销,倒挤耗用成本或销售成本,就会把非耗用或非销售的库存物资损耗、差错事故和短缺等全部挤入耗用或销售成本之中,从而削弱了对库存物资的控制和监督作用,不利于加强财产物资的管理,影响了成本计算的正确性。因此,实地盘存制只适用于价值低、品种杂、收发频繁的财产物资,以及损耗大,数量、质量不稳定的鲜活商品。在实际工作中,若采用实地盘存制,应制定相应的管理措施,以加强财产物资的管理。

由上可知,不论采用哪种盘存制度,都必须对财产物资进行定期或不定期的清查盘点,只是清查盘点的目的不同而已。

# 任务处理

微课：确定期末存货成本

## 一、先进先出法

企业采用永续盘存制或实地盘存制确定了期末存货数量和本期发出存货数量后，还要计算期末存货成本和发出存货成本。由于会计期间收进的存货其单价往往不一致，因此，存在如何确定存货单位成本的问题。常用的确定存货单位成本的方法有先进先出法、加权平均法等。

先进先出法是假定先入库的存货先发出，按先入库存货的单价作为发出存货的单价，计算发出存货成本的方法。采用这种方法的具体做法是：先按存货的期初结存单价计算发出存货的成本，期初结存数量发完后，再按第一批入库存货的单价计算，依此类推，计算发出存货成本和结存存货金额。

【例 5-1】按照【任务案例】资料，会计人员林传文采用先进先出法计算本月发出材料成本和月末结存材料金额见表 5-2。

表 5-2　　　　　　　　　　　　原材料明细分类账

类别：原料及主要材料　　品名或规格：208 型钢板　　计量单位：千克　　　　存放地点：1 库

| 2025年 | | 凭证 | | 摘要 | 收入 | | | 发出 | | | 结存 | | |
|---|---|---|---|---|---|---|---|---|---|---|---|---|---|
| 月 | 日 | 字 | 号 | | 数量 | 单价 | 金额 | 数量 | 单价 | 金额 | 数量 | 单价 | 金额 |
| 7 | 1 | | | 期初结存 | | | | | | | 1 000 | 50 | 50 000 |
| | 3 | 略 | 略 | 购进入库 | 2 000 | 53 | 106 000 | | | | 1 000<br>2 000 | 50<br>53 | 50 000<br>106 000 |
| | 9 | | | 车间领用 | | | | 1 000<br>800 | 50<br>53 | 50 000<br>42 400 | 1 200 | 53 | 63 600 |
| | 12 | | | 车间领用 | | | | 1 000 | 53 | 53 000 | 200 | 53 | 10 600 |
| | 19 | | | 购进入库 | 2 000 | 55 | 110 000 | | | | 200<br>2 000 | 53<br>55 | 10 600<br>110 000 |
| | 22 | | | 车间领用 | | | | 200<br>1 300 | 53<br>55 | 10 600<br>71 500 | 700 | 55 | 38 500 |
| | | | | 本月合计 | 4 000 | | 216 000 | 4 300 | | 227 500 | 700 | 55 | 38 500 |

采用先进先出法能随时结出发出存货的成本和结存存货的金额，而且结存存货的金额接近市场价格，但每次发货要根据先入库存货的单价计价，计算工作量较大。

## 二、加权平均法

加权平均法是指在一个计算期内综合计算存货的加权平均单价，进而计算期末结存金额和本期发出存货成本的方法。

其计算公式如下：

加权平均单价 = $\dfrac{\text{期初结存金额} + \text{本期增加金额}}{\text{期初结存数量} + \text{本期增加数量}}$

期末结存存货金额 = 期末结存数量 × 加权平均单价

本期发出存货成本 = 本期发出数量 × 加权平均单价

或 = 期初结存金额 + 本期增加金额 − 期末结存金额

【例 5-2】仍依【任务案例】资料，若采用加权平均法计算本月发出材料成本和月末结存材料金额见表 5-3。

表 5-3　　　　　　　　　　原材料明细分类账

类别：原料及主要材料　　品名或规格：208 型钢板　　计量单位：千克　　存放地点：1 库

| 2025年 | | 凭证 | | 摘要 | 收入 | | | 发出 | | | 结存 | | |
|---|---|---|---|---|---|---|---|---|---|---|---|---|---|
| 月 | 日 | 字 | 号 | | 数量 | 单价 | 金额 | 数量 | 单价 | 金额 | 数量 | 单价 | 金额 |
| 7 | 1 | | | 期初结存 | | | | | | | 1 000 | 50 | 50 000 |
| | 3 | 略 | 略 | 购进入库 | 2 000 | 53 | 106 000 | | | | 3 000 | | |
| | 9 | | | 车间领用 | | | | 1 800 | | | 1 200 | | |
| | 12 | | | 车间领用 | | | | 1 000 | | | 200 | | |
| | 19 | | | 购进入库 | 2 000 | 55 | 110 000 | | | | 2 200 | | |
| | 22 | | | 车间领用 | | | | 1 500 | | | 700 | | |
| | | | | 本月合计 | 4 000 | | 216 000 | 4 300 | | 228 760 | 700 | 53.20 | 37 240 |

加权平均单价 = $\dfrac{50\,000 + 216\,000}{1\,000 + 4\,000}$ = 53.20（元）

期末结存材料金额 = 700 × 53.20 = 37 240（元）

本期发出材料成本 = 4 300 × 53.20 = 228 760（元）

或 = 50 000 + 216 000 − 37 240 = 228 760（元）

采用加权平均法计算发出存货的成本比较均衡，计算比较简便。但由于成本计算必须在月末进行，因此平时无法掌握存货的结存金额。

任务一小测验

## 任务二　期末账项调整

PPT

### 任务案例

2025年7月，新华公司发生下列经济事项，这些业务并无外来原始凭证，但都是属于本期的业务，统称为期末账项调整业务。月末，会计主管邱天主持期末账项调整工作，会计人员张质彬、林传文分工负责各自有关账簿涉及的业务的调整。

1. 7月1日，向华信商店出租门面房，协议规定，租金每月为5 000元，每季末结算一次。

2. 7月1日，向华丰商店出租门面房，协议规定，租金每月为5 000元，预收半年的租金，存入银行。

3. 7月2日，企业将租入的管理用固定资产进行改良，以银行存款支付改良费用120 000元。领导决定在租赁期限两年内分期摊销。

4. 7月2日，从建设银行借入三年期借款1 000 000元。借款合同规定，年利率为6%，利息每季末支付一次，到期还本。

5. 7月31日，请北园设备修理厂维修企业生产设备，修理费为8 600元尚未支付。

6. 7月31日，经计算，本月应交城市维护建设税3 000元，教育费附加1 700元，尚未缴纳。

思考：如果会计人员没有对这些应该进行期末账项调整的经济业务进行处理，会产生什么样的后果？

### 知识准备

#### 一、会计核算基础

根据《企业会计准则》的规定，企业应当以权责发生制为基础进行会计确认、计量和报告。权责发生制是指收入和费用的确认应当以收入和费用是否归属于本期作为标准，而不论款项是否在本期收到或付出。凡应属于本期的收入和费用，无论款项是否收付，都应当作为本期的收入和费用处理；凡是不属于本期的收入和费用，即使款项已经在本期收付，也不应作为本期的收入和费用。与权责发生制相对应的确认基础是收付实现制，收付实现制是以收到或支付现金作为确认收入和费用的依据。

权责发生制主要是从时间上规定会计确认的基础，是与收付实现制相对应的一个概念，权责发生制所反映的经营成果与现金的收付是不一致的。在真实核算企业财务状况和经营成果方面，权责发生制与收付实现制相比具有较大的优越性。但采用权责发生制反映企业财务状况也存在局限性，如企业实现了较高的销售利润率，但现金流量性差时，可能遇到资金周转困难。企业可以通过编制现金流量表，以弥补权责发生制的不足。

知识拓展：收付实现制

### 二、期末账项调整的内容

账项调整是指将应该归属于本期而尚未入账的收入和费用，按照权责发生制的会计核算基础调整入账。

由于会计核算是分期进行的，在某一会计期间内，有的经济业务虽然已经收款，但由于商品或劳务尚未提供，所以不能归属于本期的收入，如预收账款业务；有的经济业务虽已付款，但本期尚未受益，那就不能归属于本期的费用，如长期待摊费用。反之，有的经济业务收入已经实现，虽然还没有收到款项，但应归属于本期的收入，如应收账款业务；有的经济业务费用已经发生，虽然还没有支付款项，但应归属于本期的费用，如应付利息业务。为了正确确认本期的收入和费用，准确地反映企业的利润，在会计期末就需要将这些收入和费用进行账项调整。

## 任务处理

账项调整一般包括应计收入、预收收入、预付费用、应计费用的调整。

微课：期末账项调整

### 一、应计收入的账项调整

应计收入是指应归属本期但尚未收到的收入。它主要指尚未到达享有债权的约定时期，而平时未予记录或不可能记录的当期收入，如应收出租房屋的租金收入等。在会计期间结束，编制报表之前，需要将这种未入账的应计收入计算入账，以使收入恰当地归属到应归入的会计期间。

企业于期末确认收入，而款项尚未收到时，借记"应收账款"账户，贷记"其他业务收入"等账户；实际收取款项时，再借记"银行存款"账户，贷记"应收账款"账户。

【例 5-3】根据【任务案例】，2025 年 7 月 1 日，向华信商店出租门面房，协议规定，租金每月为 5 000 元，每季末结算一次。7 月末应编制调整分录如下：

借：应收账款——华信商店　　　　　　　　　　　　　5 000
　　贷：其他业务收入　　　　　　　　　　　　　　　　　　　5 000

8月末做与上述分录相同的处理。

待9月末收到租金时，编制会计分录如下：

借：银行存款　　　　　　　　　　　　　　　　　　　　　15 000
　　贷：应收账款——华信商店　　　　　　　　　　　　　　　10 000
　　　　其他业务收入　　　　　　　　　　　　　　　　　　　 5 000

## 二、预收收入的账项调整

预收收入是指款项已于前期收到，但应归属于后期的收入。企业发生预收收入，在商品或劳务尚未提供前，是企业的暂收款项，是对预付单位的一项负债，只有在交付商品或提供劳务后，才能确认其为收入，如预收销货款、预收出租固定资产租金等。

企业取得预收收入时，借记"银行存款"账户，贷记"预收账款"账户；在确认收入实现时，再借记"预收账款"账户，贷记"主营业务收入""其他业务收入"等账户。

【例5-4】根据【任务案例】，2025年7月1日，向华丰商店出租门面房，协议规定，租金每月为5 000元，预收半年的租金为30 000元存入银行。有关业务处理如下：

7月1日预收收入：

借：银行存款　　　　　　　　　　　　　　　　　　　　　30 000
　　贷：预收账款——华丰商店　　　　　　　　　　　　　　　30 000

7月至12月，每月末调整收入：

借：预收账款——华丰商店　　　　　　　　　　　　　　　　5 000
　　贷：其他业务收入　　　　　　　　　　　　　　　　　　　5 000

素养小讲堂：坚守法律底线

## 三、预付费用的账项调整

预付费用是指款项已经支付，但受益期涉及多个会计期间，应由本期及以后各期负担的费用。如以经营租赁方式租入固定资产发生的改良支出等。

企业支付款项时，借记"长期待摊费用"账户，贷记"银行存款"账户；分期摊销时，借记"管理费用"等账户，贷记"长期待摊费用"账户。

长期待摊费用账户属资产类，用来核算企业已经发生但应由本期和以后各期负担的分摊期限在1年以上的各项费用，如以经营租赁方式租入的固定资产发生的改良支出等。发生长期待摊费用时，记借方；分期摊销时，记贷方；期末余额在借方，反映企业尚未摊销完毕的长期待摊费用。本账户可按费用项目进行明细核算。

【例5-5】根据【任务案例】，2025年7月2日，企业将租入的管理用固定资产进行改良，以银行存款支付改良费用120 000元。领导决定在租赁期限两年内分期摊销。有关业务处理如下：

（1）支付改良费用时：

借:长期待摊费用                                                          120 000
　　贷:银行存款                                                            120 000
(2) 在两年内每月平均分摊改良费用时:
借:管理费用——其他                                                         5 000
　　贷:长期待摊费用                                                          5 000

### 四、应计费用的账项调整

应计费用是指本期已经发生或已经受益,但尚未支付款项的费用。尚未支付的款项形成企业的一项负债,如应付利息、应交税费等。

**【例5-6】** 根据【任务案例】,2025年7月2日,从建设银行借入三年期借款1 000 000元。借款合同规定,年利率为6%,利息每月末计提,季末支付,到期偿还本金。

该项经济业务涉及"财务费用"和"应付利息"两个账户。

其中,应付利息账户属负债类,用来核算企业按照合同约定应支付的利息,包括分期付息到期还本的长期借款、短期借款、企业债券等应支付的利息等。期末计算确定利息费用时,记贷方;实际支付利息时,记借方;期末余额在贷方,反映企业应付未付的利息。本账户可按债权人进行明细核算。

计算本月应负担的利息费用时,记入"财务费用"账户借方,同时将应付未付银行的利息记入"应付利息"账户的贷方。编制会计分录如下:

(1) 7月、8月末计算应付利息时,分别记:
借:财务费用——利息支出                                                      5 000
　　贷:应付利息——建设银行                                                    5 000
(2) 9月末支付利息时:
借:应付利息——建设银行                                                     10 000
　　财务费用——利息支出                                                      5 000
　　贷:银行存款                                                             15 000

**【例5-7】** 根据【任务案例】,2025年7月31日,请北园设备修理厂维修企业生产设备,修理费8 600元尚未支付。

该项经济业务涉及"管理费用"和"应付账款"两个账户。生产设备修理费应记入"管理费用"账户借方,应付而未付的款项应记入"应付账款"账户的贷方。编制会计分录如下:

借:管理费用——修理费                                                        5 000
　　贷:应付账款——北园设备修理厂                                                5 000

**【例5-8】** 根据【任务案例】,2025年7月31日,经计算,本月应交城市维护建设税3 000元,教育费附加1 700元,尚未缴纳。

该项经济业务涉及"税金及附加"和"应交税费"两个账户。应归属本期的税费应记入"税金及附加"账户借方,应付未付的税费应记入"应交税费"账户的贷方。编制会计分录如下:

借:税金及附加                                                             4 700
　　贷:应交税费——应交城市维护建设税                                            3 000
　　　　　　　——应交教育费附加                                                1 700

任务二小测验

## 任务三　财产清查

PPT

### 任务案例

2025年7月1日，新华公司收到银行转来6月对账单，对账单余额为389 000元，而本公司银行存款日记账6月30日余额为394 150元。出纳员王海将银行对账单与银行存款日记账逐笔核对，找出未达账项，进行调节，以检查双方记账是否有错。

思考：为什么新华公司的银行存款日记账与银行对账单的银行存款余额不一致？是否为记账错误导致的吗？未达账项是怎样形成的？应该如何处理？

## 知识准备

### 一、财产清查的概念

财产清查是指通过对各项财产物资的盘点核对，确定财产物资的实际结存数，并查明实际结存数与账面结存数是否相符的一种专门方法。财产清查是为了加强财务管理，发挥会计监督职能的一项重要工作。由于财产物资的种类繁多，又各有特点，因而在清查时应按照一定的程序，采取有效的清查方法进行财产清查工作。

微课：财产清查

### 二、财产清查的意义

企业、单位要进行经营活动，必须拥有一定的人力资源和物质资源。其所需的物质资源包括流动资产（现金、各种存款、应收及预付货款、存货等）及固定资产等。这些物质资源是各单位经营的物质条件，是企业拥有的财产物资。各单位对这些财产物资的增减变动和结存情况，日常都是通过账簿记录来反映的。为了正确掌握各项财产物资的真实情况，做到家底清楚，心中有数，为经济管理工作提供准确可靠的核算资料，要求账上所反映的有关财产物资的结存数额必须同其实有数额完全一致，即要求做到账实相符。

从理论上讲，账实之间应该是相符的。但是，在实际会计核算工作中，往往会因为种种原因发生差异。在账实不符的情况下，各单位如果依据账面数字反映的情况做出决定，将会导致经营管理上的失误，给单位带来损失。为此，各单位必须运用财产清查这一行之有效的方法发现账实不符，并及时纠正这种偏差，以确保账簿记录的正确性和真实性。

财产清查的关键，是要解决账实不符的问题。那么，为什么会造成账实不符呢？造成账存与实存不符的原因是多方面的，一般有以下几个方面。

（1）财产在收发过程中，由于计量器具精度和检验器具不完备的限制，会在数量、质量上发生差错，使得账簿记录与实际情况不符。

（2）财产在保管过程中发生自然损耗，发生了数量或质量的变化。

（3）由于保管不善，发生财产物资的损坏、霉烂、变质，或工作人员的失职造成现金、往来款项的短缺等。

（4）由于贪污、盗窃、舞弊等造成财产物资的损失。

（5）由于风、水、火等非常灾害，造成财产物资毁损。

（6）在结算过程中，由于账单未到或拒付等原因造成企业与其他单位结算账款上的不相符。

（7）在编制记账凭证、登记账簿时，发生漏记、错记和计算上的差错等。

在会计核算工作中，上述任何一种情况都可能引起账实不符，为此，必须在账簿记录正确无误的基础上，采用财产清查的方法，对各项财产物资进行定期与不定期的盘点和核对，以做到账实相符，保证会计资料的真实性。

财产清查是发挥会计监督职能的一种必要手段，它对于正确组织会计核算、改善经营管理、维护财经纪律、保护企业财产等方面，都具有重要的意义。

1. 保证会计资料的真实可靠

通过财产清查，可以查明各项财产物资的实存数，将其与账存数进行核对，以查明账实是否相符以及账实不符的原因，并按照规定程序调整账存数，做到账实相符，从而保证会计资料的真实性。

2. 加强对财产物资的管理和利用

通过财产清查，可以发现财产物资的短缺、毁损、霉烂、变质情况，以及对营私舞弊、贪污盗窃等犯罪行为要追究责任，严肃处理，以确保企业财产的安全完整。通过财产清查，还可查明各项财产物资的储备和利用情况，对储备过多、长期积压不用的物资，要按规定及时处理；对不配套的物资，应及时补缺配套，形成生产能力，或调剂给其他单位使用等，从而做到合理储备，物尽其用，充分挖掘物资潜力，加速资金周转，提高财产物资的利用效果。

3. 健全财产物资收发保管制度

财产清查中发现的问题，若属核算上的差错，要加强核算工作指导；若属规章制度不够健全，要逐步建立和健全财产物资的收发保管制度，完善岗位责任制；还有可能是度量衡器的问题，要及时加以校正等。因此，通过财产清查，能够查明各项财产保管制度的执行情况，以便及时发现问题，采取措施，进一步建立健全各种财产物资的收发保管制度以及会计核算制度，加强经济责任制，以提高经营管理水平。

### 4. 维护财经纪律

通过财产清查，可以查明各企业、单位执行财经法令和遵守财经纪律的情况。例如，各种往来款项是否符合国家财政、信贷制度，有无不合法的债权、债务；货币资金的收付是否正常等。通过财产清查，可以查明原因，分清责任，采取措施，及时改进，促进企业、单位严格遵守财经纪律。

由此可见，财产清查是加强会计监督、发挥会计作用的重要核算方法。

《中华人民共和国会计法》第十七条明确指出："各单位应当定期将会计账簿记录与实物、款项及有关资料相互核对，保证会计账簿记录与实物及款项的实有数额相符"。

素养小讲堂：自我反省

## 三、财产清查的种类

财产清查可按不同的分类方法进行分类。

### （一）按财产清查的对象和范围分类

#### 1. 全面清查

全面清查就是对本单位所有的财产物资、往来款项进行全面彻底地盘点、核对。就工业企业而言，全面清查的内容一般包括货币资金和有价证券、结算款项、各种存货、固定资产等。

全面清查内容多、范围广、工作量大、时间长，一般只在以下情况下进行：

（1）年终决算之前，要进行全面清查；

（2）单位撤销、合并、改变原来的隶属关系，或采取新的经营方式之前，要进行全面清查；

（3）开展资产评估、清产核资等活动，要进行全面清查；

（4）单位主要负责人调离工作，需要进行全面清查。

#### 2. 局部清查

局部清查就是根据需要对一部分财产物资进行盘点和核对。一般情况下，其清查的对象主要是流动性较大的财产。就工业企业而言，一般主要对以下物资进行局部清查。

（1）流动性较大的财产物资，如原材料、在产品、库存商品等，除了年终进行全面清查外，年度内还要轮流盘点或重点抽查；

（2）各种贵重物资，每月都要进行清查，以防损失或破坏；

（3）对于库存现金，每日终了由出纳人员自行盘点一次；

（4）对于银行存款、借款，每月至少核对一次；

（5）其他各种债权、债务，每年至少应与有关单位核对一至两次。

通过局部清查，可以做到对重要物资、货币资金进行重点管理，对流动性大的物资进行经常管理，以确保企业财产物资的安全完整。

## （二） 按照财产清查的时间分类

按照财产清查的时间不同，可分为定期清查和不定期清查。

1. 定期清查

定期清查就是按照预先规定的时间或根据管理制度的规定对财产物资进行的清查。例如，年度、季度和月份结账时所进行的清查，都是定期的财产清查。定期清查的对象和范围应根据实际情况和需要而定，可以进行全面清查，也可以进行局部清查。

2. 不定期清查

不定期清查也称临时清查，是指清查的时间不预先规定，而是根据需要临时对财产物资进行的清查。例如：更换财产物资和现金保管人员时，财产物资遭受非常灾害和意外损失时，发现贪污盗窃、营私舞弊等行为时，上级主管部门、财政和银行等部门对单位进行会计检查时等，所进行的清查都属于不定期清查。不定期清查的对象和范围可以是全面清查，也可以是局部清查，应根据实际需要而定。

## 四、 财产清查前的准备工作

财产清查是一项复杂、细致的工作，其涉及面广、政策性强、工作量大。因此，为使财产清查工作有领导、有组织、有计划地进行，必须做好以下几项准备工作。

### （一） 组织准备

进行财产清查要成立财产清查领导小组，有计划、有组织地进行。特别是全面清查，一般由领导干部、专业人员和职工代表组成清查领导小组，负责指导清查工作，制订清查工作计划，明确清查范围、进程，确定具体工作人员的分工和职责，检查清查工作质量，总结清查工作经验教训，提出清查结果的处理意见。

### （二） 账簿记录的准备

财产清查是为了检查账实相符情况，所以清查前要把有关账目的收发登记齐全，结出余额，并对总账和明细账核对清楚，保证账证相符、账账相符。只有账证、账账相符，才可进行账面结存与实物结存的核对工作。

### （三） 实物整理的准备

财产物资保管部门和保管人员应在进行财产清查之前，将准备清查的财产物资整理清楚，按类别、组别存放整齐，如对仓库的材料整理码放整齐，并贴上标签，列明材料类别、编号、名称、数量，以便查点。

### （四） 度量衡器的准备

财产清查前要准备好各种必要的度量衡器具并校正准确。此外，还要准备有关清查的登记表册。在进行银行存款、银行借款和有关结算款项的清查时，还应取得对账所需要的有关资料。

# 任务处理

## 一、财产清查的内容和方法

### （一）实物财产的清查

实物财产主要包括原材料、在产品、库存商品及固定资产等。由于它们的实物形态、体积重量、使用性能、生产用途和存放方式等不尽相同，因而清查的方法也有所不同。但以上实物都应从数量和质量两个方面进行清查。具体清查方法有实地盘点法和技术推断盘点法两种。

实地盘点法，就是通过逐一清点或用计量器具来确定实物财产实存数量的方法。这种方法适用范围较广，大多数实物财产的清查都可以采用这种方法。

技术推算盘点法，就是按照一定标准，推算出其实存数量的方法。这种方法适用于堆存量较大、体重廉价、难以逐一清点或计量的物资。如对大量成堆的煤炭、砂石等，就可以采用这种方法来推算确定其实存数量。

对于实物财产的质量检查方法，可根据不同实物分别采用物理、化学等不同的方法进行检查。

实物清查时要注意以下几点：

（1）盘点时实物保管人员要在场。

（2）要注意逐一盘点，不要遗漏或重复盘点。

（3）要注意实物质量是否完好，有没有缺损、霉烂、变质等情况，有的半成品还要注意其成套性。

（4）对于委托外单位加工、保管的材料，可通过信件询证的办法来证实。

清查结束后，应将清查结果如实登记在盘存单上，并由盘点人和实物保管人签名或盖章，以明确经济责任。盘存单是反映清查日实物财产数量和质量情况的书面证明。其一般格式见表5-4。

表5-4                       盘　存　单

财产类别：　　　　　　　　　　　年　月　日　　　　　　　　　　　　　　　第　　页

| 编号 | 名称 | 规格型号 | 计量单位 | 数量 | 单价 | 金额 | 备注 |
|------|------|----------|----------|------|------|------|------|
|      |      |          |          |      |      |      |      |
|      |      |          |          |      |      |      |      |
|      |      |          |          |      |      |      |      |

盘点人签章：　　　　　　　　　　　　　　　　　　　　　　　　　实物负责人签章：

盘存单一般填制一式三份，一份由盘点人员留存备查，一份交实物保管人保存，一份交财会部门与账面记录相核对。

根据盘存单所列各种物资的盘点数量，财会部门应立即与账面结存数量相核对，并编制账存实存对比表,见表5-5。

表 5-5　　　　　　　　　　　账存实存对比表

年　月　日

| 编号 | 品名及规格 | 计量单位 | 单价 | 实存 | | 账存 | | 盘盈 | | 盘亏 | | 备注 |
|---|---|---|---|---|---|---|---|---|---|---|---|---|
| | | | | 数量 | 金额 | 数量 | 金额 | 数量 | 金额 | 数量 | 金额 | |
| | | | | | | | | | | | | |
| | | | | | | | | | | | | |
| | | | | | | | | | | | | |

通过对比,确定各种实物财产的实存数与账存数之间的差异,以便据以查明发生差异的原因,明确经济责任,并做出适当的处理。同时,账存实存对比表还是用以调整有关账簿记录的重要原始凭证。但在实际工作中,为了简化编表工作,账存实存对比表中通常只填列账实不符的财产物资,对于账实完全相符的财产物资不予填列。这样账存实存对比表主要是记录和反映财产物资盘盈、盘亏的,因此,"账存实存对比表"也称为"盘盈、盘亏报告表"。

### (二) 货币资金的清查

货币资金包括库存现金、银行存款、其他货币资金和各种银行借款等款项。清查货币资金时要求收、付、存都符合制度规定和财经纪律。下面以库存现金和银行存款为例来说明货币资金的清查方法。

1. 库存现金的清查

库存现金的清查是通过实地盘点的方法,确定现金的实存数后,与现金日记账的账面结存数进行核对,以查明账实是否相符。盘点时,出纳员必须在场,如果发现长款、短款,必须当场会同出纳人员核实清楚。现金的清查,除了查明账实是否相符之外,还要注意有无违反现金管理制度的情况,如有无挪用现金和以"白条"抵充库存现金的现象以及现金库存限额的执行情况等。清查结束,应编制库存现金盘点报告表,并由盘点人员和出纳员签名或盖章。库存现金盘点报告表具有盘存单和账存实存对比表双重性质,既是反映现金实存数用以调整账簿记录的原始凭证,也是分析账实发生差异的原因、明确经济责任的重要依据。"现金盘点报告表"的一般格式见表5-6。

表 5-6　　　　　　　　　　　库存现金盘点报告表

年　月　日

| 实存金额 | 账存金额 | 盘盈 | 盘亏 | 备注 |
|---|---|---|---|---|
| | | | | |
| | | | | |
| | | | | |

盘点人签章:　　　　　　　　　　　　　　　　　　　　　　　出纳员签章:

知识拓展:识别假人民币

## 2. 银行存款的清查

与实物、库存现金的清查方法不同，银行存款的清查是采用与开户银行核对账目的方法来进行的，即将银行送来的对账单与本单位银行存款日记账逐笔进行核对，以查明其是否相符。在同银行核对账目以前，应先检查本单位银行存款日记账，力求正确，然后与银行送来的对账单逐笔核对。在银行对账单上登记着本单位有关存款的存入、支用和结余的全部记录。必须指出，在实际工作中，银行对账单与本单位银行存款日记账的余额往往不相符。造成不相符的原因主要有两个方面：一是双方记账可能有差错，二是未达账项所致。所谓未达账项，是指企业或银行，一方已经入账，另一方因尚未接到有关凭证而未入账的账项。未达账项主要有以下四种情况。

（1）企业存入银行的款项，企业已作存款增加入账，但银行尚未入账。

（2）企业开出支票或其他付款凭证，企业已作存款减少入账，但银行尚未入账。

（3）银行代企业收到的款项，银行已作企业存款的增加入账，但企业尚未入账。

（4）银行代付的款项，银行已作企业存款的减少入账，但企业尚未入账。

上述四种情况中任何一种情况的发生，都会使双方的账面余额不相符。在（1）和（4）两种情况下，企业银行存款日记账的账面余额将大于银行对账单的余额；在（2）和（3）两种情况下，企业银行存款日记账的账面余额将小于银行对账单的余额。为了检查双方记账有无差错和查明银行存款的准确数字，就要首先排除未达账项的影响。因此，在清查中，应将企业银行存款日记账与银行对账单逐笔进行核对，找出未达账项，并据以编制银行存款余额调节表，其格式见表5-7。

银行存款余额调节表的编制方法，一般是在企业的账面余额和银行对账单余额的基础上，各自分别补记对方已入账而本单位尚未记账的账项金额，然后验证经调节后的双方余额是否相等。如果相等，一般情况下表明双方记账均正确无误；否则，就表明有记账错误，应进一步及时查找原因，予以改正。

下面举例说明银行存款余额调节表的编制方法。

【例5-9】依照【任务案例】，2025年6月底，银行存款日记账余额为394 150元，银行对账单余额为389 000元。出纳员王海经逐笔核对，发现有下列未达账项：

（1）6月29日，企业开出转账支票6 000元，支付供货单位账款，支票尚未到达银行，银行尚未入账。

（2）6月29日，企业存入转账支票一张，计4 000元，银行尚未入账。

（3）6月30日，企业存入销货款现金12 000元，银行尚未入账。

（4）6月30日，银行代付水电费2 600元，企业尚未收到通知，没有入账。

（5）6月30日，银行计算应付给企业存款利息1 600元，已记入企业存款户，企业尚未收到通知，没有入账。

（6）6月30日，企业委托银行收取的货款5 850元，银行已收妥入账，但企业尚未收到收账通知，尚未入账。

根据上述未达账项，编制银行存款余额调节表见表5-7。

表 5-7　　　　　　　　　　　　银行存款余额调节表
2025 年 7 月 1 日

| 项　目 | 金　额 | 项　目 | 金　额 |
|---|---|---|---|
| 企业银行存款日记账余额 | 394 150 | 银行对账单余额 | 389 000 |
| 加：企业未入账的收入款项 | | 加：银行未入账的收入款项 | |
| 1. 存款利息 | 1 600 | 1. 存入转账支票 | 4 000 |
| 2. 托收款收回 | 5 850 | 2. 存入现金 | 12 000 |
| 减：企业未入账的支付款项 | | 减：银行未入账的支付款项 | |
| 1. 银行代付水电费 | 2 600 | 开出转账支票 | 6 000 |
| 调节后存款余额 | 399 000 | 调节后存款余额 | 399 000 |

表 5-7 所列双方余额经调节后是相等的，这表明双方的账簿记录一般没有差错，调节前之所以不相等，完全是由未达账项所致。

应注意的是，调节之后的银行存款余额，既不等于企业存款日记账账面余额，也不等于企业银行对账单余额，这个数字是企业即日银行存款的真正实有数额，即企业实际可动用的存款数额。另外，由于未达账项不是错账、漏账，因此不做任何的账务调整处理，双方账面仍应保持原来的余额。待收到有关凭证之后（即由未达账项变成已达账项），与正常业务一样处理。

### （三）往来账项的清查

往来账项主要包括应收款、应付款、预收款及预付款等款项。这些应收、应付、预收、预付款项，既有对其他企业、单位的结算款项，也有对有关个人的结算款项；既有对外单位的结算款项，也有对本单位内部各个部门和个人的结算款项。在财产清查中应当区别情况，采用不同的方法加以查核。对于外部各单位的各种往来账项的清查与银行存款的清查一样，也是采取同对方核对账目的方法。清查单位应将有关结算款项全部登记入账，并在保证所登记账目正确完整的基础上，根据有关明细分类账的记录，按户编制往来账项对账单，寄发给对方单位进行核对。对方单位经过详细核对后，在往来账项对账单上注明相符或不相符的情况并盖章之后退回清查单位，作为清查结果的依据。清查单位收到退回的往来账项对账单后，对于错误的账目，应即刻查明并按规定手续予以更正；对于未达账项，其具体核对方法与银行存款的核对方法基本相同，即双方都应采用调节账面余额的方法进行核对。在进行往来账项清查的同时，还应清查有无双方发生争议的款项，以便及时采取措施，妥善解决。

对于本单位内部各部门之间的往来账项的清查，可以根据有关账簿记录进行核对，发现不符，应即刻查明原因，予以处理；对于职工的各种往来账项的清查，可以采取抄列清单与本人核对的方法，也可以采取定期公布的方法加以核对。

## 二、财产清查结果的处理

### （一）财产清查结果处理的步骤

各单位通过财产清查，必然会发现财产物资管理工作、会计工作乃至整个经营管理工作中的问题，妥善地处理好这些问题，是财产清查工作的重要环节。同时，清查中发现的问题，也往往为以后改进工作提供了具体的方向。为了充分发挥财产清查的作用，促进企业、单位进一步管理好财产物资，必须对财产清查的结果在认真分析和调查研究的基础上，以有关法令制度为依据，按照规定的程序，严肃正确地加以处理。

财产清查结果的处理步骤，主要包括以下几个方面：

1. 查明各种盘盈、盘亏的原因，并按规定进行处理

对于财产清查中发现的各种财产物资的盘盈、盘亏，在核实盘盈、盘亏的数额以后，必须通过调查研究，查清原因，分清责任，并按规定进行处理。对于定额内的或是自然原因引起的盘盈盘亏，应当按规定办理手续及时转账。对于由于保管人员失职而引起的盘亏和损失，必须查清失职的情节，按规定的程序报请有关领导做出处理。对于贪污、盗窃案件，应当会同有关部门或报送有关单位处理。对于由于自然灾害引起的财产损失，如属已经向保险公司投保财产保险的，还应向保险公司索取赔偿。

2. 积极处理各种积压、多余物资及长期不清的债权、债务

对于财产清查中发现的积压、多余物资，应当认真处理，对于多余、积压物资的处理同样应当查明造成多余、积压的原因，然后分别进行处理。对于盲目采购、盲目建造或者因生产任务改变而造成的积压、多余物资，应当积极组织销售处理。对于因品种不配套而造成的半成品积压，应当调整生产计划，组织均衡生产，消除半成品的积压。在处理积压、多余物资的同时，对于利用率不高或闲置不用的固定资产，也必须查明原因积极处理，使所有固定资产都能做到物尽其用。

对于长期不清或有争议的债权、债务，要指定专人负责查明原因，限期处理。

3. 总结经验教训，建立健全各项财产管理制度

财产清查的目的，不仅要查明财产物资的实有数，还要促进企业加强财产的管理。因此，对于财产清查中发现的各种问题，应在彻底查明各种问题的性质和原因的基础上，充分发动群众，认真总结财产管理的经验教训，并据以制定改进工作的具体措施，建立和健全以岗位责任制为中心的财产管理制度，进一步加强财产管理责任制，以保护企业财产的安全与完整。只有这样，才能促进企业、单位管好财产物质，使财产清查工作发挥更大的作用。

4. 及时调整账簿记录，做到账实相符

保证会计资料的真实性，做到账实相符，是财产清查的一项重要作用。为了充分发挥财产清查在这方面的作用，必须根据财产清查的结果和账簿之间的差异，及时地调整账目，进行必要的账务处理。对于各种盘盈盘亏，应在发现后即刻记账，即使在调查核实、等待处理的过程中，也应作为待处理的盘盈盘亏在账面上加以反映，以便使财产物资的账面余额能与实际结存数相符。经批准处理后，再按批准的意见转账，进行相应的账务处理。对于各种结算款项，如在清查中发现差错，应即刻调整账目，对于确实无法收回的应收款项，应按规定手续经过批准后予以转销。

素养小讲堂：言行一致

### (二) 财产清查结果的账务处理

对财产清查所发现的各种差异应当及时地进行账务处理，调整账簿记录，以达到账实相符。由于清查结果的处理需报有关部门审批，因此，在账务处理上要分两步进行：

第一步，在审批之前，根据账存实存对比表中所确定的财产物资盘盈、盘亏和毁损数额，编制财产溢余、短缺报告单，并据以填制记账凭证，登记有关账簿，使各项财产物资的账面结存数额与实存数额一致，做到账实相符。

第二步，在审批之后，根据发生差异的性质和原因以及上报批复的处理意见，编制记账凭证，据以登记有关账簿。

为了反映和监督财产清查中所查明的财产物资的盘盈、盘亏和毁损及其处理情况，应设置和运用"待处理财产损溢"账户。

"待处理财产损溢"账户属资产类，用以核算企业在财产清查过程中发现的各种财产物资的盘盈、盘亏和毁损的价值。借方登记发生的财产物资的盘亏、毁损数；贷方登记发生的财产物资的盘盈数；按照规定程序报经批准转销财产物资的盘盈、盘亏和毁损数时，记入反方向。对企业的财产损溢，应及时查明原因，在期末结账前处理完毕，处理后本账户应无余额。

本账户可按盘盈、盘亏的资产种类和项目设置明细账户，进行明细核算。

现举例说明财产清查结果的账务处理方法：

【例 5-10】 某企业在财产清查中，发现 A 商品实存数比账存数多 160 元。

(1) 在审批前，根据"财产溢余、短缺报告单"编制会计分录如下：

借：库存商品——A 商品　　　　　　　　　　　　　　　　160
　　贷：待处理财产损溢——待处理流动资产损溢　　　　　　　　160

(2) 经批准，上述溢余商品作冲减本期"管理费用"处理。编制会计分录如下：

借：待处理财产损溢——待处理流动资产损溢　　　　　　　160
　　贷：管理费用——其他　　　　　　　　　　　　　　　　　　160

【例 5-11】 某企业在财产清查中，发现库存甲材料短缺 400 元，乙材料短缺 800 元，因火灾而烧毁丙材料 1 300 元。

(1) 在审批前，根据财产溢余、短缺报告单，编制会计分录如下：

借：待处理财产损溢——待处理流动资产损溢　　　　　　2 500
　　贷：原材料——甲材料　　　　　　　　　　　　　　　　　　400
　　　　　　　——乙材料　　　　　　　　　　　　　　　　　　800
　　　　　　　——丙材料　　　　　　　　　　　　　　　　　1 300

(2) 在审批后，根据批复，盘亏甲材料 400 元系定额内自然损耗，应作为"管理费用"处理；盘亏乙材料 800 元中有 500 元系责任事故，应由过失人王彬赔偿，其余 300 元系定额内损耗，应列作"管理费用"处理；丙材料毁损 1 300 元，应由保险公司赔偿 900 元，其余 400 元列作"管理费用"。编制记账凭证，并据以登记入账。会计分录如下：

借：管理费用——其他　　　　　　　　　　　　　　　　1 100
　　其他应收款——王彬　　　　　　　　　　　　　　　　　500
　　　　　　——保险公司　　　　　　　　　　　　　　　　900

贷：待处理财产损溢——待处理流动资产损溢　　　　　　　　　　　　2 500

任务三小测验

## 职业判断能力训练

### 一、单选题

1. 对各项财产物资的增减数都根据有关凭证逐笔或逐日登记有关账簿，并随时结出账面余额的方法称为（　　）。
　A. 永续盘存制　　　　　　　　　B. 实地盘存制
　C. 权责发生制　　　　　　　　　D. 收付实现制
2. 对于大量堆积的煤炭清查，一般采用（　　）方法进行。
　A. 实地盘点　　　　　　　　　　B. 抽查检验
　C. 技术推算盘点　　　　　　　　D. 查询核对
3. 下列记录可以作为调整账面数字的原始凭证的是（　　）。
　A. 盘存单　　　　　　　　　　　B. 实存账存对比表
　C. 银行存款余额调节表　　　　　D. 往来款项对账单
4. 月末企业银行存款日记账余额为180 000元，银行对账单余额为170 000元，经过未达账项调节后的余额为160 000元，则对账日企业可以动用的银行存款实有数额为（　　）元。
　A. 180 000　　　　　　　　　　 B. 160 000
　C. 170 000　　　　　　　　　　 D. 不能确定
5. 如果企业与银行双方记账均无误，银行对账单与银行存款日记账账面余额不一致的原因是（　　）。
　A. 存在应收账款　　　　　　　　B. 存在应付账款
　C. 存在未达账项　　　　　　　　D. 存在外埠存款
6. "待处理财产损溢"账户属于（　　）。
　A. 资产类　　　　　　　　　　　B. 损益类
　C. 负债类　　　　　　　　　　　D. 所有者权益类
7. 银行存款余额调节表中调节后的余额是（　　）。
　A. 银行存款账面余额
　B. 对账单余额与日记账余额的平均数
　C. 对账日企业可以动用的银行存款实有数额
　D. 银行方面的账面余额
8. 在实际工作中，企业一般以（　　）作为财产物资的盘存制度。
　A. 收付实现制　　　　　　　　　B. 权责发生制

C. 永续盘存制　　　　　　　　　　D. 实地盘存制
9. 库存现金清查的方法是（　　）。
   A. 核对账目法　　　　　　　　　　B. 实地盘点法
   C. 技术推算法　　　　　　　　　　D. 发函询证法
10. 银行存款清查中发现的未达账项应编制（　　）来检查调整后的余额是否相等。
    A. 对账单　　　　　　　　　　　　B. 实存账存对比表
    C. 盘存单　　　　　　　　　　　　D. 银行存款余额调节表
11. 财产清查是用来检查（　　）的一种专门方法。
    A. 账实是否相符　　　　　　　　　B. 账账是否相符
    C. 账表是否相符　　　　　　　　　D. 账证是否相符
12. 某企业在遭受洪灾后，对其受损的财产物资进行的清查，属于（　　）。
    A. 局部清查和定期清查　　　　　　B. 全面清查和定期清查
    C. 局部清查和不定期清查　　　　　D. 全面清查和不定期清查
13. 以下情况中，宜采用局部清查的有（　　）。
    A. 年终决算前进行的清查　　　　　B. 企业清产核资时进行的清查
    C. 企业更换财产保管人员时　　　　D. 企业改组为股份制试点企业进行清查
14. 对银行存款进行清查时，应将（　　）与银行对账单逐笔核对。
    A. 银行存款总账　　　　　　　　　B. 银行存款日记账
    C. 银行支票备查簿　　　　　　　　D. 库存现金日记账
15. 以权利或责任的发生与否为标准，来确认收入和费用的方法称为（　　）。
    A. 永续盘存制　　　　　　　　　　B. 实地盘存制
    C. 权责发生制　　　　　　　　　　D. 收付实现制

## 二、多选题

1. 在企业财产清查中，如果各种流动资产盘亏或毁损，报经批准后可能列入的账户有（　　）。
   A. 其他应收款　　　　　　　　　　B. 管理费用
   C. 营业外收入　　　　　　　　　　D. 营业外支出
2. 下列各项中，需要进行全面清查的有（　　）。
   A. 单位合并前　　　　　　　　　　B. 年终决算前
   C. 清产核资时　　　　　　　　　　D. 企业改变隶属关系前
3. 下列各项中，应采用实地盘点法进行清查的有（　　）。
   A. 库存现金　　　　　　　　　　　B. 银行存款
   C. 固定资产　　　　　　　　　　　D. 库存商品
4. 银行存款日记账与银行对账单余额不相符的原因可能有（　　）。
   A. 企业记账错误　　　　　　　　　B. 企业已记账而银行未记账
   C. 银行记账错误　　　　　　　　　D. 银行已记账而企业未记账
5. 财产清查按照清查时间可以分为（　　）。
   A. 全面清查　　　　　　　　　　　B. 局部清查

C. 定期清查 D. 不定期清查

6. 财产清查按照清查范围可以分为（　　）。
   A. 全面清查 B. 局部清查
   C. 定期清查 D. 不定期清查

7. 企业与银行对账中查出的未达账项通常有（　　）。
   A. 银行已记存款增加而企业尚未记账
   B. 银行已记存款减少而企业尚未记账
   C. 企业已记存款增加而银行尚未记账
   D. 企业已记存款减少而银行尚未记账

8. 下列各项中，属于账实核对的有（　　）。
   A. 银行存款日记账与银行对账单核对
   B. 应收账款明细账与对方单位核对
   C. 原材料明细账与仓库实存材料核对
   D. 库存商品明细账与仓库实存商品核对

9. 在下列有关账项核对中，属于账账核对的内容是（　　）。
   A. 总账账户借方余额与其明细账借方余额合计相核对
   B. 总账账户借方发生额合计与其明细账借方发生额合计相核对
   C. 银行存款日记账余额与其总账余额相核对
   D. 银行存款日记账余额与银行对账单相核对

10. 实物财产清查常用的方法有（　　）。
    A. 函证法 B. 实地盘点法
    C. 技术推算法 D. 抽查盘点法

### 三、判断题

1. 未达账项单指银行已经记账，而企业由于未接到有关凭证而尚未记账的款项。（　　）

2. 企业对于与外部单位往来款项的清查，一般采用编制对账单寄交给对方单位的方式进行，因此属于账账核对。（　　）

3. 银行存款余额调节表只是为了核对账目，并不能作为调整银行存款账面余额的原始凭证。（　　）

4. 永续盘存制下，可以通过存货明细账的记录随时结出存货的结存数量，故不需要对存货进行盘点。（　　）

5. 库存现金的清查包括出纳人员每日的清点核对和清查小组定期和不定期的清查。（　　）

6. 企业采用永续盘存制对存货进行核算时，在期末必须对存货进行实地盘点，否则无法确定本期发出存货成本。（　　）

7. 企业对于未达账项，应编制银行存款余额调节表进行调节，同时还应将未达账项编制记账凭证登记入账。（　　）

8. 只有在永续盘存制下才可能发现财产的盘盈、盘亏现象。（　　）

9. "待处理财产损溢"账户是损益类账户。（   ）
10. 企业的银行存款日记账和银行对账单余额不一致的主要原因是记账错误导致的。
（   ）

##  职业实践能力训练

### 实训一　存货计价方法

（一）目的
掌握先进先出法和加权平均法。
（二）要求
分别采用先进先出法和加权平均法计算期末结存材料金额和本期发出材料成本。
（三）资料
某公司 2025 年 7 月 1 日库存甲材料 1 000 千克，单价 20 元，金额 20 000 元。本月该材料收发情况见表 5-8。

表 5-8　　　　　　　　　　材料收发汇总表

| 2025 年 | | 收料 | | | 发料数量 |
|---|---|---|---|---|---|
| 月 | 日 | 数量 | 单价 | 金额 | |
| 7 | 9 | 2 000 | 22 | 44 000 | |
|  | 12 |  |  |  | 800 |
|  | 19 | 1 500 | 23 | 34 500 | |
|  | 22 |  |  |  | 1 200 |
|  | 23 |  |  |  | 2 200 |
|  | 26 | 2 000 | 20 | 40 000 | |

### 实训二　期末账项调整

（一）目的
掌握期末账项调整业务的核算。
（二）要求
根据下列经济业务编制会计分录。
（三）资料
某企业 2025 年发生有关经济业务如下：
1. 将一套营业用房出租给甲企业，合同约定每月租金为 5 000 元，季末结算。4 月 30 日，确认本月租金收入 5 000 元。
2. 6 月 30 日，收到第二季度租金 15 000 元（其中前两月已确认收入 10 000 元），存入银行。
3. 7 月 1 日，将另一套营业用房出租给乙企业，合同约定每月租金 4 000 元，于季初结

算。当日，收到第三季度租金12 000元，存入银行。

4. 7月31日，确认7月租金收入。

5. 8月1日，车间租赁丙企业厂房一座，合同约定租期3年，以银行存款支付改良支出360 000元。

6. 8月31日，分摊本月应负担的改良支出10 000元。

7. 8月31日，本月初从工商银行借入3年期借款900 000元，年利率为6%，每年年末支付利息，到期还本。计提本月应负担的借款利息。

8. 12月31日，以银行存款支付工商银行借款利息22 500元（其中8~11月已预提18 000元）。

9. 12月31日，应付宏矩设备修理厂修理费8 000元，尚未支付。

### 实训三　编制余额调节表

（一）目的

掌握银行存款余额调节表的编制。

（二）要求

1. 根据资料1编制余额调节表。

2. 根据资料2填制记账凭证，并登记银行存款日记账（其他账户略）。

3. 根据资料2、资料3，将银行对账单与银行存款日记账逐笔核对，找出未达账项，并编制余额调节表，检查记账是否有错。

（三）资料

1. 甲企业2025年6月30日银行存款日记账借方余额为526 000元，银行对账单余额为585 000元。经查，发现有以下未达账项：

（1）委托银行收取的货款120 000元，银行已收妥入账，而企业尚未收到收账通知。

（2）企业以转账支票支付材料运杂费为15 000元，企业已入账，而银行尚未记账。

（3）银行为企业代付电费6 000元，企业尚未记账。

（4）企业收到外单位转账支票一张，还来前欠货款70 000元，企业已收账，银行尚未记账。

2. 乙公司2025年7月1日"银行存款"账户余额为660 000元。7月发生下列收付业务：

（1）2日，签发转账支票（票号为30648），偿还前欠甲公司货款100 000元。

（2）6日，月初委托银行向丙单位收取的货款58 600元已收妥入账。

（3）8日，销售产品一批，售价为30 000元，增值税税额为3 900元，收到转账支票一张，当即送存银行。

（4）12日，签发现金支票（票号为19302），从银行提取现金1 000元备用。

（5）18日，签发转账支票（票号为30649），支付本月电话费5 000元，其中车间500元，厂部1 500元，销售部门3 000元。

（6）20日，从银行汇往外地丁单位56 500元，支付A材料货款50 000元和增值税税额为6 500元。材料尚未到达。

（7）22日，从本市甲公司购进A材料80 000元，增值税税额为10 400元，签发转账支票（票号为30650）支付，材料入库。

(8) 25日，签发现金支票（票号为19303），从银行提取现金36 000元备发工资。

(9) 26日，发放工资，付出现金36 000元。

(10) 27日，收到外地丙单位汇款凭证的收账通知，汇来60 000元，归还前欠本单位货款。

(11) 28日，签发转账支票（票号为30651），支付办公设备修理费15 000元。

(12) 29日，销售产品一批，售价为40 000元，增值税税额为5 200元，收到转账支票一张。当即送存银行。

(13) 30日，签发转账支票（票号为30652），支付本月财产保险费12 000元。

(14) 31日，3个月前丙单位签发并承兑的商业汇票今日到期，收回票款100 000元，存入银行。

(15) 31日，销售给外地丙单位产品一批，售价为100 000元，增值税税额为13 000元，发货时签发转账支票（票号为30653）代对方垫付运费2 000元，已办妥委托银行收款手续。

(16) 31日，签发转账支票（票号为30654）购买设备一套，交付使用，价款、增值税、运费等共计220 000元。

3. 7月31日乙公司收到银行对账单，资料见表5-9。

表5-9　　　　　　　　　　　　　　银行对账单

2025年7月

| 2025年 | | 摘　要 | 结算凭证 | | 存　入 | 支　出 | 余　额 |
| --- | --- | --- | --- | --- | --- | --- | --- |
| 月 | 日 | | 种　类 | 号　数 | | | |
| 7 | 1 | 期初余额 | | | | | 660 000 |
| | 2 | 付甲公司 | 转支 | 30648 | | 100 000 | 560 000 |
| | 6 | 收丙单位 | 委收 | | 58 600 | | 618 600 |
| | 8 | 存销货款 | 进账单 | | 33 900 | | 652 500 |
| | 12 | 付现金 | 现支 | 19302 | | 1 000 | 651 500 |
| | 20 | 付丁单位 | 信汇 | | | 56 500 | 595 000 |
| | 20 | 付电话费 | 转支 | 30649 | | 5 000 | 590 000 |
| | 25 | 付现金 | 现支 | 19303 | | 36 000 | 554 000 |
| | 26 | 付甲公司 | 转支 | 30650 | | 90 400 | 463 600 |
| | 26 | 收丙单位 | 信汇 | | 60 000 | | 523 600 |
| | 29 | 付修理费 | 转支 | 30651 | | 15 000 | 508 600 |
| | 30 | 收销货款 | 进账单 | | 45 200 | | 553 800 |
| | 31 | 收回欠款 | 商业汇票 | | 100 000 | | 653 800 |
| | 31 | 垫付运费 | 转支 | 30653 | | 2 000 | 651 800 |
| | 31 | 支付电费 | 托收 | | | 2 000 | 649 800 |
| | 31 | 托收款划回 | 托收 | | 65 000 | | 714 800 |

## 实训四　财产清查结果的处理

（一）目的

掌握财产清查结果的处理。

（二）要求

根据下列资料，编制会计分录。

（三）资料

1. 某公司期末进行财产清查，在清查中发现下列问题：

（1）甲材料盘盈 690 元。

（2）乙材料盘亏 1 200 元。

（3）丙材料霉变损坏 200 元。

（4）A 产品盘亏 300 元。

（5）B 产品盘盈 800 元。

2. 上列业务经批准做如下处理：

（1）甲材料盘盈系出库时计量不准造成，做冲减管理费用处理。

（2）乙材料盘亏是定额内合理损耗，转作管理费用。

（3）丙材料霉变是因为连续阴雨天气，保管员赵青未及时采取措施所致，责令赵青赔偿 100 元，赔款尚未收到，其余作企业营业外支出处理。

（4）A 产品盘亏系保管员李斌责任心不强造成丢失，责令李斌赔偿，赔款尚未收到。

（5）B 产品盘盈系发货时少发造成，现将 B 产品 800 元补发给购买方。

项目五测验

# 项目六  会计报表的编报

思维导图

## 学习目标

1. 熟悉会计报表的概念、种类和编报要求
2. 熟悉资产负债表中各项目的关系，会编制资产负债表
3. 能熟练编制利润表

## 任务一  资产负债表

PPT

### 任务案例

2025 年 7 月 31 日，新华公司各资产、权益类总账账户期末余额资料见表 6-1，会计主管邱天据以编制资产负债表。

表 6-1　　　　　　　　　　2025 年 7 月 31 日账户余额表　　　　　　　　　　单位：元

| 账户名称 | 借方余额 | 贷方余额 | 账户名称 | 借方余额 | 贷方余额 |
| --- | --- | --- | --- | --- | --- |
| 库存现金 | 10 300 |  | 在建工程 | 580 000 |  |
| 银行存款 | 628 288 |  | 工程物资 | 150 000 |  |
| 其他货币资金 | 200 000 |  | 无形资产 | 540 000 |  |
| 应收票据 | 146 000 |  | 短期借款 |  | 50 000 |
| 应收账款 | 598 200 |  | 应付票据 |  | 100 000 |
| 坏账准备 |  | 1 800 | 应付账款 |  | 953 800 |
| 预付账款 | 100 000 |  | 应付职工薪酬 |  | 180 000 |
| 其他应收款 | 5 000 |  | 应交税费 |  | 167 230 |
| 原材料 | 422 300 |  | 应付股利 |  | 6 600 |

续表

| 账户名称 | 借方余额 | 贷方余额 | 账户名称 | 借方余额 | 贷方余额 |
|---|---|---|---|---|---|
| 周转材料 | 160 000 | | 其他应付款 | | 50 000 |
| 库存商品 | 1 892 400 | | 长期借款 | | 1 160 000 |
| 在途物资 | 50 000 | | 实收资本 | | 5 000 000 |
| 长期股权投资 | 250 000 | | 盈余公积 | | 171 557 |
| 固定资产 | 2 398 857 | | 利润分配 | | 122 158 |
| 累计折旧 | | 170 000 | | | |

思考：编制资产负债表的主要依据是什么？资产负债表的项目是怎样列示的？哪些项目要合并填列？哪些项目要计算分析填列？各大项目之间存在什么关系？

## 知识准备

### 一、会计报表的概念

会计报表是指企业对外提供的反映其某一特定日期的财务状况和某一期间经营成果、现金流量的书面文件。企业的会计报表是企业会计核算的最终成果。

企业发生的任何一项经济业务，都可以通过编制凭证、登记账簿加以记录和反映，但会计凭证只能反映单一经济业务，账簿也只能反映一定时期某一类经济业务，而不能综合地反映一定时间内企业资金运动的最终结果。这就需要通过编制会计报表来简单明了、通俗易懂地表达出来。编制会计报表是会计核算的一项专门方法，是会计核算过程的最后一个环节。

法律法规：《企业会计准则第32号——中期财务报告》

### 二、会计报表意义

企业编报会计报表，可以为会计信息使用者提供有用信息。会计报表的使用者包括企业所有者、债权人、企业管理者、企业职工、政府有关部门等。这些使用者因各自的目的不同，对会计报表的需要和关心程度也不一样。会计报表的作用主要表现在以下几个方面。

#### （一）对现有投资者或潜在投资者的作用

会计报表为企业的投资者进行投资决策提供必要的信息资料。作为投资者，最关心的是投资风险和投资报酬。会计报表能够帮助他们决定是否继续对企业进行投资，是否买进、持有或抛售企业的股票。因此，会计报表对投资者起到投资导向的作用。

### （二） 对债权人的作用

会计报表为企业的债权人提供企业的资金运转情况、短期偿债能力和支付能力的信息资料。金融机构债权人利用会计报表可以了解自己的贷款是否安全，企业能否按期还本付息，贷款能否按协议规定使用，是否继续向企业贷款，以减少其借贷风险；供应商和其他商业债权人，可利用会计报表得到企业所欠款项能否按期支付的信息等。因此，会计报表对债权人的借贷和赊销行为具有导向作用。

### （三） 对企业管理者的作用

会计报表为企业的管理者进行日常的管理活动提供必要的信息资料。企业管理者可利用会计报表及时了解企业一定日期的财务状况和一定期间的经营情况，分析企业成本费用开支是否节约，经营成果是否理想，以便发现问题、纠正缺点、巩固成绩，从而达到加强经济核算、强化财务管理、提高经济效益的目的。企业管理者也可以利用会计报表分析资产结构、负债状况以及产权结构等情况，从而加强资金管理。因此，会计报表对企业管理者能起到完善管理、提高效益的作用。

### （四） 对企业职工的作用

财务会计报表为企业职工参与企业的经营管理活动提供所需要的信息资料。企业职工可以通过财务会计报告了解他们对企业所做的贡献和不足之处，了解各自报酬水平、企业福利、就业机会等情况，还可以监督企业各级管理人员的工作，提出改进企业管理的合理化建议，帮助企业管理人员提高企业管理水平。

### （五） 对政府部门的作用

会计报表为财政、税务、审计、上级主管机关提供对企业实施管理和监督的信息资料。财税部门利用会计报表可以检查监督企业各种税费的提取上交、利润的分配情况，督促企业依法纳税，履行企业对国家承担的义务；审计机关的审计工作是从会计报表审计开始的，会计报表为审计工作提供详尽、全面的数据资料，并为凭证、账簿的进一步审计指明方向；企业主管机关，可以通过会计报表了解企业经营业绩，找出先进与落后的差距，指导企业参与市场竞争；对国家宏观管理部门来讲，通过会计报表的逐级汇总上报，了解不同地区、不同部门、不同行业经济发展情况，从而制定经济政策，搞好综合平衡，加强宏观调控。

## 三、 会计报表的分类

企业会计报表可以根据不同的标准进行分类。

### （一） 按反映的经济内容分类

会计报表按其反映的经济内容划分，可分为资产负债表、利润表、现金流量表和所有者权益（或股东权益）变动表等。

资产负债表是反映企业某一特定日期财务状况的报表。利润表是反映企业某一会计期间经营成果的报表。现金流量表是反映企业某一会计期间现金流量的报表。所有者权益变动表应当反映构成所有者权益的各组成部分当期的增减变动情况。

### （二）按编报时间分类

会计报表按其编报时间划分，可分为年度报表和中期报表。年度会计报表是指年度终了对外提供的会计报表。中期报表是月度、季度和半年度会计报表的统称。

### （三）按反映资金运动状况分类

会计报表按其反映资金运动状况划分，可分为静态报表和动态报表。

静态报表反映企业某一特定日期财务状况，即某一静态时点的资产、负债和所有者权益的价值量，如资产负债表。动态报表反映企业某一会计期间的经营成果和现金流量，即一段时间内企业的资金运动状况及其成果，如利润表和现金流量表。

### （四）按编报会计主体分类

会计报表按其编报会计主体划分，可分为个别会计报表和合并会计报表。

个别会计报表是指会计主体编制的反映其本身资金运动状况的报表。合并会计报表是指企业反映其本身和其控股公司综合状况的会计报表，即会计报表指标既要包含母公司的情况，也要包含其子公司的情况。

### （五）按编制单位分类

会计报表按其编制单位划分，可分为单位会计报表和汇总会计报表。

单位会计报表是指独立核算的基层单位或企业的会计报表。汇总会计报表是指上级单位或企业对其所属单位或企业汇总编制的会计报表。

### （六）按使用对象分类

会计报表按其使用对象划分，可分为对外报表和对内报表。

对外报表是指企业需要定期编制向外报送的会计报表，主要包括资产负债表、利润表、现金流量表、所有者权益变动及相关附表等。当然企业内部同样也使用对外报表。对内报表主要指企业内部使用，不对外提供的会计报表，如成本、费用等报表。

## 四、会计报表的编报要求

为了保证会计报表的质量和发挥会计报表的作用，会计报表要根据登记完整、核对无误的账簿记录和其他有关资料编制，做到数字真实、计算准确、内容完整、编报及时。

素养小讲堂：保持职业怀疑态度

### （一）数字真实

根据客观性要求，会计报表中所反映的各项指标数字必须真实正确，如实反映企业财务状况和经济活动情况,严禁弄虚作假、估计数字、提前结账。这是会计报表编制的基本要求之一,也是充分发挥会计报表作用的前提条件。只有保证会计报表指标的真实可靠,才能为报表使用者提供正确的信息,从而使其做出正确的决策。

### (二) 计算准确

会计报表的各项指标,必须按照《中华人民共和国会计法》《企业会计准则》等规定的口径计算、填列。会计报表编制前,必须做到按期结账,不得为赶制会计报表而提前结账,也不得先编制会计报表然后结账。在本期所有已发生的经济业务和转账业务全部登记入账的基础上,结清各个账户的本期发生额和期末余额,认真对账和清查财产,做到账证相符、账账相符、账实相符,以确保会计报表数字的准确性。

### (三) 内容完整

会计报表必须按统一规定的报表种类、格式、内容填报齐全,报表中所列表内项目和补充资料必须全部填列。汇总报表必须全部汇齐,不得漏汇,以提供完整的数据资料。

### (四) 编报及时

根据及时性原则的要求,各种会计报表必须按照规定时间及时编报,不得拖延,以免影响逐级汇总和信息反馈的时效性。

## 五、会计报表的报送时间

信息的基本特征是时效性。会计报表只有及时编制和报送,才能有利于会计信息的利用。否则,即使是真实、可靠、全面、完整的会计报表,如果失去了编报的及时性,也就失去了其价值。

为了确保会计报表编报的及时性,政府有关部门对各单位会计报表的编报时间做出明确规定。一般来说,月度报表应于月份终了 6 天内报出(节假日顺延,下同);季度报表应于季度终了后 15 天内报出;半年度报表应于半年度终了后 60 天内报出;年度报表应于年度终了后 4 个月内报出。这就要求会计部门必须科学地组织好日常会计核算工作,认真做好记账、算账、对账、财产清查和账项调整等编报前的准备工作,加强会计人员的配合协作,以保证高质、高效地完成会计信息的报送工作。

## 任务处理

微课:资产负债表的编制

## 一、资产负债表的概念与结构

资产负债表是反映企业在某一特定日期（月末、季末、年末）财务状况的会计报表，它列示了企业在特定日期的资产、负债和所有者权益及其相互关系的信息。

资产负债表的结构有账户式和报告式两种。我国会计准则规定，企业一律采用账户式资产负债表。

账户式资产负债表的结构分为左右两方，左方列示资产项目，右方列示负债和所有者权益项目，根据"资产＝负债＋所有者权益"的会计等式，左右两方的总额是相等的。

报表的两方分别排列"报表项目名称""期末余额""年初余额"三列。左方资产项目按照其流动性由强到弱分类分项由上到下依次列示，负债项目按照其偿还期限由短到长分类分项由上到下依次列示，所有者权益项目按照其构成的稳定性由强到弱分类分项由上到下依次列示。左边的资产项目总计与右边负债和所有者权益项目总计应该相等。资产负债表的具体格式见表6－2。

## 二、资产负债表的编制方法

资产负债表的各项目均需填列"期末余额"和"年初余额"两栏，其数据主要来自会计账簿记录。

### （一）"年初余额"的编制依据和方法

"年初余额"栏内各项数字，应根据上年末资产负债表的"期末余额"栏内所列数字填列。

### （二）"期末余额"的编制依据和方法

"期末余额"栏内各项数字，应根据相关科目的期末余额填列。

1. 直接根据总账账户的余额填列

资产负债表中的许多项目可以直接根据同名总账账户余额填列，如"交易性金融资产""短期借款""应付票据""应付职工薪酬""应交税费""实收资本（或股本）""资本公积""盈余公积"等。

2. 根据几个总账账户的余额计算填列

如"货币资金"项目，需根据"库存现金""银行存款""其他货币资金"三个总账账户余额合计填列。

3. 根据有关明细账户的余额计算填列

如"应付账款"项目，需要分别根据"应付账款"和"预付账款"两账户所属明细账户的期末贷方余额计算填列；"预收账款"项目，应根据"应收账款""预收账款"所属明细账户的贷方余额之和计算填列；还有"预付账款"和"应收账款"项目应以同样方法填列。

4. 根据总账账户和明细账户的余额分析计算填列

如"长期借款"项目，应根据"长期借款"总账账户余额扣除"长期借款"明细账户中将在一年内到期部分后的金额填列。

5. 根据总账账户与其备抵账户抵销后的净额填列

如资产负债表中的"应收账款""长期股权投资"等项目，应根据"应收账款""长期股权投资"等账户的期末余额减去"坏账准备""长期股权投资减值准备"等账户余额后的净额填列;"固定资产"项目,应根据"固定资产"账户期末余额减去"累计折旧""固定资产减值准备"账户余额后的净额填列;"无形资产"项目,应根据"无形资产"账户期末余额减去"累计摊销""无形资产减值准备"账户余额后的净额填列。

6. 根据资产负债表内有关项目金额计算填列

如"流动资产合计""非流动资产合计""资产总计""负债合计""所有者权益合计""负债和所有者权益总计"等项目。

【例6-1】依据【任务案例】,会计主管邱天根据各账户余额资料编制资产负债表(见表6-2)。

表6-2　　　　　　　　　　　　　　　资产负债表

会企01表

编制单位:新华公司　　　　　　　2025年7月31日　　　　　　　　　　　　单位:元

| 资　　产 | 期末余额 | 年初余额 | 负债和所有者权益<br>(或股东权益) | 期末余额 | 年初余额 |
|---|---|---|---|---|---|
| 流动资产: | | (略) | 流动负债: | | (略) |
| 货币资金 | 838 588 | | 短期借款 | 50 000 | |
| 交易性金融资产 | | | 交易性金融负债 | | |
| 衍生金融资产 | | | 衍生金融负债 | | |
| 应收票据 | 146 000 | | 应付票据 | 100 000 | |
| 应收款项融资 | 598 200 | | 应付账款 | 953 800 | |
| 预付款项 | 100 000 | | 预收款项 | | |
| 其他应收款 | 5 000 | | 合同负债 | | |
| 存货 | 2 524 700 | | 应付职工薪酬 | 180 000 | |
| 合同资产 | | | 应交税费 | 167 230 | |
| 持有待售资产 | | | 其他应付款 | 56 600 | |
| 一年内到期的非流动资产 | | | 持有待售负债 | | |
| 其他流动资产 | | | 一年内到期的非流动负债 | | |
| 流动资产合计 | 4 212 488 | | 其他流动负债 | | |
| 非流动资产: | | | 流动负债合计 | 1 507 630 | |
| 债权投资 | | | 非流动负债: | | |
| 其他债权投资 | | | 长期借款 | 1 160 000 | |
| 长期应收款 | | | 应付债券 | | |
| 长期股权投资 | 250 000 | | 其中:优先股 | | |
| 其他权益工具投资 | | | 永续债 | | |
| 其他非流动金融资产 | | | 长期应付款 | | |
| 投资性房地产 | | | 预计负债 | | |
| 固定资产 | 2 228 857 | | 递延收益 | | |

续表

| 资　　产 | 期末余额 | 年初余额 | 负债和所有者权益（或股东权益） | 期末余额 | 年初余额 |
|---|---|---|---|---|---|
| 在建工程 | 730 000 | | 递延所得税负债 | | |
| 生产性生物资产 | | | 其他非流动负债 | | |
| 油气资产 | | | 非流动负债合计 | 1 160 000 | |
| 无形资产 | 540 000 | | 负债合计 | 2 667 630 | |
| 开发支出 | | | 所有者权益（或股东权益）： | | |
| 商誉 | | | 实收资本（或股本） | 5 000 000 | |
| 长期待摊费用 | | | 其他权益工具 | | |
| 递延所得税资产 | | | 其中：优先股 | | |
| 其他非流动资产 | | | 永续债 | | |
| 非流动资产合计 | 3 748 857 | | 资本公积 | | |
| | | | 减：库存股 | | |
| | | | 其他综合收益 | | |
| | | | 盈余公积 | 171 557 | |
| | | | 未分配利润 | 122 158 | |
| | | | 所有者权益（或股东权益）合计 | 5 293 715 | |
| 资产总计 | 7 961 345 | | 负债和所有者权益（或股东权益）总计 | 7 961 345 | |

素养小讲堂：提升分析能力

任务一小测验

## 任务二　利　润　表

PPT

### 任务案例

2025 年 7 月 31 日，新华公司各损益类总账账户本期发生额资料如表 6—3 所示，会计主管邱天根据资料编制利润表。

表 6-3　　　　　　　　　　损益类账户发生额表　　　　　　　　　　单位：元

| 账 户 名 称 | 借方发生额 | 贷方发生额 |
|---|---|---|
| 主营业务收入 |  | 1 250 000 |
| 主营业务成本 | 750 000 |  |
| 税金及附加 | 2 000 |  |
| 销售费用 | 20 000 |  |
| 管理费用 | 158 000 |  |
| 财务费用 | 41 500 |  |
| 投资收益 |  | 31 500 |
| 营业外收入 |  | 50 000 |
| 营业外支出 | 19 700 |  |
| 所得税费用 | 102 399 |  |

思考：利润表和资产负债表的编制依据有什么不同？你会熟练编制利润表吗？

## 任务处理

微课：利润表的编制

### 一、利润表的结构

利润表是反映企业某一会计期间经营成果的会计报表。利润表的格式通常有单步式和多步式两种。我国企业编制的利润表采用多步式。

多步式利润表是将利润表的内容作多项分类，即从营业收入到本期净利润，要做多步计算，以便形成几种损益信息，其步骤和内容如下：①以营业收入为基础，计算营业利润；②以营业利润为基础，计算利润总额；③以利润总额为基础，计算净利润。多步式利润表的格式见表 6-4。

### 二、利润表的编制方法

利润表中一般设有"本期金额"和"上期金额"两栏，其填列方法如下。

表中的"上期金额"栏内各项数字，应根据上年该期利润表"本期金额"栏内所列数字填列。

表中的"本期金额"栏内各数字一般应根据损益类账户的发生额分析填列。主要项目列报说明：

（1）"营业收入"项目，反映企业经营主要业务和其他业务所确认的收入总额。本项目应根据"主营业务收入"和"其他业务收入"账户的发生额分析填列。

(2)"营业成本"项目,反映企业经营主要业务和其他业务发生的实际成本总额。本项目应根据"主营业务成本"和"其他业务成本"账户的发生额分析填列。

(3)"税金及附加"项目,反映企业经营业务应负担的消费税、城市维护建设税、资源税、教育费附加及房产税、土地使用税、车船使用税、印花税等相关税费。本项目应根据"税金及附加"账户的发生额分析填列。

(4)"销售费用"项目,反映企业在销售商品过程中发生的包装费、广告费等费用和为销售本企业商品而专设的销售机构的职工薪酬、业务费等经营费用。本项目应根据"销售费用"账户的发生额分析填列。

(5)"管理费用"项目,反映企业为组织和管理生产经营发生的管理费用。本项目应根据"管理费用"账户的发生额分析填列。

(6)"财务费用"项目,反映企业筹集生产经营所需资金等而发生的费用。本项目应根据"财务费用"账户的发生额分析填列。

(7)"资产减值损失"项目,反映企业各项资产发生的减值损失。本项目应根据"资产减值损失"账户的发生额分析填列。

(8)"公允价值变动净收益"项目,反映企业按照相关准则规定应当计入当期损益的资产的公允价值变动净收益,如交易性金融资产当期公允价值的变动额。如为净损失,以"-"号填列。

(9)"投资收益"项目,反映企业以各种方式对外投资所取得的收益。本项目应根据"投资收益"账户的发生额分析填列。如为净损失,以"-"号填列。

(10)"营业外收入""营业外支出"项目,反映企业发生的与其经营活动无直接关系的各项收入和支出。本项目应根据"营业外收入"和"营业外支出"账户的发生额分析填列。

(11)"利润总额"项目,反映企业实现的利润总额。如为亏损总额,以"-"号填列。

(12)"所得税费用"项目,反映企业根据所得税准则确认的应从当期利润总额中扣除的所得税费用。本项目应根据"所得税费用"账户的发生额分析填列。

【例6-2】依据【任务案例】,会计主管邱天根据各损益类账户发生额资料编制利润表,见表6-4。

表6-4　　　　　　　　　　　　　利　润　表　　　　　　　　　　　　会企02表

编制单位:新华公司　　　　　　　　　2025年7月　　　　　　　　　　　　单位:元

| 项　目 | 本期金额 | 上期金额 |
| --- | --- | --- |
| 一、营业收入 | 1 250 000 | 1 210 000 |
| 减:营业成本 | 750 000 | 720 000 |
| 　　税金及附加 | 2 000 | 1 900 |
| 　　销售费用 | 20 000 | 20 000 |
| 　　管理费用 | 158 000 | 160 000 |
| 　　研发费用 | | |

续表

| 项　　目 | 本期金额 | 上期金额 |
|---|---|---|
| 财务费用 | 41 500 | 41 600 |
| 　其中：利息费用 | | |
| 　　　　利息收入 | | |
| 加：其他收益 | | |
| 　投资收益（损失以"-"号填列） | 31 500 | 28 000 |
| 　其中：对联营企业和合营企业的投资收益 | | |
| 　净敞口套期收益（损失以"-"号填列） | | |
| 　公允价值变动收益（损失以"-"号填列） | | |
| 　信用减值损失（损失以"-"号填列） | | |
| 　资产减值损失（损失以"-"号填列） | | |
| 　资产处置收益（损失以"-"号填列） | | |
| 二、营业利润（亏损以"-"号填列） | 310 000 | 294 500 |
| 　加：营业外收入 | 50 000 | 2 000 |
| 　减：营业外支出 | 19 700 | 20 000 |
| 三、利润总额（亏损总额以"-"号填列） | 340 300 | 276 500 |
| 　减：所得税费用 | 85 075 | 69 125 |
| 四、净利润（净亏损以"-"号填列） | 255 225 | 207 375 |
| 　（一）持续经营净利润（净亏损以"-"号填列） | | |
| 　（二）终止经营净利润（净亏损以"-"号填列） | | |
| 五、其他综合收益的税后净额 | | |
| 　（一）不能重分类进损益的其他综合收益 | | |
| 　　1. 重新计量设定受益计划变动额 | | |
| 　　2. 权益法下不能转损益的其他综合收益 | | |
| 　　3. 其他权益工具投资公允价值变动 | | |
| 　　4. 企业自身信用风险公允价值变动 | | |
| 　　…… | | |
| 　（二）将重分类进损益的其他综合收益 | | |
| 　　1. 权益法下可转损益的其他综合收益 | | |
| 　　2. 其他债权投资公允价值变动 | | |
| 　　3. 金融资产重分类计入其他综合收益的金额 | | |
| 　　4. 其他债权投资信用减值准备 | | |
| 　　5. 现金流量套期储备 | | |

续表

| 项　　目 | 本期金额 | 上期金额 |
|---|---|---|
| 6. 外币财务报表折算差额 | | |
| …… | | |
| 六、综合收益总额 | | |
| 七、每股收益： | | |
| （一）基本每股收益 | | |
| （二）稀释每股收益 | | |

素养小讲堂：以真诚之心，行信义之事

任务二小测验

## 职业判断能力训练

### 一、单选题

1. （　　）是反映企业某一特定日期财务状况的报表。
   A. 资产负债表　　　　　　　　B. 利润表
   C. 现金流量表　　　　　　　　D. 所有者权益变动表

2. 利润表是反映企业某一会计期间（　　）的会计报表。
   A. 经营成果　　　　　　　　　B. 资产情况
   C. 负债情况　　　　　　　　　D. 现金流量

3. 资产负债表中的项目数据主要来自（　　）。
   A. 原始凭证　　　　　　　　　B. 记账凭证
   C. 会计账簿　　　　　　　　　D. 其他报表

4. 下列资产中，属于流动资产的是（　　）。
   A. 债权投资　　　　　　　　　B. 货币资金
   C. 长期应收款　　　　　　　　D. 在建工程

5. 甲公司2024年利润总额为7 000万元，所得税税率是25%，则净利润为（　　）万元。
   A. 1 750　　　　　　　　　　B. 1 850
   C. 5 250　　　　　　　　　　D. 6 250

6. 某企业2024年各项收支项目如下：主营业务收入为900万元，主营业务成本为500万元，其他业务收入为50万元，其他业务成本为30万元，销售费用为100万元，管理费用为150万元，财务费用为60万元，税金及附加为20万元，营业外支出为10万元。则该企业2024年度的营业利润为（　　）万元。

A. 60 B. 70
C. 80 D. 90

7. 应在利润表中反映的项目是（　　）。
   A. 未分配利润　　　　　　　　B. 资本公积
   C. 营业利润　　　　　　　　　D. 盈余公积

8. 某公司2024年年末"应付账款"总账贷方余额为40万元，其中"应付账款——A单位"明细账户贷方余额为30万元，"应付账款——B单位"明细账户贷方余额为10万元；"预付账款"总账借方余额为30万元，"预付账款——C单位"明细账户借方余额为50万元，"预付账款——D单位"明细账户贷方余额为20万元。则2024年年末，该公司资产负债表中"应付账款"和"预付账款"项目的金额分别为（　　）。
   A. 40万元和30万元　　　　　　B. 40万元和50万元
   C. 60万元和50万元　　　　　　D. 60万元和30万元

9. 下列资产中，不属于流动资产的是（　　）。
   A. 货币资金　　　　　　　　　B. 存货
   C. 在建工程　　　　　　　　　D. 一年内到期的非流动资产

10. 下列各项中，不属于存货的是（　　）。
    A. 原材料　　　　　　　　　　B. 库存商品
    C. 工程物资　　　　　　　　　D. 周转材料

## 二、多选题

1. 会计报表按其编制时间，分为（　　）。
   A. 年度报表　　　　　　　　　B. 中期报表
   C. 合并报表　　　　　　　　　D. 自制报表

2. 根据企业会计准则，各企业应编报的会计报表有（　　）。
   A. 资产负债表　　　　　　　　B. 利润表
   C. 科目汇总表　　　　　　　　D. 职工薪酬统计表

3. 资产负债表中，"应收账款"项目应包括（　　）。
   A. "应收账款"明细账户的借方余额　　B. "预收账款"明细账户的借方余额
   C. "应收账款"明细账户的贷方余额　　D. "预收账款"明细账户的贷方余额

4. 下列各项中，能根据有关总账账户余额直接填列的项目有（　　）。
   A. 短期借款　　　　　　　　　B. 实收资本
   C. 交易性金融资产　　　　　　D. 应付账款

5. 资产负债表中，"货币资金"项目包括（　　）。
   A. 库存现金　　　　　　　　　B. 银行存款
   C. 其他应收款　　　　　　　　D. 其他货币资金

6. 利润表中，"营业成本"应该根据（　　）等账户来填列。
   A. "主营业务成本"　　　　　　B. "其他业务成本"
   C. "生产成本"　　　　　　　　D. "营业外支出"

7. 资产负债表中，"应付账款"项目，需要根据（　　）账户所属明细账户的期末贷方余额计算填列。

A. 应付账款　　　　　　　　B. 应收账款
C. 预付账款　　　　　　　　D. 预收账款

8. 下列各项，属于影响企业利润总额的因素的有（　　）。

A. 所得税费用　　　　　　　B. 投资收益
C. 其他业务成本　　　　　　D. 管理费用

9. 利润表的格式通常有（　　）。

A. 单步式　　　　　　　　　B. 多步式
C. 账户式　　　　　　　　　D. 报告式

10. 下列项目，属于流动负债的是（　　）。

A. 预收款项　　　　　　　　B. 一年内到期的非流动负债
C. 应付债券　　　　　　　　D. 短期借款

### 三、判断题

1. 我国企业会计准则规定，资产负债表采用账户式结构，而利润表则采用报告式结构。（　　）

2. 资产负债表，"应付职工薪酬"项目应根据"应付职工薪酬"总账账户余额直接填列。（　　）

3. 资产负债表的结构有账户式和报告式两种，我国企业会计准则规定，企业一律采用账户式资产负债表。（　　）

4. 资产负债表和利润表的编制依据都是有关账户的期末余额。（　　）

5. 资产负债表中，"长期借款"项目应根据"长期借款"账户余额直接填列。（　　）

6. 资产负债表是时点报表，主要反映企业的财务状况；利润表是期间报表，主要反映经营成果。（　　）

7. 编制会计报表是会计核算的一项专门方法，是会计核算过程的最后一个环节。（　　）

8. 资产负债表中的资产项目是按照其流动性由弱到强由上到下依次列示的。（　　）

9. 利润表中的"本期金额"栏内各数字一般应根据损益类账户的余额填列。（　　）

10. 利润表中的"上期金额"栏内各项数字，应根据上年该期利润表"本期金额"栏内所列数字填列。（　　）

## 职业实践能力训练

### 实训一　资产负债表

（一）目的

掌握资产负债表的编制方法。

（二）要求

根据下列资料编制资产负债表。

（三）资料

恒泰股份有限公司2025年6月30日有关账户余额见表6-5，据以编制资产负债表（年初数省略）。

表6-5　　　　　　　　　　　有关总分类账户余额　　　　　　　　　　　单位：元

| 会计科目 | 借方余额 | 会计科目 | 贷方余额 |
| --- | --- | --- | --- |
| 库存现金 | 2 000 | 短期借款 | 300 000 |
| 银行存款 | 3 300 000 | 应付票据 | 80 000 |
| 其他货币资金 | 500 000 | 应付账款 | 44 200 |
| 应收票据 | 68 500 | 应付职工薪酬 | 86 500 |
| 应收账款 | 128 200 | 应付股利 | 160 000 |
| 在途物资 | 30 000 | 应交税费 | 220 000 |
| 原材料 | 1 000 000 | 长期借款<br>其中：一年内到期 | 1 800 000<br>（500 000） |
| 库存商品 | 1 480 000 | 股本 | 10 000 000 |
| 长期股权投资 | 1 100 000 | 资本公积 | 250 000 |
| 固定资产 | 7 000 000 | 盈余公积 | 268 000 |
| 无形资产 | 100 000 | 本年利润 | 300 000 |
| 生产成本 | 300 000 | 累计折旧 | 1 500 000 |
| 合　计 | 15 008 700 | 合　计 | 15 008 700 |

## 实训二　利润表

（一）目的

掌握利润表的编制方法。

（二）要求

根据下列资料编制6月利润表。

（三）资料

泰恒公司2025年6月损益类账户发生额见表6-6，据以编制利润表。

表6-6　　　　　　　　　　　损益类账户发生额　　　　　　　　　　　单位：元

| 会计科目 | 2025年6月发生额 | | 2024年6月发生额 | |
| --- | --- | --- | --- | --- |
| | 借方 | 贷方 | 借方 | 贷方 |
| 主营业务收入 | | 2 360 000 | | 2 250 000 |
| 其他业务收入 | | 285 000 | | 260 000 |
| 投资收益 | | 118 000 | | 125 000 |
| 营业外收入 | | 12 000 | | |
| 主营业务成本 | 1 420 000 | | 1 300 000 | |
| 其他业务成本 | 35 000 | | 28 000 | |

续表

| 会计科目 | 2025年6月发生额 | | 2024年6月发生额 | |
|---|---|---|---|---|
| | 借方 | 贷方 | 借方 | 贷方 |
| 税金及附加 | 186 000 | | 140 000 | |
| 销售费用 | 239 000 | | 250 000 | |
| 管理费用 | 263 000 | | 260 000 | |
| 财务费用 | 68 000 | | 65 000 | |
| 营业外支出 | 6 000 | | 2 000 | |
| 所得税费用 | 156 000 | | 149 000 | |

## 职业拓展能力训练

### 综合业务

（一）目的

练习科目汇总表账务处理程序。

（二）要求

1. 根据资料1开设总分类账户并过入期初余额。
2. 根据资料2开设有关明细分类账户，并过入期初余额。
3. 根据资料3运用科目汇总表账务处理程序完成业务处理（每10天编制一次汇总表）。

（三）资料

1. 泰岳股份有限公司2025年11月30日各资产、权益类总账账户余额见表6-7。

表6-7　　　　　　　　　总账账户余额表　　　　　　　　　单位：元

| 账户名称 | 借方余额 | 账户名称 | 贷方余额 |
|---|---|---|---|
| 库存现金 | 3 000 | 应付票据 | 80 000 |
| 银行存款 | 5 180 550 | 短期借款 | 200 000 |
| 应收票据 | 120 000 | 应付账款 | 85 100 |
| 应收账款 | 180 000 | 预付账款 | 100 000 |
| 其他应收款 | 5 000 | 应付职工薪酬 | 96 000 |
| 在途物资 | 61 000 | 应交税费 | 45 000 |
| 原材料 | 720 000 | 长期借款 | 210 000 |
| 库存商品 | 2 300 000 | 股本 | 11 790 000 |
| 固定资产 | 7 723 000 | 资本公积 | 100 000 |
| 无形资产 | 301 700 | 盈余公积 | 154 000 |
| 利润分配 | 786 000 | 本年利润 | 2 308 150 |
| | | 累计折旧 | 2 212 000 |
| 合　计 | 17 380 250 | 合　计 | 17 380 250 |

2. 有关明细账户余额如下：

应收票据：D 单位 120 000 元

应收账款：E 单位 120 000 元；F 单位 60 000 元

其他应收款：李平 3 000 元；王伟 2 000 元

在途物资：A 单位 61 000 元

原材料：甲材料 10 000 千克，15 元/千克，计 150 000 元

　　　　乙材料 6 000 千克，60 元/千克，计 360 000 元

　　　　丙材料 8 000 千克，20 元/千克，计 160 000 元

　　　　丁材料 1 000 千克，50 元/千克，计 50 000 元

库存商品：M 商品 10 000 件，每件 110 元，计 1 100 000 元

　　　　　N 商品 8 000 件，每件 150 元，计 1 200 000 元

应付票据：C 单位 80 000 元

应付账款：B 单位 85 100 元

预收账款：D 单位 100 000 元

应交税费：应交所得税 38 000 元

　　　　　应交城市维护建设税 4 900 元

　　　　　应交教育费附加 2 100 元

利润分配：未分配利润 80 000 元（贷方）

　　　　　提取盈余公积 346 000 元（借方）

　　　　　应付现金股利 520 000 元（借方）

3. 12 月发生经济业务如下：

（1）1 日，签发转账支票（票号为 60349）购买办公用品 1 500 元，交付使用。车间领用 200 元，管理部门领用 1 000 元，销售部门领用 300 元。

（2）1 日，仓库送来收货单，上月从 A 单位购进的乙材料 1 000 千克，61 元/千克，计 61 000 元（上月已付款），今日到货，验收入库。

（3）2 日，上月委托银行向 E 单位收取的货款 120 000 元，银行已收妥入账，收到收账通知；同日，F 单位交来转账支票一张，归还前欠货款 60 000 元，当即填制进账单送存银行。

（4）2 日，管理人员李平出差归来，报销差旅费 2 800 元，余款 200 元交回现金。

（5）2 日，向 D 企业销售 M 产品 3 000 件，单价为 160 元，计 480 000 元，增值税税额为 62 400 元，扣除 100 000 元预收款，其余款项收到转账支票，当即填制进账单送存银行。

（6）3 日，签发转账支票（票号为 60350）偿还前欠 B 单位货款 85 100 元。

（7）6 日，向 A 单位购买甲材料 3 000 千克，单价为 15 元，计 45 000 元，增值税税额为 5 850 元，贷款及运费 3 000 元（增值税税额为 270 元）通过银行汇出，材料入库。

（8）7 日，上交上月各项税金和教育费附加。

（9）8 日，以转账支票（票号为 60351）支付省电视台广告费 120 000 元。

（10）8 日，签发转账支票（票号为 60352）预付 C 单位货款 100 000 元。

（11）9 日，向 E 单位销售 M 产品 1 000 件，单价为 150 元，计 150 000 元；N 产品 2 000 件，单价为 200 元，计 400 000 元。增值税税额共计 71 500 元。以现金为对方垫付运

杂费 300 元，已办妥委托银行收款手续。

（12）9 日，车间技术人员王伟出差归来，报销差旅费 3 000 元（原借 2 000 元），出纳员付给王伟现金 1 000 元。

（13）10 日，签发转账支票（票号为 60353）支付电费 16 200 元，其中车间耗用 12 000 元，厂部 3 000 元，销售部门 1 200 元。

（14）12 日，从 C 单位购买乙材料 2 000 千克，单价为 61 元，计 122 000 元，增值税税额为 15 860 元。扣除预付的货款 100 000 元，差额以转账支票支付（票号 60354），材料入库。

（15）12 日，经批准增发新股 500 万股，每股面值为 1 元，售价为 1.80 元，款项 9 000 000 元收妥入账。

（16）12 日，9 日委托银行向 E 单位收取的款项已划回入账，收到收账通知。

（17）12 日，向 B 企业购进丙材料 3 000 千克，单价为 18 元，计 54 000 元；丁材料 1 000 千克，单价为 50 元，计 50 000 元。增值税税额共计 13 520 元。款项签发转账支票（票号为 60355）付讫，材料入库。

（18）12 日，签发转账支票（票号为 60356）向希望工程捐款 100 000 元。

（19）15 日，签发现金支票（票号为 21693），从银行提取现金 2 000 元备用。

（20）16 日，发放本月工资 69 000 元（通过银行转入职工个人储蓄账户）。

（21）17 日，向 D 企业销售 M 产品 3 500 件，单价为 160 元，计 560 000 元；N 产品 1 000 件，单价为 200 元，计 200 000 元。增值税税额共计 98 800 元。贷款收到支票一张，送存银行。

（22）18 日，以银行存款偿还到期的短期借款 100 000 元。

（23）18 日，签发转账支票（票号为 60367）支付电话费 15 000 元，其中车间 3 000 元，厂部 5 000 元，销售部门 7 000 元。

（24）18 日，销售人员李文出差，借支差旅费 3 000 元，付给其现金。

（25）19 日，从 A 企业购买甲材料 3 000 千克，单价为 14 元，计 42 000 元；乙材料 3 000 千克，单价为 58 元，计 174 000 元。增值税税额共计 28 080 元，对方代垫运费为 5 000 元（按重量比例分摊），增值税税额为 450 元。材料入库，款项暂欠。

（26）19 日，接银行利息通知单，支付本月短期借款利息 8 000 元。

（27）20 日，从银行汇出款项 249 530 元，偿还欠 A 单位货款。

（28）21 日，从 A 单位购进丙材料 5 000 千克，单价为 21 元，计 105 000 元；丁材料 2 000 千克，单价为 48 元，计 96 000 元。增值税税额共计 26 130 元。对方代垫运费为 4 200 元（按重量比例分摊），增值税税额为 378 元。款项承付，材料同日到达，验收无误，入库。

（29）21 日，向 E 企业销售 N 产品 1 000 件，单价为 200 元，计 200 000 元，增值税税额为 26 000 元。收到商业汇票 1 张，期限两个月。

（30）23 日，分配本月工资。生产 M 产品工人工资为 20 000 元，N 产品工人工资为 18 000 元，车间管理人员工资为 4 000 元，厂部管理人员工资为 15 000 元，销售人员工资为 12 000 元。

（31）23 日，按职工工资总额的 8% 计提职工福利。

(32) 25日，计提固定资产折旧30 000元，其中车间为16 000元，厂部为11 000元，销售部门为3 000元。

(33) 26日，仓库送来发出材料汇总表（见表6-8），要求在原材料明细分类账中计算加权平均单价，进而计算发出材料成本，并进行结转。

表6-8　　　　　　　　　　　发出材料汇总表　　　　　　　　　　单位：千克

| 用　　途 | 甲材料 | 乙材料 | 丙材料 | 丁材料 |
|---|---|---|---|---|
| 生产M产品 | 10 000 | 3 000 | 2 000 | |
| 生产N产品 | | 5 000 | 9 000 | 2 800 |
| 车间一般耗用 | | | 500 | 180 |
| 厂部耗用 | | | 300 | 20 |
| 销售部门耗用 | | | 200 | |
| 合　　计 | 10 000 | 8 000 | 12 000 | 3 000 |

(34) 28日，按生产工人工资比例计算分配制造费用，将其计入M、N产品成本。

(35) 29日，计算结转本月产品销售成本。

(36) 30日，本月M产品投产4 560件，N产品投产4 920件，月末全部完工。计算M、N产品的总成本和单位成本，并作产品入库的账务处理。

(37) 30日，经计算，本月应交城市维护建设税为15 400元，教育费附加为6 600元。

(38) 31日，将损益类账户本月发生额结转"本年利润"账户。

(39) 31日，根据本月利润总额按25%计算结转应交所得税。

(40) 31日，按全年净利润的10%计提法定盈余公积。

(41) 31日，进行年终转账。

项目六测验

# 项目七　会计资料的整理与归档

思维导图

### 学习目标

1. 能够引起会计人员对会计档案管理的足够重视
2. 能够使会计人员熟悉相关法律法规对会计档案管理的规定
3. 能够使会计人员学会对会计档案进行整理和装订，会建立会计档案，会对会计档案进行保管
4. 能够掌握会计档案的保管期限和销毁的相关知识，并能够应用于实际工作中

## 任务一　会计档案的整理与装订

PPT

### 引导案例

2025年1月10日，新华公司财务科对2024年12月的记账凭证、2024年1—12月的会计账簿、会计报表和其他会计档案进行整理和装订。该项工作由会计主管邱天、记账员（明细账）林传文、张质斌以及出纳员王海共同完成。这项工作大概需要两天时间。

思考：你知道哪些资料是会计档案吗？会计人员应该如何整理和装订会计档案？

### 知识准备

#### 一、会计档案的概念和种类

（一）会计档案的概念

会计档案是指会计凭证、会计账簿和会计报表等会计核算专业材料，是记录和反映经济业务事项的重要历史资料和证据。

《中华人民共和国会计法》规定，各单位对会计凭证、会计账簿、会计报表和其他会计资料应当建立档案，妥善保管。会计档案的保管和销毁办法，由国家财政部门会同有关部门制定。我国财政部和国家档案局于 2015 年 12 月公布（2016 年 1 月起实施了新的《会计档案管理办法》），对会计档案的立卷、归档、保管调阅和销毁，以及单位变更后的会计档案管理问题作出了更加明确的规定。

### （二）会计档案的种类

会计档案具体包括下列内容：

（1）会计凭证类，包括原始凭证、记账凭证、汇总凭证以及其他会计凭证。

（2）会计账簿类，包括总账、明细账、日记账、固定资产卡片、辅助账簿以及其他会计账簿。

（3）会计报表类，包括月度、季度、年度会计报表以及报表附注及文字说明。

（4）其他类，包括银行存款余额调节表、银行对账单、其他应当保存的会计核算专业资料以及会计档案移交清册、会计档案保管清册、会计档案销毁清册等。

微课：会计档案的整理与装订

素养小讲堂：严格自律

## 二、会计凭证的整理与装订

会计凭证是会计档案的重要组成部分，会计人员要做好会计凭证的整理和装订工作。整理会计凭证时，首先，要把所有应归档的会计凭证收集齐全，根据不同的种类，按时间或按顺序号逐张排放好。其次，整理记账凭证的附件，剔除不属于会计档案范围和没有必要归档的一些资料，补充遗漏的必不可少的核算资料。再次，清除订书针、曲别针等金属物。最后，将记账凭证按适当厚度分成若干本。将会计凭证整理好后，应按照有关规定的要求，将会计凭证装订成册。会计凭证要做到装订整齐、完整、牢固，妥善保管，便于查阅。

知识拓展：会计凭证装订

会计凭证装订完毕之后，还要完成以下工作：首先，要认真填好会计凭证的封面。封面各记事栏是事后查账和查证有关事项的最基础的索引。其次，填好卷脊上的项目。卷脊上一般应写上"××××年××月凭证"和案卷号。最后，将装订好的凭证装入会计凭证盒，由专人负责保管。会计凭证盒各记事栏也要填写完整。

拓展阅读：关于规范电子会计凭证报销入账归档的通知

### 三、会计账簿的整理与装订

年度终了，各种会计账簿，包括总账、明细账、日记账、固定资产卡片、辅助账簿、其他会计账簿等，在结转下年、建立新账后，一般都要把旧账送交总账会计集中统一整理。需要重新整理和装订的是活页账，如各种明细账。首先，将活页账的空白账页抽出，编写页码，按页码顺序排好，加封面后，根据会计账户性质和厚度装订成若干册。其次，填写会计账簿封面。会计账簿封面的有关内容要填写齐全。最后，将装订好的会计账簿分类装入盒内。对于订本账，可直接分类归档。

### 四、会计报表的整理与装订

会计报表一般在年度终了后，一般由主管报表的人员或会计机构负责人统一收集、整理、装订，并立卷归档。平时，月度和季度报表，由主管报表人员负责保存。年终，将全年会计报表，按时间顺序整理装订成册，登记会计档案（会计报表）目录，逐项写明报表名称、页数、归档日期等。经会计机构负责人审核、盖章后，由主管报表人员负责装盒归档。

### 五、其他会计资料的整理与保存

其他会计资料，包括银行存款余额调节表、银行对账单、年（季）度成本、利润计划、月度财务收支计划、经济活动分析报告、工资计算表及一些重要的经济合同，会计档案移交清册、会计档案保管清册、会计档案销毁清册等，也应随同正式会计档案进行收集整理。但是，这部分资料不是全部移交档案部门，有的在一个相当长时间内，由会计部门保存。这就需要认真筛选，把收集起来的这些资料，逐件进行鉴别，将需移交档案部门保管存放的，按要求另行组卷装订，而后移交档案部门。

会计档案的整理和装订要规范化。封面、盒、袋要按统一的尺寸、规格制作，卷脊、封面的内容要按统一的项目印制、填写。要做到收集按范围，整理按规范，装订按标准。

任务一小测验

## 任务二　会计档案的归档与移交

PPT

### 引导案例

2025年1月12日，新华公司将2024年度的所有会计档案整理并装订完毕，交给会计主管邱天，由他编制会计档案保管清册，然后归档保管。一年期满后，再交单位档案室保管。2025年，新华公司发生了以下与会计档案管理有关的事项：

（1）1月31日，邱天生病了，需要休息1个月，临时交接有关工作，经理袁强委托出纳员王海临时保管会计档案。

（2）3月10日，业务往来单位家乐佳有限公司因业务需要，经新华公司领导批准，并办理登记手续后，查阅了2024年有关会计档案，对有关原始凭证进行了复制，并办理了登记手续。

思考：由单位出纳员王海临时保管会计档案的做法是否合法？业务往来单位家乐佳查阅会计档案的做法是否合法？

**知识准备**

### 一、会计档案的归档

根据《会计档案管理办法》的规定，各单位每年形成的会计档案，应当由会计机构按照归档要求，负责整理立卷，装订成册，编制会计档案保管清册。

当年形成的会计档案，在会计年度终了后，可暂由会计机构保管一年，期满之后，应当由会计机构编制移交清册，移交本单位档案机构统一保管；未设立档案机构的，应当在会计机构内部指定专人保管。出纳人员不得兼管会计档案。

移交本单位档案机构保管的会计档案，原则上应当保持原卷册的封装。个别需要拆封重新整理的，档案机构应当会同会计机构和经办人员共同拆封整理，以分清责任。

微课：会计档案的归档与移交

法律法规：《会计档案管理办法》

### 二、会计档案的移交

单位之间交接会计档案的，交接双方应当办理会计档案交接手续。

移交会计档案的单位，应当编制会计档案移交清册，列明应当移交的会计档案名称、卷号、册数、起止年度和档案编号、应保管期限、已保管期限等内容。

交接会计档案时，交接双方应当按照会计档案移交清册所列内容逐项交接，并由交接双方的单位负责人负责监交。交接完毕后，交接双方经办人和监交人应当在会计档案移交清册上签名或者盖章。

各单位保存的会计档案不得借出。如有特殊需要，如有经济业务往来的单位需要查阅与业务相关的会计凭证或公检法等监察部门需要查询与案件有关的会计资料等，经本单位负责人批准，可以提供查阅或者复制，但必须办理登记手续。查阅或者复制会计档案的人员，严禁在会计档案上涂画、拆封和抽换。

各单位应当建立健全会计档案查阅、复制登记制度。

根据【任务案例】，经理袁强委托出纳员王海临时保管会计档案的做法是错误的，出纳员不得兼管会计档案的保管工作；业务往来单位家乐佳经领导批准，并办理登记手续后，查阅、复制会计档案的做法是合法的。

任务二小测验

## 任务三　会计档案的保管与销毁

PPT

### 引导案例

新华公司一年以上的会计档案，由档案室王明保管。王明工作认真负责，对会计档案的管理整齐有序，他将会计档案分别按保管期限和会计档案种类进行存放保管。2025年10月31日，他对会计档案进行了整理，发现一部分会计档案保管期限已满，决定向经理袁强提出销毁意见，对其进行销毁。这部分会计档案包括：保管期限已满30年的会计凭证一批、保管期限已满30年的会计账簿一批、保管期限已满10年的银行对账单和银行存款余额调节表一批、保管期限已满10年的月度和季度财务报表（包括文字分析）一批。王明将需要永久保存的年度财务会计报告（包括文字分析）、会计档案保管清册和会计档案销毁清册单独存放。经理袁强批准了王明的申请。王明编制了会计档案销毁清册，袁强签字后，将以上保管期限已满的会计档案于当天进行了销毁，并由专人负责监销。

思考：以上案例中，新华公司对保管期满的会计档案进行销毁的做法是否合法？

# 知识准备

微课：会计档案的保管与销毁

## 一、会计档案的保管

根据《会计档案管理办法》的规定，会计档案的保管期限分为永久和定期两类。永久是指会计档案须永久保存；定期是指会计档案保存应达到法定的时间。会计档案的定期保管期限分为 10 年和 30 年两类。会计档案的保管期限，从会计年度终了后的第一天算起。《会计档案管理办法》分别规定了企业和其他组织会计档案保管期限和财政总预算、行政单位、事业单位和税收会计档案保管期限。《会计档案管理办法》所附企业和其他组织会计档案保管期限表如表 7-1 所示。

表 7-1　　　　　　　　　企业和其他组织会计档案保管期限表

| 序号 | 档案名称 | 保管期限 | 备注 |
|---|---|---|---|
| 一 | 会计凭证类 | | |
| 1 | 原始凭证 | 30 年 | |
| 2 | 记账凭证 | 30 年 | |
| 二 | 会计账簿类 | | |
| 3 | 总账 | 30 年 | |
| 4 | 明细账 | 30 年 | |
| 5 | 日记账 | 30 年 | |
| 6 | 固定资产卡片 | | 固定资产报废清理后 5 年 |
| 7 | 其他辅助性账簿 | 30 年 | |
| 三 | 财务报告类 | | 包括各级主管部门 |
| 8 | 月度、季度、半年度财务会计报告 | 10 年 | 包括文字分析 |
| 9 | 年度财务会计报告 | 永久 | 包括文字分析 |
| 四 | 其他会计资料 | | |
| 10 | 银行存款余额调节表 | 10 年 | |
| 11 | 银行对账单 | 10 年 | |
| 12 | 纳税申报表 | 10 年 | |
| 13 | 会计档案移交清册 | 30 年 | |
| 14 | 会计档案保管清册 | 永久 | |
| 15 | 会计档案销毁清册 | 永久 | |
| 16 | 会计档案鉴定意见书 | 永久 | |

《会计档案管理办法》规定的会计档案保管期限为最低保管期限，各类会计档案的保管原则上应当按照《会计档案管理办法》附表所列期限执行。

各单位会计档案的具体名称如有同《会计档案管理办法》附表所列档案名称不相符的，可以比照类似档案的保管期限办理。

对会计档案应当科学管理，妥善保管，存放有序。严禁随意堆放，严防毁损、散失和泄密。

素养小讲堂：提升保密素养

### 二、会计档案的销毁

会计档案的销毁是会计档案管理的重要内容，必须严格规范有序进行。

保管期满的会计档案，除《会计档案管理办法》规定的特殊情形外，可以按照以下程序销毁。

#### （一）编造会计档案销毁清册

由本单位档案机构会同会计机构提出销毁意见，编制会计档案销毁清册，列明销毁会计档案的名称、卷号、册数、起止年度和档案编号、应保管期限、已保管期限、销毁时间等内容。单位档案机构和会计机构将编制好的会计档案销毁清册和销毁意见报本单位负责人，单位负责人进行复核后，在会计档案销毁清册上签署销毁意见。

#### （二）专人负责监销

监销人在销毁会计档案前，应当按照会计档案销毁清册所列内容清点核对所要销毁的会计档案。

会计档案销毁时，监销人员根据不同情况由相应的单位派出。一般企业、事业单位和组织，应当由档案机构和会计机构共同派员监销；国家机关销毁会计档案时，应当由同级财政部门、审计部门派员参加监销；财政部门销毁会计档案时，应当由同级审计部门派员参加监销。

销毁后，应当在会计档案销毁清册上签名盖章，并将监销情况报告本单位负责人。

#### （三）不得销毁的会计档案

根据《会计档案管理办法》的规定，保管期满但未结清的债权债务原始凭证和涉及其他未了事项的原始凭证，不得销毁，应当单独抽出立卷，保管到未了事项完结时为止。单独抽出立卷的会计档案，应当在会计档案销毁清册和会计档案保管清册中列明。

正在项目建设期间的建设单位，其保管期满的会计档案不得销毁。

另外，采用电子计算机进行会计核算的单位，应当保存打印出的纸质会计档案。

具备采用磁带、磁盘、光盘、微缩胶片等磁性介质保存会计档案条件的，由国务院业务主管部门统一规定,并报财政部、国家档案局备案。

【任务案例】中,新华公司对保管期满的会计档案进行销毁的做法是不合法的。

任务三小测验

##  职业判断能力训练

### 一、单选题

1. 下列会计档案中需要保管 10 年的是(　　)。
   A. 银行存款总账　　　　　　　　B. 银行存款日记账
   C. 银行对账单　　　　　　　　　D. 辅助账簿
2. 以下内容不属于会计档案的是(　　)。
   A. 库存现金日记账　　　　　　　B. 总账
   C. 购销合同　　　　　　　　　　D. 购货发票
3. 下列会计档案中,不需要永久保存的是(　　)。
   A. 年度财务报告　　　　　　　　B. 银行存款日记账和总账
   C. 会计档案保管清册　　　　　　D. 会计档案销毁清册
4. 各单位每年形成的会计档案,都应由本单位(　　)负责整理立卷,装订成册,编制会计档案保管清册。
   A. 财务会计部门　　　　　　　　B. 档案部门
   C. 人事部门　　　　　　　　　　D. 指定专人
5. 银行对账单和银行存款余额调节表的保管期限为(　　)。
   A. 30 年　　　　　　　　　　　　B. 永久
   C. 10 年　　　　　　　　　　　　D. 以上各项都不对
6. 按内部牵制原则的要求,会计机构中保管会计档案的人员,不得由(　　)兼任。
   A. 会计人员　　　　　　　　　　B. 会计机构负责人
   C. 出纳人员　　　　　　　　　　D. 会计主管人员
7. 根据《会计档案管理办法》的规定,企业季度财务会计报告的保管期限为(　　)。
   A. 永久　　　　　　　　　　　　B. 10 年
   C. 30 年　　　　　　　　　　　　D. 以上各项都不对
8. 下列会计资料不属于会计档案的有(　　)。
   A. 记账凭证　　　　　　　　　　B. 会计档案移交清册
   C. 年度财务计划　　　　　　　　D. 银行对账单
9. 企业销毁保管期满的会计档案时由(　　)负责。
   A. 本单位的档案机构和会计机构共同派人

B. 主管部门派人

C. 同级财政部门派人

D. 同级财政和审计部门派人

10. 其他单位如果因特殊原因需要使用原始凭证时，经本单位负责人批准（　　）。

A. 可以借出　　　　　　　　　　B. 只可以查阅不能复制

C. 不可查阅或复制　　　　　　　D. 可以查阅或复制

## 二、多选题

1. 下列属于会计档案的内容的是（　　）。

A. 原始凭证　　　　　　　　　　B. 总分类账

C. 会计报表　　　　　　　　　　D. 会计档案保管清册

2. 会计档案中的定期档案的保管期限有（　　）。

A. 5 年　　　　　　　　　　　　B. 10 年

C. 30 年　　　　　　　　　　　 D. 永久

3. 保管期限为 10 年的会计档案有（　　）。

A. 月度财务报告　　　　　　　　B. 季度财务报告

C. 行政单位月度报表　　　　　　D. 银行存款余额调节表

4. 企业的下列会计档案中，保管期限为 30 年的应为（　　）。

A. 往来款项明细账　　　　　　　B. 存货总账

C. 银行存款日记账　　　　　　　D. 长期股权投资总账

5. 对本单位档案机构保管的会计档案，需要拆封重新整理的，应由（　　）同时参与，以分清责任。

A. 原财务会计部门　　　　　　　B. 经办人

C. 本单位档案机构　　　　　　　D. 本单位人事部门

6. 下列会计档案中保管期限为永久的有（　　）。

A. 年度财务会计报告　　　　　　B. 会计档案销毁清册

C. 现金和银行存款日记账　　　　D. 会计移交清册

7. 会计档案销毁清册中应列明所销毁会计档案的（　　）等内容。

A. 起止年度和档案编号　　　　　B. 应保管期限

C. 已保管期限　　　　　　　　　D. 销毁时间

8. 保管期满，不得销毁的会计档案有（　　）。

A. 未结清的债权债务原始凭证

B. 正在建设期间的建设单位的有关会计档案

C. 超过保管期限但尚未报废的固定资产购买凭证

D. 银行存款余额调节表

9. 下列会计资料中属于会计档案范围的有（　　）。

A. 银行对账单　　　　　　　　　B. 财务收支计划

C. 会计账簿　　　　　　　　　　D. 会计档案移交清册

10. 下列会计档案中，保管期限为 30 年的有（　　）。

A. 原始凭证  B. 库存现金日记账
C. 明细账  D. 记账凭证

### 三、判断题

1. 本单位的会计档案机构为方便保管会计档案，可以根据需要对其拆封重新整理。（　　）
2. 当年形成的会计档案，在会计年度终了后，可暂由本单位会计机构保管 5 年。（　　）
3. 会计账簿类会计档案的保管期限均为 15 年。（　　）
4. 各单位保存的会计档案原则上不得借出，但如有特殊需要，经本单位负责人批准，可以借出。（　　）
5. 财政部门销毁会计档案时，应当由同级审计部门派员监销。（　　）
6. 正在项目建设期间的建设单位，其保管期满的会计档案也不得销毁。（　　）
7. 对于保管期满但未结清的债权债务原始凭证和涉及其他未了事项的原始凭证，不得销毁，应单独抽查立卷，由档案部门保管至未了事项完结时。（　　）
8. 财会部门或经办人，必须在会计年度终了后的第一天，将应归档的会计档案全部移交档案部门，保证会计档案齐全完整。（　　）
9. 按照《会计档案管理办法》的规定，会计档案立卷后，可暂由本单位财会部门保管 1 年。（　　）
10. 定期保存的凭证，只要保管期满，即可立即销毁。（　　）

## 职业实践能力训练

1. 济南路通市政公司档案科会同企管办对公司会计档案进行了清理，编造会计档案销毁清册，将保管期已满的会计档案按规定程序全部销毁，其中包括一些保管期满但尚未结清债权债务的原始凭证。

请分析：该公司在销毁会计档案中是否有违反法律规定之处？请说明理由。

2. 济南路通市政公司是山东省建筑公司的业务往来单位，因业务需要，提出查阅山东省建筑公司 2024 年的有关会计档案。山东省建筑公司负责人批准后，济南路通市政公司查阅了其有关会计档案，复制了有关原始凭证，并办理了登记手续。

请分析：山东省建筑公司向济南路通市政公司提供查阅会计档案、复制有关原始凭证是否符合法律规定？请说明理由。

3. 山东中元科技公司会计科的档案管理员吴梅要休产假 5 个月，公司经理许博为节省人力资源成本，委托出纳员李黎临时保管会计档案。

请分析：由出纳员临时保管会计档案的做法是否符合法律规定？请说明理由。

项目七测验

# 综合测试题

## 一、单选题（共10题，1分/题，共10分）

1. 企业各期发生的期间费用应（    ）。
   A. 计入当期损益           B. 计入当期生产成本
   C. 冲减当期销售成本       C. 等待以后各期分摊

2. 工业企业的"限额领料单"一般是一种（    ）。
   A. 自制累计原始凭证       B. 自制一次原始凭证
   C. 外来原始凭证           D. 自制汇总原始凭证

3. 银行存款日记账的登记方法是（    ）。
   A. 逐日逐笔登记           B. 定期汇总登记
   C. 月末一次汇总登记       D. 逐日汇总登记

4. 下列属于静态报表的是（    ）。
   A. 现金流量表             B. 利润分配表
   C. 利润表                 D. 资产负债表

5. 如果发现企业账簿中数字有误，而记账凭证无误，则适合采用（    ）进行更正。
   A. 红字冲销法             B. 补充登记法
   C. 转销更正法             D. 划线更正法

6. 各种账务处理程序之间的区别在于（    ）。
   A. 总账的格式不同         B. 编制会计报表的依据不同
   C. 登记总账的程序和方法不同   D. 会计凭证的种类不同

7. 下列哪项不是总分类账户与明细分类账户的平行登记要点（    ）。
   A. 依据相同               B. 账簿相同
   C. 金额相等               D. 方向相同

8. 下列各项中，能同时减少资产和负债总额的是（    ）。
   A. 收回应收账款           B. 偿还欠款
   C. 接收固定资产投资       D. 借入短期借款

9. 库存现金的清查应采用的方法是（    ）。
   A. 对账单法               B. 实地盘点法
   C. 查询核实法             D. 技术分析法

10. 下列资产中不属于流动资产的是（    ）。
    A. 货币资金              B. 存货
    C. 在建工程              D. 一年内到期的非流动资产

## 二、多选题（共 10 题，2 分/题，共 20 分）

1. 原始凭证按来源不同可以分为（　　）。
   A. 外来原始凭证　　　　　　B. 累计凭证
   C. 自制原始凭证　　　　　　D. 一次凭证

2. 财产物资的盘存制度有（　　）。
   A. 永续盘存制　　　　　　　B. 权责发生制
   C. 实地盘存制　　　　　　　D. 收付实现制

3. 在资产负债表中，资产和负债的项目分类不是按（　　）划分的。
   A. 数额大小　　　　　　　　B. 时间顺序
   C. 经济业务的不同　　　　　D. 流动性强弱

4. 资产负债表中，"存货"项目包括（　　）。
   A. 在途物资　　　　　　　　B. 固定资产
   C. 原材料　　　　　　　　　D. 工程物资

5. 会计要素包括（　　）。
   A. 所有者权益　　　　　　　B. 库存现金
   C. 复试记账　　　　　　　　D. 费用

6. 利润表中"税金及附加"项目反映企业应该缴纳的（　　）。
   A. 城市维护建设税　　　　　B. 印花税
   C. 教育费附加　　　　　　　D. 增值税

7. 下列各项中，可以作为银行存款日记账依据的有（　　）。
   A. 银行存款收款凭证　　　　B. 现金收款凭证
   C. 银行存款付款凭证　　　　D. 现金付款凭证

8. 多栏式明细账适用于（　　）。
   A. 应收账款　　　　　　　　B. 管理费用
   C. 制造费用　　　　　　　　D. 销售费用

9. 下列各项中，同时引起资产和权益发生变化的是（　　）。
   A. 接受投资者投资　　　　　B. 以银行存款偿还前欠货款
   C. 支付职工薪酬　　　　　　D. 以银行存款上交所得税

10. 企业购买材料一批并已入库，该项业务有可能存在如下原始凭证（　　）。
    A. 增值税专用发票　　　　　B. 转账支票
    C. 入库单　　　　　　　　　D. 领料单

## 三、判断题（共 10 题，1 分/题，共 10 分）

1. 所有经济业务的发生，都会引起会计等式两边发生变化。（　　）
2. 会计要素均能反映企业资金运动的动态状况。（　　）
3. 任何流入企业的资产，都可以定义为收入。（　　）
4. 明细账必须逐日逐笔登记，总账必须定期汇总登记。（　　）
5. 期间费用包括销售费用、制造费用、管理费用等。（　　）

6. 记账凭证所附原始凭证张数的计算，一般以原始凭证的自然张数为准。（   ）
7. 银行存款日记账既是序时账又是订本账。（   ）
8. 利润表的格式主要有多步式和单步式两种，我国采用多步式。（   ）
9. 账户是根据会计要素设置的，具有一定的格式和结构。（   ）
10. 会计只能以货币为计量单位的。（   ）

## 四、业务题（共60分）

海大有限责任公司2025年9月发生下列经济业务，请根据业务提示编制会计分录。

1. 从交通银行借入期限9个月，年利率为5%的借款200 000元，存入银行存款户。
2. 收到投资者丙公司投入的资金1 500 000元，存入银行。经协商，为其确定的份额为1 300 000元。
3. 从甲公司购进C材料5 000千克，单价为20元，共计100 000元，增值税税额为13 000元。货款已用银行存款支付，材料尚未运到。
4. 上述从甲公司购入的C材料运到，验收无误入库。
5. 以银行存款发放上月工资200 000元。
6. 从乙公司购入B材料600千克，单价为10元，共计6 000元；D材料1 200千克，单价为8元，共计9 600元，增值税税额共计2 028元，共同性运费1 800元，增值税税额为162元。以上款项均以银行存款支付，材料到达，验收无误入库。（运费按B、D材料的重量比例分配）。

要求：
（1）分配B材料、D材料各自承担的运费。
（2）编制B材料、D材料验收入库的会计分录。

7. 本月仓库发出C材料100 000元，其中80 000元用于M产品的生产，20 000元用于N产品的生产；发出B材料200 000元，其中60 000元用于M产品生产，120 000元用于N产品的生产，车间一般耗用10 000元，管理部门耗用10 000元。
8. 分配本月工资160 000元。其中，M产品生产工人工资50 000元，N产品生产工人工资40 000元，车间管理人员工资6 000元，行政管理人员工资30 000元，销售人员工资34 000元。
9. 计提固定资产折旧费21 000元，其中车间8 000元，行政管理部门13 000元。
10. 车间主任陈军出差归来，报销差旅费800元，预借款1 200元，余款退回。
11. 设本月共发生制造费用50 000元，按M、N产品的工时比例分配计入产品成本。本月M产品耗用400工时，N产品耗用600工时。

要求：
（1）分配M产品、N产品各自承担的制造费用。
（2）编制制造费用分配计入M产品、N产品成本的会计分录。

12. 向丁公司销售N产品100件，单价为600元，共计60 000元，增值税税额为7 800元，收到对方交来50 000元转账支票一张，余款暂欠。
13. 设本月各损益类账户发生额如下：
主营业务收入（贷方）    300 000

主营业务成本（借方）　138 000
销售费用（借方）　1 000
管理费用（借方）　4 000
财务费用（借方）　980

要求：

（1）编制结转收入类账户的会计分录。
（2）编制结转费用类账户的会计分录。

# 参考文献

［1］财政部．企业会计准则讲解（2021年版）．
［2］财政部．会计基础工作规范．1996．（2019年修订）
［3］财政部，国家档案局．会计档案管理办法．1998．（2021年修订）
［4］企业会计准则编审委员会．企业会计准则及应用指南实务详解［M］．北京：人民邮电出版社，2019．
［5］陈国辉．基础会计（第七版）［M］．大连：东北财经大学出版社，2021．
［6］李占国．基础会计［M］．北京：高等教育出版社，2022．

## 试 算 平 衡 表

编制单位：　　　　　　　　　　　　年　月　日　　　　　　　　　　单位：

| 账户名称 | 期初余额 | | 本期发生额 | | 期末余额 | |
|---|---|---|---|---|---|---|
| | 借方 | 贷方 | 借方 | 贷方 | 借方 | 贷方 |
| | | | | | | |
| | | | | | | |
| | | | | | | |
| | | | | | | |
| | | | | | | |
| | | | | | | |
| | | | | | | |
| | | | | | | |
| | | | | | | |
| | | | | | | |
| | | | | | | |
| | | | | | | |
| | | | | | | |
| | | | | | | |
| | | | | | | |
| | | | | | | |
| | | | | | | |
| | | | | | | |
| | | | | | | |
| | | | | | | |
| | | | | | | |
| | | | | | | |
| | | | | | | |
| | | | | | | |
| | | | | | | |
| | | | | | | |
| | | | | | | |
| | | | | | | |
| | | | | | | |
| | | | | | | |
| 合计 | | | | | | |

## 试 算 平 衡 表

编制单位：　　　　　　　　　　　　　年　月　日　　　　　　　　　　　　单位：

| 账户名称 | 期初余额 | | 本期发生额 | | 期末余额 | |
|---|---|---|---|---|---|---|
| | 借方 | 贷方 | 借方 | 贷方 | 借方 | 贷方 |
| | | | | | | |
| | | | | | | |
| | | | | | | |
| | | | | | | |
| | | | | | | |
| | | | | | | |
| | | | | | | |
| | | | | | | |
| | | | | | | |
| | | | | | | |
| | | | | | | |
| | | | | | | |
| | | | | | | |
| | | | | | | |
| | | | | | | |
| | | | | | | |
| | | | | | | |
| | | | | | | |
| | | | | | | |
| | | | | | | |
| | | | | | | |
| | | | | | | |
| | | | | | | |
| | | | | | | |
| | | | | | | |
| | | | | | | |
| | | | | | | |
| | | | | | | |
| | | | | | | |
| | | | | | | |
| 合计 | | | | | | |

# 收 款 凭 证

教学专用

借方科目：　　　　　　　　　　年　月　日　　　　　　　　　　字第　号

| 摘　要 | 总 账 科 目 | 明 细 科 目 | 贷方金额 | | | | | | | | | | 记账✓ |
|---|---|---|---|---|---|---|---|---|---|---|---|---|---|
| | | | 千 | 百 | 十 | 万 | 千 | 百 | 十 | 元 | 角 | 分 | |
| | | | | | | | | | | | | | |
| | | | | | | | | | | | | | |
| | | | | | | | | | | | | | |
| | | | | | | | | | | | | | |
| | | | | | | | | | | | | | |
| | | | | | | | | | | | | | |
| | | | | | | | | | | | | | |
| | | | | | | | | | | | | | |
| 合　计 | | | | | | | | | | | | | |

附单据　　张

财会主管　　　　记账　　　　出纳　　　　审核　　　　制单

---

# 收 款 凭 证

教学专用

借方科目：　　　　　　　　　　年　月　日　　　　　　　　　　字第　号

| 摘　要 | 总 账 科 目 | 明 细 科 目 | 贷方金额 | | | | | | | | | | 记账✓ |
|---|---|---|---|---|---|---|---|---|---|---|---|---|---|
| | | | 千 | 百 | 十 | 万 | 千 | 百 | 十 | 元 | 角 | 分 | |
| | | | | | | | | | | | | | |
| | | | | | | | | | | | | | |
| | | | | | | | | | | | | | |
| | | | | | | | | | | | | | |
| | | | | | | | | | | | | | |
| | | | | | | | | | | | | | |
| | | | | | | | | | | | | | |
| | | | | | | | | | | | | | |
| 合　计 | | | | | | | | | | | | | |

附单据　　张

财会主管　　　　记账　　　　出纳　　　　审核　　　　制单

# 收 款 凭 证

教学专用

借方科目：　　　　　　　　　　　　年　月　日　　　　　　　　　　　　字第　号

| 摘　要 | 总账科目 | 明细科目 | 贷方金额 千 百 十 万 千 百 十 元 角 分 | 记账 ✓ |
|---|---|---|---|---|
|  |  |  |  |  |
|  |  |  |  |  |
|  |  |  |  |  |
|  |  |  |  |  |
|  |  |  |  |  |
|  |  |  |  |  |
|  |  |  |  |  |
|  |  |  |  |  |
| 合　计 |  |  |  |  |

附单据　　张

财会主管　　　　记账　　　　出纳　　　　审核　　　　制单

---

# 收 款 凭 证

教学专用

借方科目：　　　　　　　　　　　　年　月　日　　　　　　　　　　　　字第　号

| 摘　要 | 总账科目 | 明细科目 | 贷方金额 千 百 十 万 千 百 十 元 角 分 | 记账 ✓ |
|---|---|---|---|---|
|  |  |  |  |  |
|  |  |  |  |  |
|  |  |  |  |  |
|  |  |  |  |  |
|  |  |  |  |  |
|  |  |  |  |  |
|  |  |  |  |  |
|  |  |  |  |  |
| 合　计 |  |  |  |  |

附单据　　张

财会主管　　　　记账　　　　出纳　　　　审核　　　　制单

## 收 款 凭 证

教学专用

借方科目： 　　　　　　　　年　月　日　　　　　　　　字第　号

| 摘　要 | 总账科目 | 明细科目 | 贷方金额 | | | | | | | | | | 记账√ |
|---|---|---|---|---|---|---|---|---|---|---|---|---|---|
| | | | 千 | 百 | 十 | 万 | 千 | 百 | 十 | 元 | 角 | 分 | |
| | | | | | | | | | | | | | |
| | | | | | | | | | | | | | |
| | | | | | | | | | | | | | |
| | | | | | | | | | | | | | |
| | | | | | | | | | | | | | |
| | | | | | | | | | | | | | |
| | | | | | | | | | | | | | |
| 合　计 | | | | | | | | | | | | | |

附单据　　张

财会主管　　　　　记账　　　　　出纳　　　　　审核　　　　　制单

---

## 收 款 凭 证

教学专用

借方科目： 　　　　　　　　年　月　日　　　　　　　　字第　号

| 摘　要 | 总账科目 | 明细科目 | 贷方金额 | | | | | | | | | | 记账√ |
|---|---|---|---|---|---|---|---|---|---|---|---|---|---|
| | | | 千 | 百 | 十 | 万 | 千 | 百 | 十 | 元 | 角 | 分 | |
| | | | | | | | | | | | | | |
| | | | | | | | | | | | | | |
| | | | | | | | | | | | | | |
| | | | | | | | | | | | | | |
| | | | | | | | | | | | | | |
| | | | | | | | | | | | | | |
| | | | | | | | | | | | | | |
| 合　计 | | | | | | | | | | | | | |

附单据　　张

财会主管　　　　　记账　　　　　出纳　　　　　审核　　　　　制单

# 收 款 凭 证

教学专用

借方科目：　　　　　　　　　　　年　月　日　　　　　　　　　　　字第　号

| 摘　要 | 总账科目 | 明细科目 | 贷方金额 ||||||||||| 记账√ |
|---|---|---|---|---|---|---|---|---|---|---|---|---|---|
| | | | 千 | 百 | 十 | 万 | 千 | 百 | 十 | 元 | 角 | 分 | |
| | | | | | | | | | | | | | |
| | | | | | | | | | | | | | |
| | | | | | | | | | | | | | |
| | | | | | | | | | | | | | |
| | | | | | | | | | | | | | |
| | | | | | | | | | | | | | |
| | | | | | | | | | | | | | |
| | | | | | | | | | | | | | |
| 合　计 | | | | | | | | | | | | | |

附单据　　张

财会主管　　　　记账　　　　　出纳　　　　　审核　　　　　制单

---

# 收 款 凭 证

教学专用

借方科目：　　　　　　　　　　　年　月　日　　　　　　　　　　　字第　号

| 摘　要 | 总账科目 | 明细科目 | 贷方金额 ||||||||||| 记账√ |
|---|---|---|---|---|---|---|---|---|---|---|---|---|---|
| | | | 千 | 百 | 十 | 万 | 千 | 百 | 十 | 元 | 角 | 分 | |
| | | | | | | | | | | | | | |
| | | | | | | | | | | | | | |
| | | | | | | | | | | | | | |
| | | | | | | | | | | | | | |
| | | | | | | | | | | | | | |
| | | | | | | | | | | | | | |
| | | | | | | | | | | | | | |
| | | | | | | | | | | | | | |
| 合　计 | | | | | | | | | | | | | |

附单据　　张

财会主管　　　　记账　　　　　出纳　　　　　审核　　　　　制单

# 收 款 凭 证

教学专用

借方科目：　　　　　　　　　　　年　月　日　　　　　　　　　　　字第　号

| 摘　要 | 总账科目 | 明细科目 | 贷方金额 ||||||||||| 记账√ |
|---|---|---|---|---|---|---|---|---|---|---|---|---|---|
| | | | 千 | 百 | 十 | 万 | 千 | 百 | 十 | 元 | 角 | 分 | |
| | | | | | | | | | | | | | |
| | | | | | | | | | | | | | |
| | | | | | | | | | | | | | |
| | | | | | | | | | | | | | |
| | | | | | | | | | | | | | |
| | | | | | | | | | | | | | |
| | | | | | | | | | | | | | |
| | | | | | | | | | | | | | |
| 合　计 | | | | | | | | | | | | | |

附单据　　张

财会主管　　　　　记账　　　　　出纳　　　　　审核　　　　　制单

---

# 收 款 凭 证

教学专用

借方科目：　　　　　　　　　　　年　月　日　　　　　　　　　　　字第　号

| 摘　要 | 总账科目 | 明细科目 | 贷方金额 ||||||||||| 记账√ |
|---|---|---|---|---|---|---|---|---|---|---|---|---|---|
| | | | 千 | 百 | 十 | 万 | 千 | 百 | 十 | 元 | 角 | 分 | |
| | | | | | | | | | | | | | |
| | | | | | | | | | | | | | |
| | | | | | | | | | | | | | |
| | | | | | | | | | | | | | |
| | | | | | | | | | | | | | |
| | | | | | | | | | | | | | |
| | | | | | | | | | | | | | |
| | | | | | | | | | | | | | |
| 合　计 | | | | | | | | | | | | | |

附单据　　张

财会主管　　　　　记账　　　　　出纳　　　　　审核　　　　　制单

# 付 款 凭 证

教学专用

贷方科目：　　　　　　　　　年　月　日　　　　　　　　　字第　号

| 摘　要 | 总账科目 | 明细科目 | 借方金额 ||||||||||  记账√ |
|---|---|---|---|---|---|---|---|---|---|---|---|---|---|
| | | | 千 | 百 | 十 | 万 | 千 | 百 | 十 | 元 | 角 | 分 | |
| | | | | | | | | | | | | | |
| | | | | | | | | | | | | | |
| | | | | | | | | | | | | | |
| | | | | | | | | | | | | | |
| | | | | | | | | | | | | | |
| | | | | | | | | | | | | | |
| | | | | | | | | | | | | | |
| | | | | | | | | | | | | | |
| 合　计 | | | | | | | | | | | | | |

附单据　　　张

财会主管　　　　　记账　　　　　出纳　　　　　审核　　　　　制单

---

# 付 款 凭 证

教学专用

贷方科目：　　　　　　　　　年　月　日　　　　　　　　　字第　号

| 摘　要 | 总账科目 | 明细科目 | 借方金额 ||||||||||  记账√ |
|---|---|---|---|---|---|---|---|---|---|---|---|---|---|
| | | | 千 | 百 | 十 | 万 | 千 | 百 | 十 | 元 | 角 | 分 | |
| | | | | | | | | | | | | | |
| | | | | | | | | | | | | | |
| | | | | | | | | | | | | | |
| | | | | | | | | | | | | | |
| | | | | | | | | | | | | | |
| | | | | | | | | | | | | | |
| | | | | | | | | | | | | | |
| | | | | | | | | | | | | | |
| 合　计 | | | | | | | | | | | | | |

附单据　　　张

财会主管　　　　　记账　　　　　出纳　　　　　审核　　　　　制单

## 付 款 凭 证

教学专用

贷方科目：　　　　　　　　　　　年　月　日　　　　　　　　　　　字第　号

| 摘　要 | 总　账　科　目 | 明　细　科　目 | 借方金额 ||||||||| 记账√ |
|---|---|---|---|---|---|---|---|---|---|---|---|---|
| | | | 千 | 百 | 十 | 万 | 千 | 百 | 十 | 元 | 角 | 分 |
| | | | | | | | | | | | | |
| | | | | | | | | | | | | |
| | | | | | | | | | | | | |
| | | | | | | | | | | | | |
| | | | | | | | | | | | | |
| | | | | | | | | | | | | |
| | | | | | | | | | | | | |
| | | | | | | | | | | | | |
| 合　计 | | | | | | | | | | | | |

附单据　　张

财会主管　　　　　记账　　　　　出纳　　　　　审核　　　　　制单

---

## 付 款 凭 证

教学专用

贷方科目：　　　　　　　　　　　年　月　日　　　　　　　　　　　字第　号

| 摘　要 | 总　账　科　目 | 明　细　科　目 | 借方金额 ||||||||| 记账√ |
|---|---|---|---|---|---|---|---|---|---|---|---|---|
| | | | 千 | 百 | 十 | 万 | 千 | 百 | 十 | 元 | 角 | 分 |
| | | | | | | | | | | | | |
| | | | | | | | | | | | | |
| | | | | | | | | | | | | |
| | | | | | | | | | | | | |
| | | | | | | | | | | | | |
| | | | | | | | | | | | | |
| | | | | | | | | | | | | |
| | | | | | | | | | | | | |
| 合　计 | | | | | | | | | | | | |

附单据　　张

财会主管　　　　　记账　　　　　出纳　　　　　审核　　　　　制单

## 付 款 凭 证

教学专用

贷方科目：　　　　　　　　　　年　月　日　　　　　　　　　　　字第　号

| 摘　要 | 总账科目 | 明细科目 | 借方金额 ||||||||||| 记账√ |
|---|---|---|---|---|---|---|---|---|---|---|---|---|---|
| | | | 千 | 百 | 十 | 万 | 千 | 百 | 十 | 元 | 角 | 分 | |
| | | | | | | | | | | | | | |
| | | | | | | | | | | | | | |
| | | | | | | | | | | | | | |
| | | | | | | | | | | | | | |
| | | | | | | | | | | | | | |
| | | | | | | | | | | | | | |
| | | | | | | | | | | | | | |
| 合　计 | | | | | | | | | | | | | |

附单据　　　张

财会主管　　　　记账　　　　出纳　　　　审核　　　　制单

---

## 付 款 凭 证

教学专用

贷方科目：　　　　　　　　　　年　月　日　　　　　　　　　　　字第　号

| 摘　要 | 总账科目 | 明细科目 | 借方金额 ||||||||||| 记账√ |
|---|---|---|---|---|---|---|---|---|---|---|---|---|---|
| | | | 千 | 百 | 十 | 万 | 千 | 百 | 十 | 元 | 角 | 分 | |
| | | | | | | | | | | | | | |
| | | | | | | | | | | | | | |
| | | | | | | | | | | | | | |
| | | | | | | | | | | | | | |
| | | | | | | | | | | | | | |
| | | | | | | | | | | | | | |
| | | | | | | | | | | | | | |
| 合　计 | | | | | | | | | | | | | |

附单据　　　张

财会主管　　　　记账　　　　出纳　　　　审核　　　　制单

## 付　款　凭　证

教学专用

贷方科目：　　　　　　　　　　　　年　月　日　　　　　　　　　　字第　号

| 摘　要 | 总　账　科　目 | 明　细　科　目 | 借方金额 ||||||||||| 记账 ✓ |
|---|---|---|---|---|---|---|---|---|---|---|---|---|---|
| | | | 千 | 百 | 十 | 万 | 千 | 百 | 十 | 元 | 角 | 分 | |
| | | | | | | | | | | | | | |
| | | | | | | | | | | | | | |
| | | | | | | | | | | | | | |
| | | | | | | | | | | | | | |
| | | | | | | | | | | | | | |
| | | | | | | | | | | | | | |
| | | | | | | | | | | | | | |
| 合　计 | | | | | | | | | | | | | |

附单据　　张

财会主管　　　　记账　　　　出纳　　　　审核　　　　制单

---

## 付　款　凭　证

教学专用

贷方科目：　　　　　　　　　　　　年　月　日　　　　　　　　　　字第　号

| 摘　要 | 总　账　科　目 | 明　细　科　目 | 借方金额 ||||||||||| 记账 ✓ |
|---|---|---|---|---|---|---|---|---|---|---|---|---|---|
| | | | 千 | 百 | 十 | 万 | 千 | 百 | 十 | 元 | 角 | 分 | |
| | | | | | | | | | | | | | |
| | | | | | | | | | | | | | |
| | | | | | | | | | | | | | |
| | | | | | | | | | | | | | |
| | | | | | | | | | | | | | |
| | | | | | | | | | | | | | |
| | | | | | | | | | | | | | |
| 合　计 | | | | | | | | | | | | | |

附单据　　张

财会主管　　　　记账　　　　出纳　　　　审核　　　　制单

## 付　款　凭　证

教学专用

贷方科目：　　　　　　　　　　　　年　月　日　　　　　　　　　　字第　号

| 摘　要 | 总　账　科　目 | 明　细　科　目 | 借方金额 ||||||||||| 记账✓ |
|---|---|---|---|---|---|---|---|---|---|---|---|---|---|
| | | | 千 | 百 | 十 | 万 | 千 | 百 | 十 | 元 | 角 | 分 | |
| | | | | | | | | | | | | | |
| | | | | | | | | | | | | | |
| | | | | | | | | | | | | | |
| | | | | | | | | | | | | | |
| | | | | | | | | | | | | | |
| | | | | | | | | | | | | | |
| | | | | | | | | | | | | | |
| | | | | | | | | | | | | | |
| 合　　计 | | | | | | | | | | | | | |

附单据　　　张

财会主管　　　　　记账　　　　　出纳　　　　　审核　　　　　制单

---

## 付　款　凭　证

教学专用

贷方科目：　　　　　　　　　　　　年　月　日　　　　　　　　　　字第　号

| 摘　要 | 总　账　科　目 | 明　细　科　目 | 借方金额 ||||||||||| 记账✓ |
|---|---|---|---|---|---|---|---|---|---|---|---|---|---|
| | | | 千 | 百 | 十 | 万 | 千 | 百 | 十 | 元 | 角 | 分 | |
| | | | | | | | | | | | | | |
| | | | | | | | | | | | | | |
| | | | | | | | | | | | | | |
| | | | | | | | | | | | | | |
| | | | | | | | | | | | | | |
| | | | | | | | | | | | | | |
| | | | | | | | | | | | | | |
| | | | | | | | | | | | | | |
| 合　　计 | | | | | | | | | | | | | |

附单据　　　张

财会主管　　　　　记账　　　　　出纳　　　　　审核　　　　　制单

## 转 账 凭 证

教学专用

年　月　日　　　　　　　　　　　　　　字第　号

| 摘要 | 总账科目 | 明细科目 | 记账√ | 借方金额 |||||||||| 记账√ | 贷方金额 ||||||||||
|---|---|---|---|---|---|---|---|---|---|---|---|---|---|---|---|---|---|---|---|---|---|---|---|
| | | | | 千 | 百 | 十 | 万 | 千 | 百 | 十 | 元 | 角 | 分 | | 千 | 百 | 十 | 万 | 千 | 百 | 十 | 元 | 角 | 分 |
| | | | | | | | | | | | | | | | | | | | | | | | | |
| | | | | | | | | | | | | | | | | | | | | | | | | |
| | | | | | | | | | | | | | | | | | | | | | | | | |
| | | | | | | | | | | | | | | | | | | | | | | | | |
| | | | | | | | | | | | | | | | | | | | | | | | | |
| | | | | | | | | | | | | | | | | | | | | | | | | |
| | | | | | | | | | | | | | | | | | | | | | | | | |
| 合计 | | | | | | | | | | | | | | | | | | | | | | | | |

附单据　　张

财会主管　　　　　记账　　　　　出纳　　　　　审核　　　　　制单

---

## 转 账 凭 证

教学专用

年　月　日　　　　　　　　　　　　　　字第　号

| 摘要 | 总账科目 | 明细科目 | 记账√ | 借方金额 |||||||||| 记账√ | 贷方金额 ||||||||||
|---|---|---|---|---|---|---|---|---|---|---|---|---|---|---|---|---|---|---|---|---|---|---|---|
| | | | | 千 | 百 | 十 | 万 | 千 | 百 | 十 | 元 | 角 | 分 | | 千 | 百 | 十 | 万 | 千 | 百 | 十 | 元 | 角 | 分 |
| | | | | | | | | | | | | | | | | | | | | | | | | |
| | | | | | | | | | | | | | | | | | | | | | | | | |
| | | | | | | | | | | | | | | | | | | | | | | | | |
| | | | | | | | | | | | | | | | | | | | | | | | | |
| | | | | | | | | | | | | | | | | | | | | | | | | |
| | | | | | | | | | | | | | | | | | | | | | | | | |
| | | | | | | | | | | | | | | | | | | | | | | | | |
| 合计 | | | | | | | | | | | | | | | | | | | | | | | | |

附单据　　张

财会主管　　　　　记账　　　　　出纳　　　　　审核　　　　　制单

## 转账凭证

教学专用

年　月　日　　　　　　　　　字第　号

| 摘要 | 总账科目 | 明细科目 | 记账√ | 借方金额 千百十万千百十元角分 | 记账√ | 贷方金额 千百十万千百十元角分 |
|---|---|---|---|---|---|---|
|  |  |  |  |  |  |  |
|  |  |  |  |  |  |  |
|  |  |  |  |  |  |  |
|  |  |  |  |  |  |  |
|  |  |  |  |  |  |  |
|  |  |  |  |  |  |  |
|  |  |  |  |  |  |  |
|  |  |  |  |  |  |  |
| 合　计 |  |  |  |  |  |  |

附单据　　张

财会主管　　　　记账　　　　出纳　　　　审核　　　　制单

---

## 转账凭证

教学专用

年　月　日　　　　　　　　　字第　号

| 摘要 | 总账科目 | 明细科目 | 记账√ | 借方金额 千百十万千百十元角分 | 记账√ | 贷方金额 千百十万千百十元角分 |
|---|---|---|---|---|---|---|
|  |  |  |  |  |  |  |
|  |  |  |  |  |  |  |
|  |  |  |  |  |  |  |
|  |  |  |  |  |  |  |
|  |  |  |  |  |  |  |
|  |  |  |  |  |  |  |
|  |  |  |  |  |  |  |
|  |  |  |  |  |  |  |
| 合　计 |  |  |  |  |  |  |

附单据　　张

财会主管　　　　记账　　　　出纳　　　　审核　　　　制单

## 转 账 凭 证

教学专用

　　年　月　日　　　　　　　　　　　　　　　　字第　号

| 摘 要 | 总账科目 | 明细科目 | 记账√ | 借方金额 千百十万千百十元角分 | 记账√ | 贷方金额 千百十万千百十元角分 |
|---|---|---|---|---|---|---|
|  |  |  |  |  |  |  |
|  |  |  |  |  |  |  |
|  |  |  |  |  |  |  |
|  |  |  |  |  |  |  |
|  |  |  |  |  |  |  |
|  |  |  |  |  |  |  |
|  |  |  |  |  |  |  |
|  |  |  |  |  |  |  |
| 合　计 |  |  |  |  |  |  |

附单据　　张

财会主管　　　　记账　　　　出纳　　　　审核　　　　制单

---

## 转 账 凭 证

教学专用

　　年　月　日　　　　　　　　　　　　　　　　字第　号

| 摘 要 | 总账科目 | 明细科目 | 记账√ | 借方金额 千百十万千百十元角分 | 记账√ | 贷方金额 千百十万千百十元角分 |
|---|---|---|---|---|---|---|
|  |  |  |  |  |  |  |
|  |  |  |  |  |  |  |
|  |  |  |  |  |  |  |
|  |  |  |  |  |  |  |
|  |  |  |  |  |  |  |
|  |  |  |  |  |  |  |
|  |  |  |  |  |  |  |
|  |  |  |  |  |  |  |
| 合　计 |  |  |  |  |  |  |

附单据　　张

财会主管　　　　记账　　　　出纳　　　　审核　　　　制单

## 转 账 凭 证

教学专用

年　月　日　　　　　　　　　　　　字第　号

| 摘　要 | 总账科目 | 明细科目 | 记账√ | 借方金额 千百十万千百十元角分 | 记账√ | 贷方金额 千百十万千百十元角分 |
|---|---|---|---|---|---|---|
|  |  |  |  |  |  |  |
|  |  |  |  |  |  |  |
|  |  |  |  |  |  |  |
|  |  |  |  |  |  |  |
|  |  |  |  |  |  |  |
|  |  |  |  |  |  |  |
|  |  |  |  |  |  |  |
|  |  |  |  |  |  |  |
| 合　计 |  |  |  |  |  |  |

附单据　　张

财会主管　　　　　记账　　　　　出纳　　　　　审核　　　　　制单

---

## 转 账 凭 证

教学专用

年　月　日　　　　　　　　　　　　字第　号

| 摘　要 | 总账科目 | 明细科目 | 记账√ | 借方金额 千百十万千百十元角分 | 记账√ | 贷方金额 千百十万千百十元角分 |
|---|---|---|---|---|---|---|
|  |  |  |  |  |  |  |
|  |  |  |  |  |  |  |
|  |  |  |  |  |  |  |
|  |  |  |  |  |  |  |
|  |  |  |  |  |  |  |
|  |  |  |  |  |  |  |
|  |  |  |  |  |  |  |
|  |  |  |  |  |  |  |
| 合　计 |  |  |  |  |  |  |

附单据　　张

财会主管　　　　　记账　　　　　出纳　　　　　审核　　　　　制单

## 转 账 凭 证

教学专用

年　月　日　　　　　　　　　　　　　　　　　　字第　号

| 摘要 | 总账科目 | 明细科目 | 记账√ | 借方金额 千百十万千百十元角分 | 记账√ | 贷方金额 千百十万千百十元角分 |
|---|---|---|---|---|---|---|
|  |  |  |  |  |  |  |
|  |  |  |  |  |  |  |
|  |  |  |  |  |  |  |
|  |  |  |  |  |  |  |
|  |  |  |  |  |  |  |
|  |  |  |  |  |  |  |
|  |  |  |  |  |  |  |
|  |  |  |  |  |  |  |
| 合计 |  |  |  |  |  |  |

附单据　　张

财会主管　　　　记账　　　　出纳　　　　审核　　　　制单

---

## 转 账 凭 证

教学专用

年　月　日　　　　　　　　　　　　　　　　　　字第　号

| 摘要 | 总账科目 | 明细科目 | 记账√ | 借方金额 千百十万千百十元角分 | 记账√ | 贷方金额 千百十万千百十元角分 |
|---|---|---|---|---|---|---|
|  |  |  |  |  |  |  |
|  |  |  |  |  |  |  |
|  |  |  |  |  |  |  |
|  |  |  |  |  |  |  |
|  |  |  |  |  |  |  |
|  |  |  |  |  |  |  |
|  |  |  |  |  |  |  |
|  |  |  |  |  |  |  |
| 合计 |  |  |  |  |  |  |

附单据　　张

财会主管　　　　记账　　　　出纳　　　　审核　　　　制单

## 记 账 凭 证

教学专用

　　年　　月　　日　　　　　　　　　　　记字第　　号

| 摘要 | 总账科目 | 明细科目 | 记账√ | 借方金额 千百十万千百十元角分 | 记账√ | 贷方金额 千百十万千百十元角分 |
|---|---|---|---|---|---|---|
|  |  |  |  |  |  |  |
|  |  |  |  |  |  |  |
|  |  |  |  |  |  |  |
|  |  |  |  |  |  |  |
|  |  |  |  |  |  |  |
|  |  |  |  |  |  |  |
|  |  |  |  |  |  |  |
| 合　计 |  |  |  |  |  |  |

财务主管　　　　记账　　　　出纳　　　　审核　　　　制单

附单据　　　张

---

## 记 账 凭 证

教学专用

　　年　　月　　日　　　　　　　　　　　记字第　　号

| 摘要 | 总账科目 | 明细科目 | 记账√ | 借方金额 千百十万千百十元角分 | 记账√ | 贷方金额 千百十万千百十元角分 |
|---|---|---|---|---|---|---|
|  |  |  |  |  |  |  |
|  |  |  |  |  |  |  |
|  |  |  |  |  |  |  |
|  |  |  |  |  |  |  |
|  |  |  |  |  |  |  |
|  |  |  |  |  |  |  |
|  |  |  |  |  |  |  |
| 合　计 |  |  |  |  |  |  |

财务主管　　　　记账　　　　出纳　　　　审核　　　　制单

附单据　　　张

## 记 账 凭 证

教学专用

年　月　日　　　　　　　　　记字第　　号

| 摘要 | 总账科目 | 明细科目 | 记账√ | 借方金额 千 百 十 万 千 百 十 元 角 分 | 记账√ | 贷方金额 千 百 十 万 千 百 十 元 角 分 |
|---|---|---|---|---|---|---|
|  |  |  |  |  |  |  |
|  |  |  |  |  |  |  |
|  |  |  |  |  |  |  |
|  |  |  |  |  |  |  |
|  |  |  |  |  |  |  |
|  |  |  |  |  |  |  |
|  |  |  |  |  |  |  |
| 合　计 |  |  |  |  |  |  |

附单据　　张

财务主管　　　　记账　　　　出纳　　　　审核　　　　制单

---

## 记 账 凭 证

教学专用

年　月　日　　　　　　　　　记字第　　号

| 摘要 | 总账科目 | 明细科目 | 记账√ | 借方金额 千 百 十 万 千 百 十 元 角 分 | 记账√ | 贷方金额 千 百 十 万 千 百 十 元 角 分 |
|---|---|---|---|---|---|---|
|  |  |  |  |  |  |  |
|  |  |  |  |  |  |  |
|  |  |  |  |  |  |  |
|  |  |  |  |  |  |  |
|  |  |  |  |  |  |  |
|  |  |  |  |  |  |  |
|  |  |  |  |  |  |  |
| 合　计 |  |  |  |  |  |  |

附单据　　张

财务主管　　　　记账　　　　出纳　　　　审核　　　　制单

## 记账凭证

教学专用

年　　月　　日　　　　　　　　记字第　　号

| 摘要 | 总账科目 | 明细科目 | 记账√ | 借方金额 千百十万千百十元角分 | 记账√ | 贷方金额 千百十万千百十元角分 |
|------|----------|----------|-------|--------------------------------|-------|--------------------------------|
|      |          |          |       |                                |       |                                |
|      |          |          |       |                                |       |                                |
|      |          |          |       |                                |       |                                |
|      |          |          |       |                                |       |                                |
|      |          |          |       |                                |       |                                |
|      |          |          |       |                                |       |                                |
|      |          |          |       |                                |       |                                |
| 合　计 |        |          |       |                                |       |                                |

附单据　　张

财务主管　　　　记账　　　　出纳　　　　审核　　　　制单

---

## 记账凭证

教学专用

年　　月　　日　　　　　　　　记字第　　号

| 摘要 | 总账科目 | 明细科目 | 记账√ | 借方金额 千百十万千百十元角分 | 记账√ | 贷方金额 千百十万千百十元角分 |
|------|----------|----------|-------|--------------------------------|-------|--------------------------------|
|      |          |          |       |                                |       |                                |
|      |          |          |       |                                |       |                                |
|      |          |          |       |                                |       |                                |
|      |          |          |       |                                |       |                                |
|      |          |          |       |                                |       |                                |
|      |          |          |       |                                |       |                                |
|      |          |          |       |                                |       |                                |
| 合　计 |        |          |       |                                |       |                                |

附单据　　张

财务主管　　　　记账　　　　出纳　　　　审核　　　　制单

## 记 账 凭 证

教学专用

　　　　年　月　日　　　　　　　记字第　　号

| 摘要 | 总账科目 | 明细科目 | 记账√ | 借方金额 千百十万千百十元角分 | 记账√ | 贷方金额 千百十万千百十元角分 |
|---|---|---|---|---|---|---|
|  |  |  |  |  |  |  |
|  |  |  |  |  |  |  |
|  |  |  |  |  |  |  |
|  |  |  |  |  |  |  |
|  |  |  |  |  |  |  |
|  |  |  |  |  |  |  |
|  |  |  |  |  |  |  |
|  |  |  |  |  |  |  |
| 合计 |  |  |  |  |  |  |

附单据　　张

财务主管　　　　记账　　　　　出纳　　　　　审核　　　　　制单

---

## 记 账 凭 证

教学专用

　　　　年　月　日　　　　　　　记字第　　号

| 摘要 | 总账科目 | 明细科目 | 记账√ | 借方金额 千百十万千百十元角分 | 记账√ | 贷方金额 千百十万千百十元角分 |
|---|---|---|---|---|---|---|
|  |  |  |  |  |  |  |
|  |  |  |  |  |  |  |
|  |  |  |  |  |  |  |
|  |  |  |  |  |  |  |
|  |  |  |  |  |  |  |
|  |  |  |  |  |  |  |
|  |  |  |  |  |  |  |
|  |  |  |  |  |  |  |
| 合计 |  |  |  |  |  |  |

附单据　　张

财务主管　　　　记账　　　　　出纳　　　　　审核　　　　　制单

## 记 账 凭 证

教学专用

年　　月　　日　　　　　　记字第　　号

| 摘要 | 总账科目 | 明细科目 | 记账√ | 借方金额 千百十万千百十元角分 | 记账√ | 贷方金额 千百十万千百十元角分 | |
|---|---|---|---|---|---|---|---|
|  |  |  |  |  |  |  | 附单据 |
|  |  |  |  |  |  |  |  |
|  |  |  |  |  |  |  |  |
|  |  |  |  |  |  |  |  |
|  |  |  |  |  |  |  | 张 |
|  |  |  |  |  |  |  |  |
|  |  |  |  |  |  |  |  |
| 合　计 |  |  |  |  |  |  |  |

财务主管　　　　记账　　　　　出纳　　　　　审核　　　　　制单

---

## 记 账 凭 证

教学专用

年　　月　　日　　　　　　记字第　　号

| 摘要 | 总账科目 | 明细科目 | 记账√ | 借方金额 千百十万千百十元角分 | 记账√ | 贷方金额 千百十万千百十元角分 | |
|---|---|---|---|---|---|---|---|
|  |  |  |  |  |  |  | 附单据 |
|  |  |  |  |  |  |  |  |
|  |  |  |  |  |  |  |  |
|  |  |  |  |  |  |  |  |
|  |  |  |  |  |  |  | 张 |
|  |  |  |  |  |  |  |  |
|  |  |  |  |  |  |  |  |
| 合　计 |  |  |  |  |  |  |  |

财务主管　　　　记账　　　　　出纳　　　　　审核　　　　　制单

## 记 账 凭 证

教学专用

年　月　日　　　　　　　记字第　　号

| 摘要 | 总账科目 | 明细科目 | 记账✓ | 借方金额 千百十万千百十元角分 | 记账✓ | 贷方金额 千百十万千百十元角分 |
|---|---|---|---|---|---|---|
|  |  |  |  |  |  |  |
|  |  |  |  |  |  |  |
|  |  |  |  |  |  |  |
|  |  |  |  |  |  |  |
|  |  |  |  |  |  |  |
|  |  |  |  |  |  |  |
|  |  |  |  |  |  |  |
|  |  |  |  |  |  |  |
| 合　计 |  |  |  |  |  |  |

附单据　　　张

财务主管　　　记账　　　出纳　　　审核　　　制单

---

## 记 账 凭 证

教学专用

年　月　日　　　　　　　记字第　　号

| 摘要 | 总账科目 | 明细科目 | 记账✓ | 借方金额 千百十万千百十元角分 | 记账✓ | 贷方金额 千百十万千百十元角分 |
|---|---|---|---|---|---|---|
|  |  |  |  |  |  |  |
|  |  |  |  |  |  |  |
|  |  |  |  |  |  |  |
|  |  |  |  |  |  |  |
|  |  |  |  |  |  |  |
|  |  |  |  |  |  |  |
|  |  |  |  |  |  |  |
|  |  |  |  |  |  |  |
| 合　计 |  |  |  |  |  |  |

附单据　　　张

财务主管　　　记账　　　出纳　　　审核　　　制单

## 记 账 凭 证

教学专用

　　　　　年　　月　　日　　　　　　　　记字第　　号

| 摘要 | 总账科目 | 明细科目 | 记账√ | 借方金额 | | | | | | | | | | 记账√ | 贷方金额 | | | | | | | | | |
|---|---|---|---|---|---|---|---|---|---|---|---|---|---|---|---|---|---|---|---|---|---|---|---|---|
| | | | | 千 | 百 | 十 | 万 | 千 | 百 | 十 | 元 | 角 | 分 | | 千 | 百 | 十 | 万 | 千 | 百 | 十 | 元 | 角 | 分 |
| | | | | | | | | | | | | | | | | | | | | | | | | |
| | | | | | | | | | | | | | | | | | | | | | | | | |
| | | | | | | | | | | | | | | | | | | | | | | | | |
| | | | | | | | | | | | | | | | | | | | | | | | | |
| | | | | | | | | | | | | | | | | | | | | | | | | |
| | | | | | | | | | | | | | | | | | | | | | | | | |
| | | | | | | | | | | | | | | | | | | | | | | | | |
| 合　计 | | | | | | | | | | | | | | | | | | | | | | | | |

附单据　　张

财务主管　　　　记账　　　　　出纳　　　　　审核　　　　　制单

---

## 记 账 凭 证

教学专用

　　　　　年　　月　　日　　　　　　　　记字第　　号

| 摘要 | 总账科目 | 明细科目 | 记账√ | 借方金额 | | | | | | | | | | 记账√ | 贷方金额 | | | | | | | | | |
|---|---|---|---|---|---|---|---|---|---|---|---|---|---|---|---|---|---|---|---|---|---|---|---|---|
| | | | | 千 | 百 | 十 | 万 | 千 | 百 | 十 | 元 | 角 | 分 | | 千 | 百 | 十 | 万 | 千 | 百 | 十 | 元 | 角 | 分 |
| | | | | | | | | | | | | | | | | | | | | | | | | |
| | | | | | | | | | | | | | | | | | | | | | | | | |
| | | | | | | | | | | | | | | | | | | | | | | | | |
| | | | | | | | | | | | | | | | | | | | | | | | | |
| | | | | | | | | | | | | | | | | | | | | | | | | |
| | | | | | | | | | | | | | | | | | | | | | | | | |
| | | | | | | | | | | | | | | | | | | | | | | | | |
| 合　计 | | | | | | | | | | | | | | | | | | | | | | | | |

附单据　　张

财务主管　　　　记账　　　　　出纳　　　　　审核　　　　　制单

## 记 账 凭 证   教学专用

年　　月　　日　　　　　　记字第　　号

| 摘要 | 总账科目 | 明细科目 | 记账√ | 借方金额 千百十万千百十元角分 | 记账√ | 贷方金额 千百十万千百十元角分 |
|---|---|---|---|---|---|---|
|  |  |  |  |  |  |  |
|  |  |  |  |  |  |  |
|  |  |  |  |  |  |  |
|  |  |  |  |  |  |  |
|  |  |  |  |  |  |  |
|  |  |  |  |  |  |  |
|  |  |  |  |  |  |  |
|  |  |  |  |  |  |  |
| 合　计 |  |  |  |  |  |  |

附单据　　　张

财务主管　　　记账　　　出纳　　　审核　　　制单

---

## 记 账 凭 证   教学专用

年　　月　　日　　　　　　记字第　　号

| 摘要 | 总账科目 | 明细科目 | 记账√ | 借方金额 千百十万千百十元角分 | 记账√ | 贷方金额 千百十万千百十元角分 |
|---|---|---|---|---|---|---|
|  |  |  |  |  |  |  |
|  |  |  |  |  |  |  |
|  |  |  |  |  |  |  |
|  |  |  |  |  |  |  |
|  |  |  |  |  |  |  |
|  |  |  |  |  |  |  |
|  |  |  |  |  |  |  |
|  |  |  |  |  |  |  |
| 合　计 |  |  |  |  |  |  |

附单据　　　张

财务主管　　　记账　　　出纳　　　审核　　　制单

## 记 账 凭 证

教学专用

年　　月　　日　　　　　　　　　　记字第　　　号

| 摘要 | 总账科目 | 明细科目 | 记账√ | 借方金额 | | | | | | | | | | 记账√ | 贷方金额 | | | | | | | | | | 附单据 |
|---|---|---|---|---|---|---|---|---|---|---|---|---|---|---|---|---|---|---|---|---|---|---|---|---|---|
| | | | | 千 | 百 | 十 | 万 | 千 | 百 | 十 | 元 | 角 | 分 | | 千 | 百 | 十 | 万 | 千 | 百 | 十 | 元 | 角 | 分 | |
| | | | | | | | | | | | | | | | | | | | | | | | | | |
| | | | | | | | | | | | | | | | | | | | | | | | | | 张 |
| | | | | | | | | | | | | | | | | | | | | | | | | | |
| 合　计 | | | | | | | | | | | | | | | | | | | | | | | | | |

财务主管　　　　　记账　　　　　出纳　　　　　审核　　　　　制单

---

## 记 账 凭 证

教学专用

年　　月　　日　　　　　　　　　　记字第　　　号

| 摘要 | 总账科目 | 明细科目 | 记账√ | 借方金额 | | | | | | | | | | 记账√ | 贷方金额 | | | | | | | | | | 附单据 |
|---|---|---|---|---|---|---|---|---|---|---|---|---|---|---|---|---|---|---|---|---|---|---|---|---|---|
| | | | | 千 | 百 | 十 | 万 | 千 | 百 | 十 | 元 | 角 | 分 | | 千 | 百 | 十 | 万 | 千 | 百 | 十 | 元 | 角 | 分 | |
| | | | | | | | | | | | | | | | | | | | | | | | | | |
| | | | | | | | | | | | | | | | | | | | | | | | | | 张 |
| | | | | | | | | | | | | | | | | | | | | | | | | | |
| 合　计 | | | | | | | | | | | | | | | | | | | | | | | | | |

财务主管　　　　　记账　　　　　出纳　　　　　审核　　　　　制单

## 记 账 凭 证

教学专用

年　月　日　　　　　　　　　记字第　　号

| 摘要 | 总账科目 | 明细科目 | 记账√ | 借方金额 |||||||||| 记账√ | 贷方金额 ||||||||||
|---|---|---|---|---|---|---|---|---|---|---|---|---|---|---|---|---|---|---|---|---|---|---|---|
| | | | | 千 | 百 | 十 | 万 | 千 | 百 | 十 | 元 | 角 | 分 | | 千 | 百 | 十 | 万 | 千 | 百 | 十 | 元 | 角 | 分 |
| | | | | | | | | | | | | | | | | | | | | | | | | |
| | | | | | | | | | | | | | | | | | | | | | | | | |
| | | | | | | | | | | | | | | | | | | | | | | | | |
| | | | | | | | | | | | | | | | | | | | | | | | | |
| | | | | | | | | | | | | | | | | | | | | | | | | |
| | | | | | | | | | | | | | | | | | | | | | | | | |
| | | | | | | | | | | | | | | | | | | | | | | | | |
| 合　计 | | | | | | | | | | | | | | | | | | | | | | | | |

附单据　　张

财务主管　　　　记账　　　　　出纳　　　　　审核　　　　　制单

---

## 记 账 凭 证

教学专用

年　月　日　　　　　　　　　记字第　　号

| 摘要 | 总账科目 | 明细科目 | 记账√ | 借方金额 |||||||||| 记账√ | 贷方金额 ||||||||||
|---|---|---|---|---|---|---|---|---|---|---|---|---|---|---|---|---|---|---|---|---|---|---|---|
| | | | | 千 | 百 | 十 | 万 | 千 | 百 | 十 | 元 | 角 | 分 | | 千 | 百 | 十 | 万 | 千 | 百 | 十 | 元 | 角 | 分 |
| | | | | | | | | | | | | | | | | | | | | | | | | |
| | | | | | | | | | | | | | | | | | | | | | | | | |
| | | | | | | | | | | | | | | | | | | | | | | | | |
| | | | | | | | | | | | | | | | | | | | | | | | | |
| | | | | | | | | | | | | | | | | | | | | | | | | |
| | | | | | | | | | | | | | | | | | | | | | | | | |
| | | | | | | | | | | | | | | | | | | | | | | | | |
| 合　计 | | | | | | | | | | | | | | | | | | | | | | | | |

附单据　　张

财务主管　　　　记账　　　　　出纳　　　　　审核　　　　　制单

## 记 账 凭 证

教学专用

　　　　年　　月　　日　　　　　　　　记字第　　号

| 摘要 | 总账科目 | 明细科目 | 记账√ | 借方金额 千 百 十 万 千 百 十 元 角 分 | 记账√ | 贷方金额 千 百 十 万 千 百 十 元 角 分 |
|---|---|---|---|---|---|---|
|  |  |  |  |  |  |  |
|  |  |  |  |  |  |  |
|  |  |  |  |  |  |  |
|  |  |  |  |  |  |  |
|  |  |  |  |  |  |  |
|  |  |  |  |  |  |  |
|  |  |  |  |  |  |  |
|  |  |  |  |  |  |  |
| 合　计 |  |  |  |  |  |  |

附单据　　　张

财务主管　　　　　记账　　　　　出纳　　　　　审核　　　　　制单

---

## 记 账 凭 证

教学专用

　　　　年　　月　　日　　　　　　　　记字第　　号

| 摘要 | 总账科目 | 明细科目 | 记账√ | 借方金额 千 百 十 万 千 百 十 元 角 分 | 记账√ | 贷方金额 千 百 十 万 千 百 十 元 角 分 |
|---|---|---|---|---|---|---|
|  |  |  |  |  |  |  |
|  |  |  |  |  |  |  |
|  |  |  |  |  |  |  |
|  |  |  |  |  |  |  |
|  |  |  |  |  |  |  |
|  |  |  |  |  |  |  |
|  |  |  |  |  |  |  |
|  |  |  |  |  |  |  |
| 合　计 |  |  |  |  |  |  |

附单据　　　张

财务主管　　　　　记账　　　　　出纳　　　　　审核　　　　　制单

## 记账凭证

教学专用

年　月　日　　　　　记字第　　号

| 摘要 | 总账科目 | 明细科目 | 记账√ | 借方金额 千百十万千百十元角分 | 记账√ | 贷方金额 千百十万千百十元角分 |
|---|---|---|---|---|---|---|
|  |  |  |  |  |  |  |
|  |  |  |  |  |  |  |
|  |  |  |  |  |  |  |
|  |  |  |  |  |  |  |
|  |  |  |  |  |  |  |
|  |  |  |  |  |  |  |
|  |  |  |  |  |  |  |
| 合　计 |  |  |  |  |  |  |

附单据　　张

财务主管　　　　记账　　　　　出纳　　　　　审核　　　　　制单

---

## 记账凭证

教学专用

年　月　日　　　　　记字第　　号

| 摘要 | 总账科目 | 明细科目 | 记账√ | 借方金额 千百十万千百十元角分 | 记账√ | 贷方金额 千百十万千百十元角分 |
|---|---|---|---|---|---|---|
|  |  |  |  |  |  |  |
|  |  |  |  |  |  |  |
|  |  |  |  |  |  |  |
|  |  |  |  |  |  |  |
|  |  |  |  |  |  |  |
|  |  |  |  |  |  |  |
|  |  |  |  |  |  |  |
| 合　计 |  |  |  |  |  |  |

附单据　　张

财务主管　　　　记账　　　　　出纳　　　　　审核　　　　　制单

## 记 账 凭 证

教学专用

　　　　　　　　　　年　月　日　　　　　　　　　记字第　　号

| 摘要 | 总账科目 | 明细科目 | 记账 √ | 借方金额 千百十万千百十元角分 | 记账 √ | 贷方金额 千百十万千百十元角分 | 附单据　　　张 |
|---|---|---|---|---|---|---|---|
|  |  |  |  |  |  |  |  |
|  |  |  |  |  |  |  |  |
|  |  |  |  |  |  |  |  |
|  |  |  |  |  |  |  |  |
|  |  |  |  |  |  |  |  |
|  |  |  |  |  |  |  |  |
|  |  |  |  |  |  |  |  |
|  |  |  |  |  |  |  |  |
| 合　计 |  |  |  |  |  |  |  |

财务主管　　　　　记账　　　　　出纳　　　　　审核　　　　　制单

---

## 记 账 凭 证

教学专用

　　　　　　　　　　年　月　日　　　　　　　　　记字第　　号

| 摘要 | 总账科目 | 明细科目 | 记账 √ | 借方金额 千百十万千百十元角分 | 记账 √ | 贷方金额 千百十万千百十元角分 | 附单据　　　张 |
|---|---|---|---|---|---|---|---|
|  |  |  |  |  |  |  |  |
|  |  |  |  |  |  |  |  |
|  |  |  |  |  |  |  |  |
|  |  |  |  |  |  |  |  |
|  |  |  |  |  |  |  |  |
|  |  |  |  |  |  |  |  |
|  |  |  |  |  |  |  |  |
|  |  |  |  |  |  |  |  |
| 合　计 |  |  |  |  |  |  |  |

财务主管　　　　　记账　　　　　出纳　　　　　审核　　　　　制单

## 记 账 凭 证

教学专用

　　　　　　　　　　　年　　月　　日　　　　　　　　记字第　　号

| 摘要 | 总账科目 | 明细科目 | 记账√ | 借方金额 | | | | | | | | | | 记账√ | 贷方金额 | | | | | | | | | |
|---|---|---|---|---|---|---|---|---|---|---|---|---|---|---|---|---|---|---|---|---|---|---|---|---|
| | | | | 千 | 百 | 十 | 万 | 千 | 百 | 十 | 元 | 角 | 分 | | 千 | 百 | 十 | 万 | 千 | 百 | 十 | 元 | 角 | 分 |
| | | | | | | | | | | | | | | | | | | | | | | | | |
| | | | | | | | | | | | | | | | | | | | | | | | | |
| | | | | | | | | | | | | | | | | | | | | | | | | |
| | | | | | | | | | | | | | | | | | | | | | | | | |
| | | | | | | | | | | | | | | | | | | | | | | | | |
| | | | | | | | | | | | | | | | | | | | | | | | | |
| | | | | | | | | | | | | | | | | | | | | | | | | |
| 合　计 | | | | | | | | | | | | | | | | | | | | | | | | |

附单据　　　张

财务主管　　　　　记账　　　　　出纳　　　　　审核　　　　　制单

---

## 记 账 凭 证

教学专用

　　　　　　　　　　　年　　月　　日　　　　　　　　记字第　　号

| 摘要 | 总账科目 | 明细科目 | 记账√ | 借方金额 | | | | | | | | | | 记账√ | 贷方金额 | | | | | | | | | |
|---|---|---|---|---|---|---|---|---|---|---|---|---|---|---|---|---|---|---|---|---|---|---|---|---|
| | | | | 千 | 百 | 十 | 万 | 千 | 百 | 十 | 元 | 角 | 分 | | 千 | 百 | 十 | 万 | 千 | 百 | 十 | 元 | 角 | 分 |
| | | | | | | | | | | | | | | | | | | | | | | | | |
| | | | | | | | | | | | | | | | | | | | | | | | | |
| | | | | | | | | | | | | | | | | | | | | | | | | |
| | | | | | | | | | | | | | | | | | | | | | | | | |
| | | | | | | | | | | | | | | | | | | | | | | | | |
| | | | | | | | | | | | | | | | | | | | | | | | | |
| | | | | | | | | | | | | | | | | | | | | | | | | |
| 合　计 | | | | | | | | | | | | | | | | | | | | | | | | |

附单据　　　张

财务主管　　　　　记账　　　　　出纳　　　　　审核　　　　　制单

## 记 账 凭 证

教学专用

年　　月　　日　　　　　　记字第　　号

| 摘要 | 总账科目 | 明细科目 | 记账√ | 借方金额 | | | | | | | | | | 记账√ | 贷方金额 | | | | | | | | | |
|---|---|---|---|---|---|---|---|---|---|---|---|---|---|---|---|---|---|---|---|---|---|---|---|---|
| | | | | 千 | 百 | 十 | 万 | 千 | 百 | 十 | 元 | 角 | 分 | | 千 | 百 | 十 | 万 | 千 | 百 | 十 | 元 | 角 | 分 |
| | | | | | | | | | | | | | | | | | | | | | | | | |
| | | | | | | | | | | | | | | | | | | | | | | | | |
| | | | | | | | | | | | | | | | | | | | | | | | | |
| | | | | | | | | | | | | | | | | | | | | | | | | |
| | | | | | | | | | | | | | | | | | | | | | | | | |
| | | | | | | | | | | | | | | | | | | | | | | | | |
| | | | | | | | | | | | | | | | | | | | | | | | | |
| 合　计 | | | | | | | | | | | | | | | | | | | | | | | | |

附单据　　张

财务主管　　　　记账　　　　出纳　　　　审核　　　　制单

---

## 记 账 凭 证

教学专用

年　　月　　日　　　　　　记字第　　号

| 摘要 | 总账科目 | 明细科目 | 记账√ | 借方金额 | | | | | | | | | | 记账√ | 贷方金额 | | | | | | | | | |
|---|---|---|---|---|---|---|---|---|---|---|---|---|---|---|---|---|---|---|---|---|---|---|---|---|
| | | | | 千 | 百 | 十 | 万 | 千 | 百 | 十 | 元 | 角 | 分 | | 千 | 百 | 十 | 万 | 千 | 百 | 十 | 元 | 角 | 分 |
| | | | | | | | | | | | | | | | | | | | | | | | | |
| | | | | | | | | | | | | | | | | | | | | | | | | |
| | | | | | | | | | | | | | | | | | | | | | | | | |
| | | | | | | | | | | | | | | | | | | | | | | | | |
| | | | | | | | | | | | | | | | | | | | | | | | | |
| | | | | | | | | | | | | | | | | | | | | | | | | |
| | | | | | | | | | | | | | | | | | | | | | | | | |
| | | | | | | | | | | | | | | | | | | | | | | | | |
| 合　计 | | | | | | | | | | | | | | | | | | | | | | | | |

附单据　　张

财务主管　　　　记账　　　　出纳　　　　审核　　　　制单

# 科目汇总表

　　　　　　　　　　　年　　月　　日　　　　　　　　号 至 号凭证
　　　　　　　　　　　　　　　　　　　　　　　　　共　张　字第　号

| 会计科目 | 总账页数 | 借方金额 | 贷方金额 |
|---|---|---|---|
|  |  |  |  |
|  |  |  |  |
|  |  |  |  |
|  |  |  |  |
|  |  |  |  |
|  |  |  |  |
|  |  |  |  |
|  |  |  |  |
|  |  |  |  |
|  |  |  |  |
|  |  |  |  |
|  |  |  |  |
|  |  |  |  |
|  |  |  |  |
|  |  |  |  |
|  |  |  |  |
|  |  |  |  |
|  |  |  |  |
|  |  |  |  |
|  |  |  |  |
|  |  |  |  |
|  |  |  |  |
|  |  |  |  |
|  |  |  |  |
|  |  |  |  |
|  |  |  |  |
| 合　计 |  |  |  |

财会主管　　　　　　　记账　　　　　　　复核　　　　　　　制表

# 科目汇总表

年　　月　　日　　　　　　　　　号　至　号凭证
共　张　字第　号

| 会计科目 | 总账页数 | 借方金额 | 贷方金额 |
|---|---|---|---|
|  |  |  |  |
|  |  |  |  |
|  |  |  |  |
|  |  |  |  |
|  |  |  |  |
|  |  |  |  |
|  |  |  |  |
|  |  |  |  |
|  |  |  |  |
|  |  |  |  |
|  |  |  |  |
|  |  |  |  |
|  |  |  |  |
|  |  |  |  |
|  |  |  |  |
|  |  |  |  |
|  |  |  |  |
|  |  |  |  |
|  |  |  |  |
|  |  |  |  |
|  |  |  |  |
|  |  |  |  |
|  |  |  |  |
|  |  |  |  |
|  |  |  |  |
| 合　计 |  |  |  |

财会主管　　　　　　记账　　　　　　复核　　　　　　制表

# 科目汇总表

　　　　年　　月　　日　　　　　　　　　号　至　号凭证
　　　　　　　　　　　　　　　　　　　共　　张　字第　　号

| 会计科目 | 总账页数 | 借方金额 | 贷方金额 |
|---|---|---|---|
|  |  |  |  |
|  |  |  |  |
|  |  |  |  |
|  |  |  |  |
|  |  |  |  |
|  |  |  |  |
|  |  |  |  |
|  |  |  |  |
|  |  |  |  |
|  |  |  |  |
|  |  |  |  |
|  |  |  |  |
|  |  |  |  |
|  |  |  |  |
|  |  |  |  |
|  |  |  |  |
|  |  |  |  |
|  |  |  |  |
|  |  |  |  |
|  |  |  |  |
|  |  |  |  |
|  |  |  |  |
|  |  |  |  |
|  |  |  |  |
|  |  |  |  |
| 合　计 |  |  |  |

财会主管　　　　　　记账　　　　　　复核　　　　　　制表

# 库存现金日记账

教学专用

| 年 | | 记账凭证 | | 摘要 | 对方科目 | 借方 | | | | | | | | | 贷方 | | | | | | | | | 借或贷 | 余额 | | | | | | | | |
|---|---|---|---|---|---|---|---|---|---|---|---|---|---|---|---|---|---|---|---|---|---|---|---|---|---|---|---|---|---|---|---|---|---|
| 月 | 日 | 字 | 号 | | | 千 | 百 | 十 | 万 | 千 | 百 | 十 | 元 | 角 | 分 | 千 | 百 | 十 | 万 | 千 | 百 | 十 | 元 | 角 | 分 | | 千 | 百 | 十 | 万 | 千 | 百 | 十 | 元 | 角 | 分 |

# 库存现金日记账

教学专用

| 年 | | 记账凭证 | | 对方科目 | 摘要 | 借方 | | | | | | | | 贷方 | | | | | | | | 借或贷 | 余额 | | | | | | | |
|---|---|---|---|---|---|---|---|---|---|---|---|---|---|---|---|---|---|---|---|---|---|---|---|---|---|---|---|---|---|---|
| 月 | 日 | 字 | 号 | | | 千 | 百 | 十 | 万 | 千 | 百 | 十 | 元 | 角 | 分 | 千 | 百 | 十 | 万 | 千 | 百 | 十 | 元 | 角 | 分 | | 千 | 百 | 十 | 万 | 千 | 百 | 十 | 元 | 角 | 分 |

# 银行存款日记账

开户行：  
账号：  
教学专用

| 年 | | 记账凭证 | | 对方科目 | 摘要 | 结算凭证 | | 借方 | | | | | | | | | 贷方 | | | | | | | | | 借或贷 | 余额 | | | | | | | |
|---|---|---|---|---|---|---|---|---|---|---|---|---|---|---|---|---|---|---|---|---|---|---|---|---|---|---|---|---|---|---|---|---|---|---|
| 月 | 日 | 字 | 号 | | | 种类 | 号码 | 千 | 百 | 十 | 万 | 千 | 百 | 十 | 元 | 角 | 分 | 千 | 百 | 十 | 万 | 千 | 百 | 十 | 元 | 角 | 分 | | 千 | 百 | 十 | 万 | 千 | 百 | 十 | 元 | 角 | 分 |

# 银行存款日记账

开户行：  
账号：  
教学专用

| 年 | | 记账凭证 | 对方科目 | 摘要 | 结算凭证 | | 借方 | | | | | | | | 贷方 | | | | | | | | 借或贷 | 余额 | | | | | | | |
|---|---|---|---|---|---|---|---|---|---|---|---|---|---|---|---|---|---|---|---|---|---|---|---|---|---|---|---|---|---|---|
| 月 | 日 | 字 号 | | | 种类 | 号码 | 千 | 百 | 十 | 万 | 千 | 百 | 十 | 元 | 角 | 分 | 千 | 百 | 十 | 万 | 千 | 百 | 十 | 元 | 角 | 分 | | 千 | 百 | 十 | 万 | 千 | 百 | 十 | 元 | 角 | 分 |

# 明细账

教学专用

第___页  二级科目或明细科目___

| 年 | | 凭证 | | 摘要 | 借方 | | | | | | | | | 贷方 | | | | | | | | | 借或贷 | 余额 | | | | | | | | |
|---|---|---|---|---|---|---|---|---|---|---|---|---|---|---|---|---|---|---|---|---|---|---|---|---|---|---|---|---|---|---|---|---|
| 月 | 日 | 种类 | 号数 | | 千 | 百 | 十 | 万 | 千 | 百 | 十 | 元 | 角 | 分 | 千 | 百 | 十 | 万 | 千 | 百 | 十 | 元 | 角 | 分 | | 千 | 百 | 十 | 万 | 千 | 百 | 十 | 元 | 角 | 分 |

# 明细账

教学专用

第_____页
二级科目或明细科目 _____

| 年 | | 凭证 | | 摘要 | 借方 | | | | | | | | | 贷方 | | | | | | | | | 借或贷 | 余额 | | | | | | | | |
|---|---|---|---|---|---|---|---|---|---|---|---|---|---|---|---|---|---|---|---|---|---|---|---|---|---|---|---|---|---|---|---|---|
| 月 | 日 | 种类 | 号数 | | 千 | 百 | 十 | 万 | 千 | 百 | 十 | 元 | 角 | 分 | 千 | 百 | 十 | 万 | 千 | 百 | 十 | 元 | 角 | 分 | | 千 | 百 | 十 | 万 | 千 | 百 | 十 | 元 | 角 | 分 |

# 明细账

教学专用

第＿＿页
二级科目或明细科目＿＿＿＿＿＿

| 年 | | 凭证 | | 摘要 | 借方 | | | | | | | | 贷方 | | | | | | | | 借或贷 | 余额 | | | | | | | |
|---|---|---|---|---|---|---|---|---|---|---|---|---|---|---|---|---|---|---|---|---|---|---|---|---|---|---|---|---|---|
| 月 | 日 | 种类 | 号数 | | 千 | 百 | 十 | 万 | 千 | 百 | 十 | 元 | 角 | 分 | 千 | 百 | 十 | 万 | 千 | 百 | 十 | 元 | 角 | 分 | | 千 | 百 | 十 | 万 | 千 | 百 | 十 | 元 | 角 | 分 |

# 明细账

教学专用

第____页
二级科目或明细科目 _____

| 年 | | 凭证 | | 摘要 | 借方 | | | | | | | | | 贷方 | | | | | | | | | 借或贷 | 余额 | | | | | | | | |
|---|---|---|---|---|---|---|---|---|---|---|---|---|---|---|---|---|---|---|---|---|---|---|---|---|---|---|---|---|---|---|---|---|
| 月 | 日 | 种类 | 号数 | | 千 | 百 | 十 | 万 | 千 | 百 | 十 | 元 | 角 | 分 | 千 | 百 | 十 | 万 | 千 | 百 | 十 | 元 | 角 | 分 | | 千 | 百 | 十 | 万 | 千 | 百 | 十 | 元 | 角 | 分 |

# 明细账

教学专用

第_____页

二级科目或明细科目 _____

| 年 | | 凭证 | | 摘要 | 借方 | | | | | | | | | 贷方 | | | | | | | | | 借或贷 | 余额 | | | | | | | | |
|---|---|---|---|---|---|---|---|---|---|---|---|---|---|---|---|---|---|---|---|---|---|---|---|---|---|---|---|---|---|---|---|---|
| 月 | 日 | 种类 | 号数 | | 千 | 百 | 十 | 万 | 千 | 百 | 十 | 元 | 角 | 分 | 千 | 百 | 十 | 万 | 千 | 百 | 十 | 元 | 角 | 分 | | 千 | 百 | 十 | 万 | 千 | 百 | 十 | 元 | 角 | 分 |

# 明细账

教学专用

第____页

规　格_____　　编　　号_____　　类　　别_____　　最高储存量_____

名　称_____　　计量单位_____　　存放地点_____　　最低储备量_____

| 年 | | 凭证 | | 摘要 | 收入 | | | 发出 | | | 结存 | | |
|---|---|---|---|---|---|---|---|---|---|---|---|---|---|
| 月 | 日 | 种类 | 号数 | | 数量 | 单价 | 金额 千百十万千百十元角分 | 数量 | 单价 | 金额 千百十万千百十元角分 | 数量 | 单价 | 金额 千百十万千百十元角分 |
| | | | | | | | | | | | | | |
| | | | | | | | | | | | | | |
| | | | | | | | | | | | | | |
| | | | | | | | | | | | | | |
| | | | | | | | | | | | | | |
| | | | | | | | | | | | | | |
| | | | | | | | | | | | | | |
| | | | | | | | | | | | | | |
| | | | | | | | | | | | | | |
| | | | | | | | | | | | | | |

# 明细账

教学专用

第___页

名　称 _____　编　号 _____　类　别 _____　最高储存量 _____

规　格 _____　计量单位 _____　存放地点 _____　最低储存量 _____

储备定额 _____

| 年 | | 凭证 | | 摘要 | 收入 | | | 发出 | | | 结存 | | |
|---|---|---|---|---|---|---|---|---|---|---|---|---|---|
| 月 | 日 | 种类 | 号数 | | 数量 | 单价 | 金额（千百十万千百十元角分） | 数量 | 单价 | 金额（千百十万千百十元角分） | 数量 | 单价 | 金额（千百十万千百十元角分） |
| | | | | | | | | | | | | | |
| | | | | | | | | | | | | | |
| | | | | | | | | | | | | | |
| | | | | | | | | | | | | | |
| | | | | | | | | | | | | | |
| | | | | | | | | | | | | | |
| | | | | | | | | | | | | | |

# 明细账

教学专用

第____页

规　格：_____　　编　号：_____　　类　别：_____
名　称：_____　　储备定额：_____　　存放地点：_____
　　　　　　　　　　　计量单位：_____　　最高储存量：_____
　　　　　　　　　　　　　　　　　　　　　　　最低储存量：_____

| 年 | | 凭证 | | 摘要 | 收 | | | 入额 | | | | | | | | | 发 | | | 出额 | | | | | | | | | 结存 | | 存额 | | | | | | | |
|---|---|---|---|---|---|---|---|---|---|---|---|---|---|---|---|---|---|---|---|---|---|---|---|---|---|---|---|---|---|---|---|---|---|---|---|---|---|---|
| 月 | 日 | 种类 | 号数 | | 数量 | 单价 | 金额 | 千 | 百 | 十 | 万 | 千 | 百 | 十 | 元 | 角 | 分 | 数量 | 单价 | 金额 | 千 | 百 | 十 | 万 | 千 | 百 | 十 | 元 | 角 | 分 | 数量 | 单价 | 金额 | 千 | 百 | 十 | 万 | 千 | 百 | 十 | 元 | 角 | 分 |

# 明细账

教学专用

第___页

规　格：_____　　编　号：_____　　储备定额：_____　　最高储备量：_____　　类　别：_____

名　称：_____　　计量单位：_____　　计划单位：_____　　最低储备量：_____　　存放地点：_____

| 年 | | 凭证 | | 摘要 | 收入 | | | 发出 | | | 结存 | | |
|---|---|---|---|---|---|---|---|---|---|---|---|---|---|
| 月 | 日 | 种类 | 号数 | | 数量 | 单价 | 金额 千百十万千百十元角分 | 数量 | 单价 | 金额 千百十万千百十元角分 | 数量 | 单价 | 金额 千百十万千百十元角分 |
| | | | | | | | | | | | | | |
| | | | | | | | | | | | | | |
| | | | | | | | | | | | | | |
| | | | | | | | | | | | | | |
| | | | | | | | | | | | | | |
| | | | | | | | | | | | | | |
| | | | | | | | | | | | | | |
| | | | | | | | | | | | | | |
| | | | | | | | | | | | | | |
| | | | | | | | | | | | | | |

# 明细账

第___页
规格 _____　编号 _____　类别 _____　最高储存量 _____
名称 _____　计量单位 _____　储备定额 _____　存放地点 _____　最低储存量 _____

教学专用

| 年 | | 凭证 | | 摘要 | 收入 | | | 发出 | | | 结存 | | |
|---|---|---|---|---|---|---|---|---|---|---|---|---|---|
| 月 | 日 | 种类 | 号数 | | 数量 | 单价 | 金额<br>千百十万千百十元角分 | 数量 | 单价 | 金额<br>千百十万千百十元角分 | 数量 | 单价 | 金额<br>千百十万千百十元角分 |
| | | | | | | | | | | | | | |
| | | | | | | | | | | | | | |
| | | | | | | | | | | | | | |
| | | | | | | | | | | | | | |
| | | | | | | | | | | | | | |
| | | | | | | | | | | | | | |
| | | | | | | | | | | | | | |
| | | | | | | | | | | | | | |
| | | | | | | | | | | | | | |
| | | | | | | | | | | | | | |

## 明细账

教学专用

| 年 月 日 | 凭单号 证号 | 摘要 | 借方 百十万千百十元角分 | 贷方 百十万千百十元角分 | 余额 百十万千百十元角分 |
|---|---|---|---|---|---|
| | | | | | |

# 明细账

教学专用

| 年  月 日 | 凭证单号 | 摘要 | 借方 百十万千百十元角分 | 贷方 百十万千百十元角分 | 余额 借或贷 百十万千百十元角分 |
|---|---|---|---|---|---|
| | | | | | |
| | | | | | |
| | | | | | |
| | | | | | |
| | | | | | |
| | | | | | |
| | | | | | |
| | | | | | |
| | | | | | |
| | | | | | |
| | | | | | |
| | | | | | |
| | | | | | |

# 明细账

教学专用

| 年 | | 凭单号 | 摘要 | 借方 | | | | | | | | | | 贷方 | | | | | | | | | | 余额 | | | | | | | | | |
|---|---|---|---|---|---|---|---|---|---|---|---|---|---|---|---|---|---|---|---|---|---|---|---|---|---|---|---|---|---|---|---|---|---|
| 月 | 日 | | | 百 | 十 | 万 | 千 | 百 | 十 | 元 | 角 | 分 | | 百 | 十 | 万 | 千 | 百 | 十 | 元 | 角 | 分 | | 百 | 十 | 万 | 千 | 百 | 十 | 元 | 角 | 分 | |

# 明细账

教学专用

| 年 | | 凭单号 | 摘要 | 借方 | | | | | | | | | | 贷方 | | | | | | | | | | 余额 | | | | | | | | | |
|---|---|---|---|---|---|---|---|---|---|---|---|---|---|---|---|---|---|---|---|---|---|---|---|---|---|---|---|---|---|---|---|---|---|
| 月 | 日 | | | 百 | 十 | 万 | 千 | 百 | 十 | 元 | 角 | 分 | | 百 | 十 | 万 | 千 | 百 | 十 | 元 | 角 | 分 | | 百 | 十 | 万 | 千 | 百 | 十 | 元 | 角 | 分 | |

# 明细账

教学专用

| 年 月 日 | 凭单号 | 摘要 | 借方 百十万千百十元角分 | 方 百十万千百十元角分 | 方 百十万千百十元角分 | 贷方 百十万千百十元角分 | 余额 百十万千百十元角分 |
|---|---|---|---|---|---|---|---|
| | | | | | | | |

# 应交税费（增值税）明细账

教学专用

| 年 | | 凭证 | | 摘要 | 借方 | | | | | | 贷方 | | | | | 借或贷 | 余额 | |
|---|---|---|---|---|---|---|---|---|---|---|---|---|---|---|---|---|---|---|
| 月 | 日 | 种类 | 编号 | | 合计 千百十万千百十元角分 | 进项税额 千百十万千百十元角分 | 已交税金 千百十万千百十元角分 | 转出未交增值税 千百十万千百十元角分 | | | 合计 千百十万千百十元角分 | 销项税额 千百十万千百十元角分 | 出口退税 千百十万千百十元角分 | 进项税额转出 千百十万千百十元角分 | | | 千百十万千百十元角分 | |

# 应交税费（增值税）明细账

| 年 | 凭证 | | 摘要 | 借方 | | | | 贷方 | | | 借或贷 | 余额 |
|---|---|---|---|---|---|---|---|---|---|---|---|---|
| 月 日 | 种类 | 编号 | | 进项税额 | 已交税金 | 转出未交增值税 | 合计 | 销项税额 | 出口退税 | 进项税额转出 | 合计 | | |

# 总分类账

教学专用

科目名称 _____

| 年 | | 凭证 | | 摘要 | 借方 | | | | | | | | 贷方 | | | | | | | | 借或贷 | 余额 | | | | | | | |
|---|---|---|---|---|---|---|---|---|---|---|---|---|---|---|---|---|---|---|---|---|---|---|---|---|---|---|---|---|---|
| 月 | 日 | 种类 | 号数 | | 百 | 十 | 万 | 千 | 百 | 十 | 元 | 角 | 分 | 百 | 十 | 万 | 千 | 百 | 十 | 元 | 角 | 分 | | 百 | 十 | 万 | 千 | 百 | 十 | 元 | 角 | 分 |
| | | | | | | | | | | | | | | | | | | | | | | | | | | | | | | | | |

# 总 分 类 账

教学专用

科目名称 _____

| 年 | | 凭证 | | 摘要 | 借方 | | | | | | | | 贷方 | | | | | | | | 借或贷 | 余额 | | | | | | | |
|---|---|---|---|---|---|---|---|---|---|---|---|---|---|---|---|---|---|---|---|---|---|---|---|---|---|---|---|---|---|
| 月 | 日 | 种类 | 号数 | | 百 | 十 | 万 | 千 | 百 | 十 | 元 | 角 | 分 | 百 | 十 | 万 | 千 | 百 | 十 | 元 | 角 | 分 | | 百 | 十 | 万 | 千 | 百 | 十 | 元 | 角 | 分 |
| | | | | | | | | | | | | | | | | | | | | | | | | | | | | | | | | |
| | | | | | | | | | | | | | | | | | | | | | | | | | | | | | | | | |
| | | | | | | | | | | | | | | | | | | | | | | | | | | | | | | | | |
| | | | | | | | | | | | | | | | | | | | | | | | | | | | | | | | | |
| | | | | | | | | | | | | | | | | | | | | | | | | | | | | | | | | |
| | | | | | | | | | | | | | | | | | | | | | | | | | | | | | | | | |
| | | | | | | | | | | | | | | | | | | | | | | | | | | | | | | | | |
| | | | | | | | | | | | | | | | | | | | | | | | | | | | | | | | | |
| | | | | | | | | | | | | | | | | | | | | | | | | | | | | | | | | |
| | | | | | | | | | | | | | | | | | | | | | | | | | | | | | | | | |
| | | | | | | | | | | | | | | | | | | | | | | | | | | | | | | | | |
| | | | | | | | | | | | | | | | | | | | | | | | | | | | | | | | | |

# 总 分 类 账

教学专用

科目名称 _____

| 年 | | 凭证 | | 摘要 | 借方 | | | | | | | 贷方 | | | | | | | 借或贷 | 余额 | | | | | | |
|---|---|---|---|---|---|---|---|---|---|---|---|---|---|---|---|---|---|---|---|---|---|---|---|---|---|---|
| 月 | 日 | 种类 | 号数 | | 百 | 十 | 万 | 千 | 百 | 十 | 元 | 角 | 分 | 百 | 十 | 万 | 千 | 百 | 十 | 元 | 角 | 分 | | 百 | 十 | 万 | 千 | 百 | 十 | 元 | 角 | 分 |

# 总分类账

教学专用

科目名称 _____

| 年 | | 凭证 | | 摘要 | 借方 | | | | | | | | 贷方 | | | | | | | | 借或贷 | 余额 | | | | | | | |
|---|---|---|---|---|---|---|---|---|---|---|---|---|---|---|---|---|---|---|---|---|---|---|---|---|---|---|---|---|---|
| 月 | 日 | 种类 | 号数 | | 百 | 十 | 万 | 千 | 百 | 十 | 元 | 角 | 分 | 百 | 十 | 万 | 千 | 百 | 十 | 元 | 角 | 分 | | 百 | 十 | 万 | 千 | 百 | 十 | 元 | 角 | 分 |

# 总分类账

教学专用

科目名称 _____

| 年 | | 凭证 | | 摘要 | 借方 | | | | | | | | 贷方 | | | | | | | | 借或贷 | 余额 | | | | | | | |
|---|---|---|---|---|---|---|---|---|---|---|---|---|---|---|---|---|---|---|---|---|---|---|---|---|---|---|---|---|---|
| 月 | 日 | 种类 | 号数 | | 百 | 十 | 万 | 千 | 百 | 十 | 元 | 角 | 分 | 百 | 十 | 万 | 千 | 百 | 十 | 元 | 角 | 分 | | 百 | 十 | 万 | 千 | 百 | 十 | 元 | 角 | 分 |

# 利　润　表

企会 02 表

编制单位：　　　　　　　　　　　年　月　　　　　　　　　　　　单位：元

| 项　目 | 本期金额 | 上期金额 |
|---|---|---|
| 一、营业收入 | | |
| 减：营业成本 | | |
| 　　税金及附加 | | |
| 　　销售费用 | | |
| 　　管理费用 | | |
| 　　研发费用 | | |
| 　　财务费用 | | |
| 　　其中：利息费用 | | |
| 　　　　　利息收入 | | |
| 加：其他收益 | | |
| 　　投资收益（损失以"－"号填列） | | |
| 　　公允价值变动收益（损失以"－"号填列） | | |
| 　　信用减值损失（损失以"－"号填列） | | |
| 　　资产减值损失（损失以"－"号填列） | | |
| 　　资产处置收益（损失以"－"号填列） | | |
| 二、营业利润（亏损以"－"号填列） | | |
| 加：营业外收入 | | |
| 减：营业外支出 | | |
| 三、利润总额（亏损总额以"－"号填列） | | |
| 减：所得税费用 | | |
| 四、净利润（净亏损以"－"号填列） | | |
| （一）持续经营净利润（净亏损以"－"号填列） | | |
| （二）终止经营净利润（净亏损以"－"号填列） | | |
| 五、其他综合收益的税后净额 | | |
| （一）不能重分类进损益的其他综合收益 | | |
| （二）将重分类进损益的其他综合收益 | | |
| 六、综合收益总额 | | |
| 七、每股收益 | | |

## 利 润 表

企会02表

编制单位：　　　　　　　　　　　年　月　　　　　　　　　　　单位：元

| 项　　目 | 本期金额 | 上期金额 |
|---|---|---|
| 一、营业收入 | | |
| 减：营业成本 | | |
| 　　　税金及附加 | | |
| 　　　销售费用 | | |
| 　　　管理费用 | | |
| 　　　研发费用 | | |
| 　　　财务费用 | | |
| 　　　其中：利息费用 | | |
| 　　　　　　利息收入 | | |
| 加：其他收益 | | |
| 　　　投资收益（损失以"－"号填列） | | |
| 　　　公允价值变动收益（损失以"－"号填列） | | |
| 　　　信用减值损失（损失以"－"号填列） | | |
| 　　　资产减值损失（损失以"－"号填列） | | |
| 　　　资产处置收益（损失以"－"号填列） | | |
| 二、营业利润（亏损以"－"号填列） | | |
| 加：营业外收入 | | |
| 减：营业外支出 | | |
| 三、利润总额（亏损总额以"－"号填列） | | |
| 减：所得税费用 | | |
| 四、净利润（净亏损以"－"号填列） | | |
| （一）持续经营净利润（净亏损以"－"号填列） | | |
| （二）终止经营净利润（净亏损以"－"号填列） | | |
| 五、其他综合收益的税后净额 | | |
| （一）不能重分类进损益的其他综合收益 | | |
| （二）将重分类进损益的其他综合收益 | | |
| 六、综合收益总额 | | |
| 七、每股收益 | | |

## 资 产 负 债 表

会企 01 表

编制单位：　　　　　　　　　　　年　月　日　　　　　　　　　　　单位:元

| 资产 | 期末余额 | 年初余额 | 负债及所有者权益（或股东权益） | 期末余额 | 年初余额 |
|---|---|---|---|---|---|
| 流动资产： | | | 流动负债： | | |
| 　货币资金 | | | 　短期借款 | | |
| 　交易性金融资产 | | | 　交易性金融负债 | | |
| 　衍生金融资产 | | | 　衍生金融负债 | | |
| 　应收票据 | | | 　应付票据 | | |
| 　应收账款 | | | 　应付账款 | | |
| 　应收款项融资 | | | 　预收款项 | | |
| 　预付款项 | | | 　合同负债 | | |
| 　其他应收款 | | | 　应付职工薪酬 | | |
| 　存货 | | | 　应交税费 | | |
| 　合同资产 | | | 　其他应付款 | | |
| 　持有待售资产 | | | 　持有待售负债 | | |
| 　一年内到期的非流动资产 | | | 　一年内到期的非流动负债 | | |
| 　其他流动资产 | | | 　其他流动负债 | | |
| 　流动资产合计 | | | 　流动负债合计 | | |
| 非流动资产： | | | 非流动负债： | | |
| 　债权投资 | | | 　长期借款 | | |
| 　其他债权投资 | | | 　应付债券 | | |
| 　长期应收款 | | | 　租赁负债 | | |
| 　长期股权投资 | | | 　长期应付款 | | |
| 　其他权益工具投资 | | | 　预计负债 | | |
| 　其他非流动金融资产 | | | 　递延收益 | | |
| 　投资性房地产 | | | 　递延所得税负债 | | |
| 　固定资产 | | | 　其他非流动负债 | | |
| 　在建工程 | | | 　非流动负债合计 | | |
| 　生产性生物资产 | | | 　负债合计 | | |
| 　油气资产 | | | 所有者权益(或股东权益)： | | |
| 　使用权资产 | | | 　实收资本(或股本) | | |
| 　无形资产 | | | 　其他权益工具 | | |
| 　开发支出 | | | 　资本公积 | | |
| 　商誉 | | | 　减:库存股 | | |
| 　长期待摊费用 | | | 　其他综合收益 | | |
| 　递延所得税资产 | | | 　专项储备 | | |
| 　其他非流动资产 | | | 　盈余公积 | | |
| 　非流动资产合计 | | | 　未分配利润 | | |
| | | | 　所有者权益(或股东权益)合计 | | |
| 　资产总计 | | | 　负债和所有者权益(或股东权益)总计 | | |

# 资 产 负 债 表

会企01表

编制单位：　　　　　　　　　　　　　　　年　月　日　　　　　　　　　　　　　　单位：元

| 资产 | 期末余额 | 年初余额 | 负债及所有者权益（或股东权益） | 期末余额 | 年初余额 |
|---|---|---|---|---|---|
| 流动资产： | | | 流动负债： | | |
| 　货币资金 | | | 　短期借款 | | |
| 　交易性金融资产 | | | 　交易性金融负债 | | |
| 　衍生金融资产 | | | 　衍生金融负债 | | |
| 　应收票据 | | | 　应付票据 | | |
| 　应收账款 | | | 　应付账款 | | |
| 　应收款项融资 | | | 　预收款项 | | |
| 　预付款项 | | | 　合同负债 | | |
| 　其他应收款 | | | 　应付职工薪酬 | | |
| 　存货 | | | 　应交税费 | | |
| 　合同资产 | | | 　其他应付款 | | |
| 　持有待售资产 | | | 　持有待售负债 | | |
| 　一年内到期的非流动资产 | | | 　一年内到期的非流动负债 | | |
| 　其他流动资产 | | | 　其他流动负债 | | |
| 　流动资产合计 | | | 　流动负债合计 | | |
| 非流动资产： | | | 非流动负债： | | |
| 　债权投资 | | | 　长期借款 | | |
| 　其他债权投资 | | | 　应付债券 | | |
| 　长期应收款 | | | 　租赁负债 | | |
| 　长期股权投资 | | | 　长期应付款 | | |
| 　其他权益工具投资 | | | 　预计负债 | | |
| 　其他非流动金融资产 | | | 　递延收益 | | |
| 　投资性房地产 | | | 　递延所得税负债 | | |
| 　固定资产 | | | 　其他非流动负债 | | |
| 　在建工程 | | | 　非流动负债合计 | | |
| 　生产性生物资产 | | | 　负债合计 | | |
| 　油气资产 | | | 所有者权益（或股东权益）： | | |
| 　使用权资产 | | | 　实收资本（或股本） | | |
| 　无形资产 | | | 　其他权益工具 | | |
| 　开发支出 | | | 　资本公积 | | |
| 　商誉 | | | 　减：库存股 | | |
| 　长期待摊费用 | | | 　其他综合收益 | | |
| 　递延所得税资产 | | | 　专项储备 | | |
| 　其他非流动资产 | | | 　盈余公积 | | |
| 　非流动资产合计 | | | 　未分配利润 | | |
| | | | 　所有者权益（或股东权益）合计 | | |
| 　资产总计 | | | 负债和所有者权益（或股东权益）总计 | | |